信息管理系列丛书

图书馆学漫笔

科学网图谋博客精粹

TUSHUGUANXUE MANBI KEXUEWANG TUMOU BOKE JINGCUI

王启云 著

知识产权出版社
全国百佳图书出版单位
—北京—

图书在版编目（CIP）数据

图书馆学漫笔：科学网图谋博客精粹 / 王启云著．—北京：知识产权出版社，2019.11
ISBN 978-7-5130-6583-2

Ⅰ．①图… Ⅱ．①王… Ⅲ．①图书馆学—文集 Ⅳ．① G250.1-53

中国版本图书馆 CIP 数据核字（2019）第 253742 号

内容简介

本书精选自科学网图谋博客的图书馆学随笔，共分为四辑："学海泛舟""图林漫步""闲情偶记""圕人堂梦想与实践"。本书内容与图书馆业界、图书馆学界的发展密切关联，多是独立观察、经过思考或分析、有感而发的学术随笔。其中相当一部分随笔是对图书馆界人或事的真实记载，蕴含许多鲜为人知的细节。本书力求精炼且有趣、有味、有用，可作为图书馆学相关研究人员和图书馆从业人员参考用书。

责任编辑：许　波　　　　**责任印制**：孙婷婷

图书馆学漫笔——科学网图谋博客精粹

TUSHUGUANXUE MANBI——KEXUEWANG TUMOU BOKE JINGCUI

王启云　著

出版发行：知识产权出版社有限责任公司	**网　　址**：http://www.ipph.cn http://www.laichushu.com
电　　话：010-82004826	
社　　址：北京市海淀区气象路 50 号院	**邮　　编**：100081
责编电话：010-82000860 转 8380	**责编邮箱**：xubo@cnipr.com
发行电话：010-82000860 转 8101	**发行传真**：010-82000893
印　　刷：北京中献拓方科技发展有限公司	**经　　销**：各大网上书店、新华书店及相关专业书店
开　　本：710mm × 1000mm　1/16	**印　　张**：18
版　　次：2019 年 11 月第 1 版	**印　　次**：2019 年 11 月第 1 次印刷
字　　数：312 千字	**定　　价**：68.00 元

ISBN 978-7-5130-6583-2

序

图谋“不轨”

2019年6月传来信息，图谋即将出版《图书馆学漫笔——科学网图谋博客精粹》，这应是他出版的第九本书了。图谋连年结集博文出版，需要勇气和投入，这令人振奋，使人佩服。但没有想到，图谋竟然邀我写序！诚然，我是一个编辑，常年看稿编稿，按道理应该能写点东西，而期刊界大咖也确实都是写作达人，奈何自己作为小编一枚，生性愚钝，学习力糟糕，即便临近知天命之年，也不过是见识短浅、思想贫乏之徒，混迹于编辑圈，纯粹是为了一箪食一瓢饮，而要为朋友作品写序，那就是不知道天高地厚，简直是厚颜无耻了。图谋智商高，韧性强，一再安慰我不要有压力，也愿意将就。眼见花几个月推脱不掉，很有些自己约稿的状况，夜黑雁飞高，我就厚着脸皮梳理与图谋的交流，居然挖掘出他“图谋不轨”的几个方面，于是顺手记下来，权当充数，“害”一把我的图谋兄弟。

（一）

图谋2017年11月6日赠予《图书馆学短论——科学网图谋博客精粹》，而今又读到电子版《图书馆学漫笔——科学网图谋博客精粹》，以前也读过他的其他几种随笔，我都满心欢喜。在这个忙碌的时代，随笔作品，因事因物因人，有感而发，既短小精干、语言生动，也富有思想、蕴含灵性，“悦”读性强，于我而言，属于床头或案头或口袋的标配读物。

记得20年前考法科研究生和读清华大学民商法学研究生班期间，我先是喜欢搜看贺卫方、朱苏力等在《南方周末》等报刊上的学术随笔，后来喜欢潜水于西祠胡同、天涯论坛看牛鬼蛇神们互怼，圈内多彩的八卦润滑了枯燥的学习，也让苦闷的生活泛起了一抹亮色。之后一段时间痴迷于经济学，在广东省立中山馆阅览室，不经意间发现目前被誉为“经济学领域的院士科普书”的《经济学家茶座》，一种杂志型图书，山东人民出版社策划，装帧有些清新，内容有些简雅，爱不释手，受益良多。再后来喜欢上《随笔》《文史知识》之类。因之，2009 年 6 月，初到《图书馆论坛》编辑部，我就想办一种期刊或杂志书，专门刊登有情有趣的图情随笔，或发掘学界秘闻，或评议业界动态，或探讨痛点痒点，与严肃的《图书馆论坛》构成一庄一谐的图景。几年下来，做过一些努力，但困难重重，迄今犹为一梦。

图谋说：“我花心思出这样的随笔集，一个目的是希望能成为学术期刊的一个补充。另一个愿望算是助力圕人堂营销，期待圕人堂这样的平台能进一步让更多人受益。”图谋的这些话儿，平实，但令人动容；图谋也说到做到，连续出版随笔集，缓解了我的一些焦虑，不服不行。尽管如此，我还是认为，他不随大流，铆足所有干劲攻课题、拉项目，搞一本正经的论文论著，迈向锦绣前程，而是剑走偏锋，醉心于写博文，并将博文结集出版，这类所谓不衫不履的事情，确实有些逆精算至上的学术风尚，完全属于“不轨”之举。

令人惊奇的是，有这种“不轨”之举的图书馆人还有好些。比如，国家图书馆顾犇先生先后出版《书山蠹语》《书蠹精语》《书人乐缘》等，华南师范大学郑永田先生出版《图林深处——广州阿华田和他的图书馆学故事》。《图书馆论坛》2018 年第 11 期还从郑先生的书中选了王波先生、林海青先生的序言《人如其文，文如其人》《重温“图书馆 2.0 运动”的火热年代》进行刊登。这些随笔丰富了图情图书的类型、视角、内容等，成为图情出版的一道亮丽风景；也让我们得以窥探更贴近自己的图书馆人的工作生活图景和隐秘的精神世界，润泽了多多少少有些干枯的职业心灵，非常温暖。

（二）

我与图谋结缘于圕人堂。我曾在圕人堂闲聊时说过：“图谋注定青史留名，仅仅圕人堂这个群，每周的资料整理保存，就是宝贵的文书，积累十年，很多现在的数字或纸本的行业信息，基本会流散干净，它就成为最原生态的完整资料，成为后世回望这个时代我们行当的宝贵资源。至于科研，图谋产量高，视野宽，也是绕不过的行业人物。”图谋回应道：“关于‘青史留名’，稍作展开。首先，圕人堂较为重视史料工作，圕人堂的所做所为试图尽可能地留下痕迹。《圕人堂周讯》

本身承载着保留群交流精华的功能，周讯有‘大事记’版块。其次，圕人堂较为‘娇羞’，害怕出名。一方面是因为‘娇嫩’，一方面是因为‘害羞’。圕人堂以匿名交流为主，‘群主’很多场合实际是故意隐姓埋名，背后的原因，也许‘您懂得’。最后，‘圕人堂’也好，‘图谋’也罢，均是继往开来的，有传承，有发展，希望‘青史’不会忘记：圕人有趣有味有力量！”格局如此，我肃然起敬。

目前，长期养好一个大群，得烧不少资源，耗费大把心力，专业机构运营起来都颇为艰难。但在被一些商界人士视为偏门的图林，圕人堂靠志愿者8小时外的经营，却玩得风生水起，不仅活在当下，架起业界交流的桥梁，还做了实实在在的长远的行业考量，如编辑《圕人堂周讯》，我不得不再次肃然起敬。截至2019年9月13日，《圕人堂周讯》编辑到第279期。要将一个2400多人的大群，一周七天产生的庞大的芜杂信息进行清洗，精选出可用的行业信息，编辑成图文并茂的电子刊，还要进行分发，工作量可以想象。但是，编辑组不过是以图谋领衔，由宋晓莉、赵生让、董行、范良瑛、曾家琳、张婵、卢娅、陈艳等几个朋友组成。而关键中的关键，这些事儿都是业余时间干的，没有什么报酬，还一干就是五年多，还如此的乐此不彼。难道他们不用照看家庭？难道他们闲得发慌？其实他们与我们一样，也是草根，也忙，也累。这种“不轨”之事儿，也只有图谋和他的团队才干得出来。

这是一个信息爆炸的时代，我们为信息过载而苦痛；这也是一个信息遗落的时代，我们会为遗忘付出代价。放眼世界，即便是在号称人类记忆机构的图书馆，即便是本行业甚至本机构的重大事件，细细检视，其实信息搜藏也往往支离破碎，能见到的几乎都是宏大叙事，正经而干瘪；而出于种种原因，那些活色生香的枝条细叶往往被锯掉了，用过即焚。有这些细节，一定会是天使，不幸的是，结果都成了魔鬼，接受惩罚是迟早的事儿。在一片片红旗招展、锣鼓喧天的荣景中，我们过于专注场面的热闹，收割诸多漫不经心的廉价赞美后，留下的常常是一地鸡毛，也就忘记了自己是谁、从哪里来、要到哪里去。专业机构的这种不专业行为多了，且得不到反思与反转，社会价值慢慢消融，行业危机便会尾随而来。《图书馆论坛》2016年创办“图书馆技术史”栏目，在向图书馆技术人约写技术变迁历程稿件的过程中，好些朋友回忆起峥嵘岁月，激情犹在，慨然应允，但过不了几天就传来噩耗：憋不出来。原因无他，不过二三十年，相关的细节资料甚至设备设施几乎荡然无存了。做“从业抒怀”栏目，我们也碰到同样的困境。

《圕人堂周讯》持续地做着专业性原始性社区信息收集保存，在众多图情社区中，目力所及，仅此一例。毫无疑问，时间越长，她的价值越发凸显。圕人堂作为时代的行业社区记录者，不知道当世和后世在使用这些资料时，是否会关注到这个与众不同，以及她的独有价值？2019年4月19日，国家图书馆启动互联网信息战略保存项目，首家互联网信息战略保存基地落户新浪，无疑具有划时代的意义。但是，这仅仅是高大上的层面，而《圕人堂周讯》这样的图情社区信息搜藏，仍然有赖于圕人堂团队这样的义举，发牢骚，等靠要，都不可靠。

（三）

我向图谋请教的方面多，以论文发表为最，在圕人堂交流中也主要围绕这个主题。缘由无他，论文是每个图书馆人职业发展绕不过的坎，也是圕人堂的焦点话题之一。而作为期刊编辑，我一直做着去神秘化的努力，期待朋友们能以正常的眼光看编辑，看期刊，看学术生态。不由得想起2019年4月2日，一读完图谋的《图书情报档案管理论文好发吗?》，就情不自禁地在圕人堂分享了感慨："在这个渐渐沉寂的夜晚，看了图谋关于发文难的文章，顿生'作者的忧伤与编辑的哀嚎'这样的感受，这真是一个伤春的时节！一面是芸芸图情档工作人员为发文而焦虑甚至绝望，一面是我这样的编辑为讨到好文章而绞尽脑汁。无论怎么看，都不合逻辑，不合常理，是逆市场的怪现状。我在几次被赶鸭子上架，被弄去介绍图情期刊投稿情况的会上，以亲身经历说到一个现象：编辑与作者本是同根生，相煎何太急。作者怪编辑下手狠，挡了自己发展路；编辑怪作者文章烂，弄死了很多脑细胞。问题在哪里？解决之道是什么？实际上，不能就事论事，要跳出已有的认知框架。"

近年我断断续续做些退稿调查，发现被退稿件，绝大多数的选题不差，选题欠佳并非退稿的最大原因。这说明朋友们有积累，也聪明，更从一个侧面说明我国图情事业、图情学科发展快，创新多，哪来生存焦虑？完全是一派"新"欣向荣的景象嘛。经过一些访谈，结合审稿意见，其实退稿的最大原因是研究工作量不够，甚至没有研究，尤其是没有进行"学术"研究。

我与图谋都有这样的认识：期刊是一个学术论文擂台。文章被退掉的背后，往往不是我们不优秀，而是别人更优秀；不是我们不努力，而是比我们优秀的人更努力。也不是没有办法，只要我们遵循科研规律，比更优秀的人更努力些，更专注些，更有耐心一些，活得更长久一些，就一定能实现目标。当然，要抗得了诱惑，耐得住寂寞。

2017年《图书馆论坛》刊发了几篇职业胜任力和图书馆员职业状态的文章，深感职业疲惫是一种不可忽视的现象。接触了一些图书馆人，受制于生活压力、机制环境等，参工不过几年，理想沉沦，激情消退，人生迷茫，开始混在江湖，与澎湃的社会潮流相去甚远，于公于私都毫无帮助。于是打算发力“从业抒怀”栏目，努力向前辈约稿，讲述自己在混沌的世间不混沌，在平淡职业中不平淡的经历，期冀能激励青年，好好干，就有明天。是否可以达成目标？惴惴不安。图谋鼓励我：“这是学术期刊人的一种责任担当！当前，一方面学术期刊同质化比较严重，另一方面表面上学术繁荣而图书馆危机四伏（最突出的是青年馆员缺乏榜样引领）。学术期刊是‘公器’，当前并不怎么缺论文，缺的正是职业精神与职业情怀，贵刊的行动是及时的，意义深远。”正是在图谋的鼓励下，2018年“从业抒怀”发表了8篇文章，包括孟广均先生的《图情46年》，顾犇先生的《我这30年——一个图书馆员的心路历程》，祝朝安先生的《丹心一片献图情》，凌征强先生的《从“受骗”到“钟情”——24年图书馆职业生涯记录》，吴建中先生的《每个人都可以成为公共外交的使者》，谭祥金先生和赵燕群女士的《“我服务，我自豪”——追忆汶川图书馆灾后重建点滴》，等等，这些文章基本上没有被引，但流传极广，仅《从“受骗”到“钟情”——24年图书馆职业生涯记录》总阅读量就超过1万人次，感动了一些图书馆人，唤醒了他们的使命，激发了他们的工作生活热情。

查图谋的职称，与我一样，都还是副研究馆员。在这样的年龄，以他的才识与勤奋，业绩与贡献，完全可以攻下研究馆员，然后躺在上面，面朝大海，享受诗与远方。我时常对自己说：工作的目的就是不工作。不过，图谋却操着他人的论文发表、职业发展等与自己职称评审、个人进步无关的事情。这样的时代，这样的“不轨”之事儿，图谋确实干得出来！

我厚道，图谋的“不轨”，不能再挖了，凡事不过三嘛。不过，朋友们可以接过我的枪，继续挖一些。想想，还是怕得罪图谋和众多“谋粉”，坏了自己，我在这里要补两个锅：

其一，顺着职业病，定义“图谋不轨”：我没有什么想法，只想做一个人畜无害的人，心中所装无非是老婆孩子热炕头，这是常轨；而图谋有家国情怀，做常人不做之事，且咬定青山不放松，自然就是出轨，出轨就是“不轨”。

其二，出版图书和出版论文不一样，论文要有创见，守规范，讲严谨；除了作者、编辑、审稿专家和对手，实际上没有多少人会非常认真地阅读，更别想让人拿个小本子记上几笔，实在是太枯燥了。出版图书就不一样，严谨也是要的，但可以接地气一些，活泼一些。《图书馆学漫笔——科学网图谋博客精粹》有浓浓的烟火气，会是畅销书，更会是长销书。

刘　洪

2019 年 9 月 17 日凌晨四点 25 分于广州芳村巴雨斋

前　言

《图书馆学随笔——图谋博客精粹》（国家图书馆出版社，2011.12）一书中，《图书馆报》副主编袁江先生作了序文《让学术小花开遍图林的每个角落》，最后一段："愿《图书馆学随笔——图谋博客精粹》能接着出2、出3、出4……每5年一出，就像国民经济5年计划似的，做出品牌来，并在图林中起到好的引领作用，让一朵朵学术小花开遍每个角落，不仅好看，而且观之可亲，可以触摸到。"《图书馆学短论——科学网图谋博客精粹》（知识产权出版社，2017.9），《图书馆报》副主编袁江先生作了序文《"絮叨"是一种范儿》，首段有"尽管在与图谋的交流中，他已隐隐露出在随笔类图书出版上自此有'封刀'之意，但谁知道两年后会不会变？在数字化信息化蔓延的当下，很多人仍把出纸质书作为学术思想和思想成果的一种'宣示'，这种情节牵动着各领域的无数人。"

世事难料，我的第一本博客书时间跨度为七年（2005.1—2011.7），第2至第4本时间跨度均为两年。出到第4本的时候，的的确确没有继续出版的意愿。袁江先生可谓"料事如神"，一定程度上其吉言给予我鼓舞与力量，图谋博客精粹再次结集出版，这是我的第5本博客书。

2018年10月参加第九届上海国际图书馆论坛，期间丘东江先生再次问及我的博客书，丘东江先生主编的"21世纪图书馆学丛书"第5辑有意入选。当时，一是内容不足（因为2017年9月刚出过），二是那段时间我还在忙教育部的课题。我挺心动的，但确实是机缘不巧，内心非常感谢丘先生的鼓励与提携！2013年，丘先生曾邀请我一道策划"21世纪图书馆学丛书"第4辑选题，还曾专程到我工作与生活的城市进一步交流。惭愧的是，受诸多因素制约，我起的作用非常有限，但自与丘先生结识之后，我在图书出版方面也做了些努力，自身出过几本书之外，也曾帮出版社策划图书、审稿。或许这也算是用行动向丘先生学习与致敬！2019

年3月21日了解到“21世纪图书馆学丛书”第5辑将于2019年9月出版，一共13本。丘先生告知：“这套丛书风格结合图书馆工作实际，可读性好。没有那种司空见惯的八股文章，尽量使大家爱看。”之前出版的4辑，我自身有购买部分，策划、组稿、营销等方面确实做得挺好，由衷敬服！我顺道汇报我今年可能会出两本书。一本是教育部项目成果结集出版《新业态环境下高校图书馆专业馆员职业能力研究》（知识产权出版社，2019.4），另一本是博客书（两年出一本的频率，主要是利用科研奖励“补贴”，出版社已让我报选题）。

早在2018年年底，我对出版的一些动向略有了解。笔耕不辍，适时出版或适时发表，是我努力践行的。再出版一本博客书的内容已经具备，根据2017年出版那本书的市场反响看，还是比较认可的。读秀搜索中显示137家图书馆收藏，曾加印过一次也已售完。出版社责任编辑建议我先报选题，并积极争取优惠，未料到动作出奇得快，2019年3月27日告知选题已通过，可以办理出版合同事宜。

本书由于是在博文基础上编撰而成，存在一些问题，祈请谅解，如多种表述亦不便统一，原貌呈现；部分内容前后有交叉，甚至有重复啰嗦之嫌；引文、注释方面还不够严谨。

书中参考了国内外许多学者、同人的科研成果，与圕人堂成员交流过程中时常受到启发，受益匪浅，在此向有关学者、同人致以诚挚的谢意！感谢《图书馆论坛》副主编刘洪先生赐序！感谢大连理工大学图书馆李晋瑞先生、天津医科大学图书馆刘莉女士、太原城市职业技术学院赵雅丽女士审读书稿并提出修改意见和建议！感谢知识产权出版社许波女士为本书的出版所提供的帮助！由衷感谢帮助过我、给予我支持的所有人！囿于学识，书中存在疏漏或失当之处，恳请学者先进不吝教正。

王启云

2019年9月

目　录

｜第一辑｜

学海泛舟

——图书馆学、情报学的学习与思考

闲话图书馆员的未来

图书馆业态与科技发展密切相关。2017 年 8 月 27 日，中国知网的“图书情报与数字图书馆”专辑中检索篇名中含有某热词的情况，热词按命中结果条数顺序排列依次为数字图书馆、学科馆员、知识服务、大数据、学科服务、云计算、特色数据库、移动图书馆、射频识别技术、互联网 +、智慧图书馆、图书馆 2.0、云服务。有关热词单篇被引次数“最高纪录”多为数百次，最高为 1298 次（张晓林《走向知识服务：寻找新世纪图书情报工作的生长点》）。有关“热词”年产论文数十或数百篇，其中“数字图书馆”，2000—2017 年连续 18 年均年产论文 200 篇以上（且 2002—2013 年连续 12 年均年产论文 700 篇以上）。

“图书馆”这个词本身，历史并不长。国内好多机构对“图书馆”，也早已有多种替代表述，如文献信息中心、图文中心、图书与信息中心……名字有变化，履行的职能也有所变化。无论名字如何变更，图书馆或类图书馆还会一直存在。作为一名图书馆从业人员，积极作为，希望图书馆的明天会更好。面对转型与变革的社会大潮，我们需要传承与开新并举，循序渐进，新鞋子还没有缝好以前，先别急忙着把旧鞋子扔掉。

关于图书馆员的未来，依据个人的观察，大致有三种态度：一是忧虑，处于 40 ～ 50 岁年龄段群体中较为多见；二是不在乎，其实也多属于一种“屈服”，多处于临近退休的群体之中；三是迷惘，面对种种变革，束手无措，较为集中地存在于刚入职或入职时间较短群体之中。

在高校馆，存在一些共性问题。从业人员队伍在不断缩减，连年退休人员多于新入职人员。我时常听到高校馆业务骨干如是说：“老人都是这个部门的，不是别的部门进来的，馆领导不敢得罪这些人，只能等这些人退休，完全退休还有数年，年轻人也跟在老人后面混，风气很差，能把基本的活做完就谢天谢地了，领导还要求创新……”图书馆组织氛围，确实很难理顺，很多高校馆存在类似的情况，忙的真的很忙，闲的真的很闲。

与图书馆同行交流，对方感慨，当前国内图书馆很缺榜样。个人也颇有同感。

中国图书馆学会搞的榜样人物评选，很大程度上是馆长榜样评选，但馆长这个群体本身构成异常复杂，榜样效应非常有限。中国图书馆学会还搞了青年人才奖评选，更像是做一项工作，充实一下工作内容而已，缺乏必要的宣传与激励。图书馆界的“大牛”，有的存在牛脾气，瑕已掩瑜。榜样的缺失，导致迷惘，甚至迷失。上海图书馆近期搞的优秀服务奖展播，立榜样，树新风，至少对该馆，估计会产生较为积极的影响。高校图书馆领域，个人对浙江工业大学图书馆万跃华先生深表敬服，2015 年曾慕名拜会，短暂的交流给我留下了深刻的印象。在我们交谈的过程中，有学生路过看到了万先生，恭恭敬敬前来与万先生打招呼，这种文明与和谐，让我记忆深刻。我留意到，万先生于 2017 年 6 月当选为该校师德先进个人，“始终将热爱教育和热爱学生结合起来，做到爱生如子、待生如友。”“他严谨治学，精益求精，教学有方，教学效果优异，得到了师生们的一致好评。”“万跃华老师高尚的师德、敬业的精神、无私的奉献是广大教师的典范。”上述评价，对于一名图书馆员，格外的难能可贵。

有名情报学毕业生，在求职投简历，且告知所谋求的职位是高校馆编目岗位，要求填写“未来工作设想规划”，希望我给点建议。我觉得需要结合实际填写，一是自身实际，二是所谋求职位的实际。服务外包只是一种可供选择的，缓解人力资源，节约办馆经费，提高服务效能的途径。编目业务，是图书馆核心业务之一，尤其是大馆，不大可能将所有编目业务外包。编目也是与时俱进的，需要有人传承与开新。另外有一点，岗位通常是阶段性的，不是一成不变的。保持阳光心态，敬业爱岗，积极进取，激扬智慧，精致服务，精彩人生。我不知道是否算提供了一种参考答案？概括一下该答复的中心思想：图书馆员的未来不是梦，境由心造，心想事成。

（2017-9-16）

闲话数字资源使用培训

馆藏文献的比重持续向数字资源倾斜，目前的三个 70%：70% 的读者首先选择数字资源；数字资源能够满足 70% 的读者需求；馆藏利用率最多的资源 70% 是数字资源。高校图书馆数字资源购置经费，全国“211 工程”高校自 2013 年开始超过纸本资源。清华大学图书馆 2015 年的文献资源采购经费中，数字资源占到了 65%（其中 20% 购买国内产品，80% 购买国外数据库）。如何提升数字资源的利用率，更好地发挥其价值？许多高校图书馆在实践与探索。

我所在高校为省属地方本科院校，近年的文献资源采购经费，数字资源约占三分之二（其中近 60% 购买国外数据库）。我作为图书馆参考咨询部负责人，且具体做数字资源采访工作，关于数字资源使用培训有观察、有思考，也有若干实践与探索。

理想的局面：（1）学校校园网良好，提供便捷的校外访问；（2）文献检索或信息素养类课程得到应有的重视，对一定比例学生（比如研究生、工学等学科门类学生）有要求，对一定比例学生提供相关学习机会；（3）有开展数字资源培训的场所，且配套设施齐全，比如适合多媒体演示；（4）具有可以胜任数字资源培训的师资力量，最好有专人。现实有种种无奈，以上理想局面，样样疏松。新生入馆教育通常是比较仓促的，涉及数字资源使用培训的信息非常有限。

时不时有教师或学生找我咨询数字资源利用问题，我尽可能快速地将有用或可能有用的信息传递给他们。通常提供有即学即用信息，同时亦提供延伸学习信息。经过短则数分钟，长则数十分钟的互动交流之后，对方常呈“相见恨晚”“满载而归”“心存感激”等情状。我的感受是一方面因做了点力所能及的小事而欣慰；一方面因自身能力所限，鞭长莫及而惭愧。

（2017-9-19）

闲话问题意识

就图书馆数字资源访问、文献检索课开设与同行进行了交流，发现一些“问题”。

关于图书馆数字资源访问。A 校是一所省属地方本科院校，学校的校园网很糟糕，学生在校园内基本用不了校园网。因此，关注移动知网（全球学术快报）产品与服务，根据地理位置授权，这样对该校师生用户会有帮助。N 校是一所“211

工程”高校，一位同行不大了解情况，略带调侃式地打趣A校太前卫，“能在电脑上认真做学问都吓死人了，何况又是这个中文知网，通过电脑做学问的应该占95%，经常通过手机上知网的，那不是疯子就是爱因斯坦呀。”言外之意，“毫无必要”。而对于A校，中文知网是该校核心资源，采购经费占到该馆文献资源经费的八分之一，也是该校师生关注度最高的资源。N校情况，据我了解，可能是数字资源访问，尤其是校外访问，做得最好的高校，至少江苏省范围内高校，好像没有哪家可超越。N校同行进一步提供了一些信息：“还是我们的学生好，我们知网只要有1名用户不能访问，我们就得立即核查，要是有多名用户不能访问，我们核对后也不能用，那就得报告馆长了。”“我们这里，只要有一个读者投诉，就必须解决。”“经常会有读者电脑配置的问题，我们馆都亲自去现场解决的。”A校同行，感觉遥不可及。N校同行给A校同行提供了一些具体的意见和建议，但A校同行认为鞭长莫及，实在是“臣妾做不到”。

关于文献检索课。A校与H校同样为省属地方本科院校，办学规模和办学层次相近。A校基本没有文献检索课，图书馆开的选修课，多年无人选，各院系自身零星开设，但涉及的专业及学生数非常少。存在的问题是，大部分学生不了解图书馆的资源，甚至很大比例到大四了还没用过。H校，经过多年的努力，文献检索课是全校必修课，由图书馆承担教学任务，16个学时（10课时理论，6课时实践）。教材是该校图书馆编的，先后有15名图书馆员承担过文献检索课教学任务。A校因为很多年没开课，能上课的少，图书馆购买的数字资源，熟悉的人也少。H校同行告知，“我们刚开的时候也是的，所以当时有专任教师，当时专任教师课时特别多，随着时间推移，慢慢地请一些够资格上课的老师加入，我们刚开始都是跟老教师后面先听的，慢慢就会好起来的。”对于A校及H校，我进一步了解两校中国知网的利用情况，主要是关注全文下载情况，令我比较惊诧的是，使用量很接近，H校稍微好一点点，也就是文献检索课开设的效果，单凭这一个观测点是无法检验的。

做科学研究是围绕“问题”进行的，发现问题、分析问题、解决问题。要找准问题，并努力解决问题或者提供解决问题的方法。问题无处不在，许多问题是“一介书生”所思所谋所做，于事无补的，需要“利益共同体”凝心聚力，同舟共济。

（2017-10-1）

关于地方文献工作的思考

“地方文献是一个地方政治、经济、文化，以及风俗、民情、社会现状等方面的真实反映，具有历史传承的功能与价值。”上述表述达成了较为广泛的共识。地方文献建设，理应是各级各类图书馆的重要工作内容之一。

H高校为一所省属地方本科院校，且是其所在地级市的唯一一所本科院校。然而，该校的地方文献很少，自身没有投入人力、物力建设，也几乎没有社会捐赠。该校曾于2013年以学校办公室的名义发文启动机构文库建设，其中纸本文献旨在收集、保存在该校学习或工作过的校友及在校师生的学术著作（包括专著、译著、教材、工具书等正式出版物），学校组织编写的各类文集及研究生毕业论文等，结果只征集到48种图书（共73册）。文件中承诺的“文库收到捐赠后，将及时编目，在文库中永久收藏，并设专室陈列供读者阅览”“设专室陈列供读者阅览”并没有兑现。

该校专业覆盖工学、理学、文学、管理学、农学、法学、经济学、艺术学、教育学和医学10个专业门类。依据该校科研处的统计，2014—2016年出版著作分别为15种、31种、29种，合计75种。地方文献需求本身也是存在的，不时有教师和学生咨询，侧重关注统计年鉴、地方志等等。据悉，另一省属地方本科院校，位于相邻的另一地级市，该馆地方文献收藏量比较大，相关资源放特藏室。近年社会捐赠情况一年比一年好。

H高校所在地级市的市图书馆，据介绍，目前有地方文献约3000种，近5000册。为全面完整地收藏、保护、开发、利用地方文献资料，建立地方文献信息资源保障体系，2017年3月发“地方文献征集”倡议书。这块要做好不容易，但若用心去做，就会有成效的。征集只是辅助办法，更可取的办法是要有相适应的人力、物力投入。此外，宣传确实很重要，要给人留下懂书、爱书、护书的好印象，这样社会捐赠也会好起来，至少应让身边的高校有关教师知道在做地方文献征集工作。

（2017-10-10）

闲话信息素养课

又是一年填报公共选修课任务的时候，照常填报。提交给教务处时，教务处的工作人员说，找些学生选课，争取开起来。已经是好多年了，每年报两次选修课，每次均因为选课学生不足，无法开课。每年坚持报，一方面是因为停开得写说明，如果再想开得重新申请；另一方面是因为高校图书馆应有信息素养教育职能，这个意识得有。

公共选修课的可选择时间为周一、周二、周四晚上，24 课时，1.5 学分。“现代信息检索与利用”这门课的吸引力很弱，相对比较枯燥。对于图书馆的授课教师而言，上这门课属于加班，如果只是为了课时费，没有吸引力，因此图书馆员方面亦很少有人愿意操这份心。关于“找学生选课”，其实私下里，我确实找读者协会学生、熟悉的教师帮忙“拉”学生，但收效甚微。

所在学校教学院系开展信息素养课（文献检索课）开课率非常低。曾做过调研，2015 年只有 32 个班次，累计 600 余名学生。办学层次办学规模接近，乃至所处区域临近的两所高校，H 校为全校必修课（1.5 学分），图书馆有 7 人承担文献检索课教学任务；Y 校有专职文献检索课教师，他们这方面工作连续开展了很多年。所在学校的文献资源经费投入，与 H 校、Y 校相比有很大差距，以 2017 年为例，尚不及八成。我曾积极呼吁有关方面给予重视，归结为三个方面：（1）有利于提升学生的信息素养；（2）有利于提升图书馆馆员的职业能力；（3）有利于图书馆资源与服务“物尽其用”。曾有机会直接与分管教学的校领导面对面，校领导做了解释说明，简短结论：当前顾不上。

许多高校图书馆在积极探索以不同方式进行信息素养教育。当前，我的角色是图书馆参考咨询部负责人，且具体负责数字资源采访及学科服务工作，这几年也做了不少努力。最核心的，创建有面向全校教师的学科服务 QQ 群。2015 年 5 月，为了加强图书馆与各院系的联系，建立起通畅的“需求”与“保障”渠道，帮助教师用户充分利用图书馆的资源，建立学科服务 QQ 群。《学科服务速递》依据群交流信息不定期整理，通过群文件向群成员推送，并与全校师生分享（办公网邮件群发；图书馆网页）。《学科服务速递》目前已发布39期（大约为半月一期，假期除外）。各高校数字资源主要是以购买数字资源商提供的服务为主，如何充分利用好有关服务，让物尽其用极具现实意义。我校数字资源使用费日均近7000元。《学科服务速递》有助于我校师生快速了解相关资源与服务，熟悉其使用方法，更好地加以利用。其次有数字资源利用系列讲座（读书月活动之一），主讲人由有关数据库培训师及参考咨询部工作人员组成。此外，还有学科服务进院系，听需求送服务，宣传图书馆资源与服务。我的突出感受是，许多工作事倍功半，收效不尽人意；不少工作需要行政力量或者人际关系，方能推动。

信息素养类课程，受到了种种冲击。有一定比例高校同我所在高校所处的情况类似，处境尴尬。有少部分高校做得挺扎实，主要得益于相关人员的坚持与坚守，难能可贵。实践中感觉到，这门课其实是非常有必要的，教师需要，学生需要，图书馆员也非常需要。数字化、网络化、多元化环境下，数字资源经费占有很大比重，不少高校已占三分之二以上，不少数字资源其实只是购买服务（使用权），如果缺乏必要的"关怀"(有什么？怎么用？如何拓展应用？)，投入与产出之性价比恐怕难尽人意。

（2017-11-30）

用户需求调研与思考

我参与所在高校理工类二级学院走访调研。走访调研主要内容：推介图书馆资源与服务，听取二级学院师生意见与建议，并解答相关咨询。图书馆的走访调研活动受到了二级学院的高度重视，各二级学院的党政领导班子、教师代表、辅导员、学生代表等出席调研座谈会，并对图书馆的资源建设和服务提出了许多具有建设性的意见和建议。

一、征询的主要意见、建议或问题

各二级学院征询的主要意见、建议或问题综合梳理如下。

1.资源类

（1）机械工程学院、计算机工程学院、电子工程学院、土木与港海工程学院、理学院、测绘工程与海洋信息学院等对IEL数据库需求较为迫切，期待我校购买，或提供及时、有效的获取途径。

（2）化学工程学院希望购买 ACS 数据库。

（3）药学院提出希望我校买 Reaxys 数据库，或提供及时、有效的检索与利用途径。

（4）多个院系教师提出希望能使用百度文库，因为百度文库有许多灰色文献（如教学课件、辅导资料等）。

（5）有教师提出希望提供文献管理与分析类软件，比如 NoteExpress。

2. 服务类

（1）机械工程学院院长提出希望进一步了解机械工程类外文数据库信息。

（2）电子工程学院院长提出希望图书馆提供分学科高水平期刊影响力排名服务，为学校相关政策制定提供决策参考。

（3）希望图书馆网站资源展示工作做得更好，更便于利用。

（4）希望提供校外访问（VPN 服务），特别关注中国知网的校外访问服务。

（5）希望提供更好的网络条件，便于利用图书馆资源与服务，尤其是改善学生宿舍的网络条件，尽可能避免烦琐的设置。

（6）希望提供资源与服务利用统一认证账号，各种各样的账号不便于利用。

（7）希望提供文献检索讲座服务，比如为二级学院新生或毕业生提供一场或数场讲座。

（8）希望为研究生开设文献检索课。

（9）图书荐购服务，希望有反馈机制，告知相关进展。

（10）综合书库等馆藏地，乱架率较高。

（11）希望购买思想政治类新书，比如《习近平谈治国理政》等。

（12）希望各个馆藏地提供查询机，便于检索与利用。

3. 其他类

（1）由于门禁系统的启用，有老教师不知道如何利用图书馆，不知道可以通过工作证进图书馆，不知道如何借阅图书。

（2）希望图书馆提供小型研讨室服务。

二、意见、建议的回复及初步整改措施

图书馆认真听取了二级学院的意见和建议，并就其中若干意见和建议，给予了解释说明或解答。部分问题调研结束后，通过学科服务群给予了及时的解答或响应。

（1）对 Reaxys 的价格与服务进行了调研。根据 DRAA 联盟采购方案，如果我校购买，属于特小型用户，2018 年价格大约为 17.8 万元，2019 年为 18.8 万元。且为我校开通了该数据库试用，试用时间：2017 年 12 月 11 日—2018 年 2 月 18 日。

（2）关于化工学院提出希望购买 ACS 数据库的回应。近期高校数字资源采购联盟正在续签新合同。据悉，2018 年 ACS 共出版 51 种期刊，我校购买需要 30 万元以上。年涨幅高达 20%！这类专业性比较强的数据库，有些高校是相关院系自筹经费购买。比如某师范学院的化学化工学院掏钱买了 ACS 数据库。

（3）关于 IEL 的回应。学科服务群介绍了 IEL 数据库覆盖我校学科领域情况、我校教师发表论文情况等信息。参照 DRAA 方案，我校 2018 年的价格为 8.1 万美元左右。2016 年 3 月 IEL 高校用户约 184 家，近期可能在 200 家左右。

（4）关于思想政治类图书需求。学科服务群介绍了超星移动图书馆的“两学一做”专题。这里有 32 种图书，可以下载到“书架”阅读全文。习总书记的书，超星公司未能获得出版社授权，出版社方更愿意售印刷版。因此，读秀、超星移动图书馆等用不了相关图书的电子书。

（5）关于中国知网的校外利用问题。按照我校签订的协议，许可使用范围“仅能在其内部网络 IP 范围内使用本合同约定的数据库”。合同还有一个附件，“不合理使用”及违约责任的。当不在校园网 IP 范围内时，除全文下载以外的检索服务是可以用的。读秀、超星图书馆是间接利用中国知网的有效途径。

（6）关于机械工程类外文数据库。机械工程类相关数据库有 15 种左右，除了 IEL 数据之外，与机械工程学科密切相关的有 5 种：ASME 数据库（美国机械工程师学会数据库）、ASTM 数据库、IMechE（英国机械工程师学会数据库）、SAE 国际汽车工程师学会数据库、IET Digital Library（英国工程技术学会出版的全文数据库）。学科服务群中对上述数据库进行了简略介绍。

其余问题，有待进一步梳理与研究，有的放矢，循序渐进，提升服务质量与服务水平。

三、调研心得及思考

从对图书馆形态的认识、服务理念的变化，到资源增长的模式、服务方式，体制与机制等，都突破了传统图书馆的范式。图书馆的工作就是要做好沟通协调，细节做好方能和谐发展。如果工作“不拘小节”，结果“大节”将被诟病，我们需要踏踏实实地从图书馆和用户的需求出发研究问题、分析问题、解决问题。

我校文献资源投入方面是比较欠缺的。我校文献资源投入较少，我们在努力做

3方面的工作：一是试图进一步提升现有资源的利用率，采取多种方式积极宣传图书馆资源与服务，取得了较好的成效，比如ScienceDirect全文下载量大幅提升。二是积极开通优质中外文数字资源试用，并在第一时间推介给师生，一定程度上丰富我校师生的可利用资源。由图书馆经办的数字资源试用服务，试用期间使用权限与正式购买是一样的（甚至可能比正式购买的权限更大），比如SCIE资源开通了一个月的试用（回溯数据为1998年至今），如正式购买SCIE，我校每天的使用费大约需2000元左右。三是拓展文献资源获取渠道，比如大力宣传读秀、超星移动图书馆服务（它们更多的属于文献获取平台）。今后，我们需要积极探索与二级学院（重点学科、重点专业等）协作引进专业类数字资源，如IEL数据库等。

影响数字资源利用的因素有许多，其中与网络基础设施条件及文献检索课开课情况密切相关。学生宿舍网络无法利用图书馆资源与服务，2017年11月6日信息中心解决了该问题；教师用户多年来期待学校提供VPN服务，可喜的是，有关方面了解了该迫切需求，正着手实施。文献检索课受到了种种冲击（比如压缩学时、信息检索理论与方法的进步、网络通信技术的飞速发展等）。我校文献检索课开课率非常低（很少二级学院开设有该课程，学习过该课程的学生非常少）。图书馆每年报两次选修课，每次均因为选课学生不足，无法开课。

期待所在学校进一步加大文献资源投入，进一步改善校园网，以利于广大师生更便捷更充分地利用图书馆资源与服务。

（2017–12–27）

闲话参考咨询部

种种原因，国内高校图书馆组织机构设置一直处在变革之中。当前，数字化网络化多元化的环境之下，变革更大。

20世纪80年代，图书馆部门的设置在纸质文献处理流程的基础上结合了读者的服务与培训方式，除了基本的流通与阅览等读者服务部门外，文献检索教研室、辅导部、参考咨询部开始出现。同时，受图书馆技术环境的变化及图书馆情报服务功能的出现，图书馆开始重视技术服务与情报咨询新部门的设置。进入21

世纪之后，随着业务流程重组管理理论的广泛引入，国内高校图书馆掀起部门调整的热潮，图书馆组织机构沿着信息技术的发展而变化。

随着高校图书馆承担的职能也发生了变化，当前的高校图书馆内部组织机构的设置处于一种“混沌”状态，多为随自己的意（各校各叫各的），即便名称一样，所设岗位及其职责可能大不同，总体呈现个性化多元化态势。带来的弊病是，专业技能弱化、馆际业务交流对口交流愈来愈困难、服务对象愈来愈不懂图书馆……

参考咨询部是图书馆的“老部门”，我在参考咨询部快10年了，但师生、同事对参考咨询部均很陌生。实事求是来讲，在这期间我的工作内容也够杂乱的。当前我所在的参考咨询部6个编制，占全馆人数的7.7%。这个部门是做什么的呢？依据2016年4月拟的参考咨询部岗位职责：“参考咨询部是图书馆的业务部门之一，主要负责以下工作：中外文数据库及期刊采购工作；学科馆员工作；负责新到报刊验收、分发工作；开展文献信息咨询、查收查引和原文传递服务；管理文献检索室、研究生阅览室；参与学科建设和重点科研工作；解答属于图书馆业务范围的各类咨询问题，辅导读者查阅文献信息，提高读者信息素养，并提供深层次的咨询服务，学科评估服务等。”其实，参考咨询部还另设了科技查新工作站，没写进去。这大概算是“个性化”的代表之一了。

文化部2015年发布了一个推荐标准《图书馆参考咨询服务规范》[1]里边两个定义摘录如下，参考咨询服务（Reference Service）：针对用户需求，以各类型权威信息源为依托，帮助和指导用户检索所需信息或提供相关数据、文献资料、文献线索、专题内容等多种形式的信息服务模式。参考馆员（Reference Librarian）：图书馆从事参考咨询服务的相关人员。其职责为负责解答用户咨询、帮助用户获取所需的信息与服务。（注：根据参考馆员的知识、经验和所承担的任务，可以有初级参考馆员和资深参考馆员等不同配置。）

参考咨询部近年在打学科服务牌。2017年的“服务升级”，积极开展深层次嵌入式服务模式的探索与实践，开展省部级以上科研项目学科服务工作试点。这里顺便也介绍一下相关概念。1998年之后，国内高校图书馆界学科服务、学科馆员是热门话题。其“中心思想”是为了促进图书馆员的专业化发展，提升图书馆员的职业能力与服务水平。学科服务是以用户为核心，主体通过学科馆员，依托

---

[1] 中华人民共和国文化部. WH/T 71-2015 图书馆参考咨询服务规范［S］. 北京：国家图书馆出版社，2015.12.

图书馆和公共信息资源，面向特定机构和用户，建立基于科研与教学、多方协同、面向一线用户的一种新的服务模式和服务机制，向用户提供个性化、专业化、知识化的服务，提升用户的信息能力，为教学科研提供有力的信息保障与支撑。清华大学图书馆学科馆员工作职责（各专业馆学科服务负责人的工作职责根据各专业馆具体情况而有所调整）：（1）深入了解对口院系的教学科研情况和发展动态，熟悉该学科的文献资源分布；（2）参与对口学科的资源建设，提供参考意见；推动对口院系与图书馆合作订购资源；（3）开办相关图书馆讲座，解答深度课题咨询，逐步提高对口院系师生的信息素养；（4）深入院系，征求读者意见及信息需求；与图书馆顾问密切合作；（5）编写、更新相关学科的读者参考资料，包括学科服务网页、资源使用指南等；（6）通过多种渠道宣传推广图书馆的资源与服务，以提高文献资源利用效率，使读者更加关心图书馆建设；（7）试用、评价、搜集相关学科的文献资源；（8）为对口院系的重大课题提供文献层面的特别帮助；与对口院系学术带头人建立联系。我觉得上述对工作职责的描述是美好的、立体的、生动的，但要落实起来是很不容易的。对于“985 工程”“211 工程”院校不易，对于省属地方本科院校或许更艰难。

参考咨询部近年与时俱进开展科技查新服务。2017 年，专利信息服务火了，也需跟上。查新报告是查新机构根据查新委托书的要求，通过查新项目的查新点与所查文献范围内的文献信息进行比较分析，对查新点作出新颖性判别后，以书面形式撰写的客观、公正的技术文件。作为“查新员”，相对来讲，图情专业知识为强项，相关学科知识（尤其是自然科学知识）为弱项。完成科技查新工作，需要与“委托人”相互取长补短，共同完成。

同样在参考咨询部，岗位及职责存在差异。不同高校的参考咨询部，所承担的职能存在差异（甚至迥异），如果是高校馆与公共馆两种类型相比，可比性不大。

本篇闲话似乎更多的是从微观角度阐述高校图书馆的“乱象”或“现状”，期待有助于促进相关理论的探索与实践，有助于“破局”或“拨云见日”。

（2017-12-27）

图书馆资源与服务能统一安全认证吗

在用户需求调研过程中，有老师向我提出了一个问题：图书馆资源与服务能统一安全认证吗？图书馆资源与服务各类账号、密码很多，校内还有许多机构各种服务（如教务系统、财务系统、科研管理系统、校园卡等）又有各类账号、密码，图书馆是否能会同学校信息中心统一安全认证？

我觉得这个问题确实是个伤脑筋的问题。真正意义上的“一卡通”，也存在不少安全隐患。

图书馆资源与服务、各种各样的资源与服务，通常是限校园网 IP 范围内访问，有部分资源与服务可以自行注册账号，享受个性化服务或延伸服务，比如，有些资源与服务允许在校园网 IP 范围内注册账号并激活，之后可以用自己的账号在校园网 IP 范围外使用。

高校图书馆的资源与服务涉及的种类多种多样，与图书馆管理与集成系统相关联的，部分高校图书馆自建的资源资源与服务，更多的是各种各样的商业数据库或服务，所采用的的安全认证技术、支持的浏览器、系统的稳定性、系统的易用性等五花八门。通常情况下，各类账号提供密码找回功能，需要通过邮箱或手机号等，但也存在功能障碍。用户方面，信息技术水平也是参差不齐。解答有关咨询，并不轻松。

统一安全认证也许短期内并无实质性改观。单单是图书馆资源与服务的账号、密码，个人建议是可以根据自身喜好，设置自己常用的账号、密码，能复用则复用，有些比较重要的可以在自己常用邮箱中记录一下，便于遗忘时快速找回。

（2018-1-4）

应鼓励图书馆员做科研

圕人堂QQ群中，有青年馆员提及其所在馆馆长积极呼吁馆员申报科研项目，支持馆员做科研，同时批评“馆长经常有不切实际的想法”。我表达了一己之见：“鼓励馆员做科研，这个想法很实际。鼓励馆员做科研，还要从鼓励馆员读图情专业期刊、读《图书馆报》做起，鼓励馆员参加会议（业务交流、学术交流均可），鼓励馆员‘学以致用’。许多馆提过‘服务立馆、科研强馆’口号，这是有一定道理的。”有成员批评外行馆长，不得要领。我觉得，外行馆长，更多的是一种制度安排，多年来，早已成常态。经历一段时间磨合之后，“劲往一处使”。有成员表达“我们学校图书馆几乎没人搞科研”，我对该成员所在馆略有了解，我认为，一定程度上，可能是因为馆员队伍年龄结构失衡。许多高校馆存在“减员增效”的现实问题。比如，有的馆，几乎没有35周岁以下的馆员，平均年龄接近50岁，这很可能会动力不足。

有成员表达了自己的观点：“如果图书馆里有不同的声音，说你每天工作和服务不积极，天天写论文，或者说你写的论文对图书馆的具体工作能有什么用？这就不是理念问题，是态度问题了。服务立馆，科研强馆这句话太精辟了。服务意识、服务能力，科研意识和科研能力是密切相关、相辅相成的。”“我只是揭示一个图书馆行业的一个现象。”《人文杂志》社副主编秦开凤认为，“学术期刊的学术评价功能被学历学位、职称职位等利益获取因素所捆绑、扭曲，学术生态遭到一定程度的破坏。部分期刊在选稿编稿用稿过程中也存在一些不良倾向，把‘学术规范’推向极端，一切以西方标准为标准，热衷于用中国案例‘证明’西方理论，‘言必称希腊’，有的还以晦涩难懂的‘西式’语言为时尚，甚至有的论文形式结构上也以‘洋八股’（问题、理论、假设、数据、测量、方法、发现和结论八个部分组成的文章结构）为‘学术规范’，美其名曰‘与国际接轨’，包括一些社会科学领域的文章摒弃思想性而以建构精致的数学模型为目标，等等。”图情领域学术期刊，一定程度上也受到了影响，也同样存在一些不良倾向。

有党校馆的青年馆员同行，科研热情高涨，希望我能提供些参考意见。我自身充其量只是一个“行者”，分享了自己一些零碎的感悟，需要尽可能地扬长避短。做科学研究需要跳出小圈子，视域需要放宽，不能局限在党校图书馆。科研成果终究是需要发表平台的，党校图书馆毕竟有其特殊性。当前的图情期刊，有党校系统办的吗？这也是值得考虑的。因此，要跳出自己的圈子，探究更多可能性。如果局限在党校图书馆系统内，就算论文数据翔实，能解决多少问题？有期刊愿意发表吗？这也是问题。可以立足实际，但不能过于纠结，过于局限。眼下即便是“高校馆为例”这种类型的文章也很难发了，除非是几个牛馆。还是需要多读多想，找寻适合自己的路子。讲政治高度，思考一些理论问题也是可以的，找到结合点，同样可以出彩。看看人家怎么写、怎么做，自己会有所收获的。练基本功很重要。做笔记或写读书笔记也很重要，更高的层次是有自己的述评。坚持一段时间，就会有收获。

北京大学明确提出文献资源保障体系是一流大学学科支撑体系的重要组成部分。图书馆员是一支重要的队伍。2017 年 12 月 28 日，教育部学位与研究生教育发展中心公布了全国第四轮学科评估结果，我留意了数所高校的表现，他们多成立了专门的学科评价与分析中心，我认为图书馆员发挥了积极作用。1998 年之后，“学科服务”是许多高校图书馆探索与实践的重点。学科服务是以用户为核心，主体通过学科馆员，依托图书馆和公共信息资源，面向所在机构和用户，建立基于科研与教学、多方协同、面向一线用户的一种新的服务模式和服务机制，向用户提供个性化、专业化、知识化的服务，提升用户的信息能力，为教学科研提供有力的信息保障与支撑。如果图书馆员不积极开展科研，恐怕很难懂科研，也很难切实做好科研与教学服务。

应鼓励图书馆员做科研，主语是谁？是图书馆馆领导，是用户，也是图书馆员自己……是所有图书馆利益相关者。现实确实有种种无奈，但仍需一批人知难而行，迎难而上。

（2018–1–5）

2017年图书馆运行数据报告观感

许多图书馆先后公开分享了2017年度运行数据报告。重庆大学图书馆谷诗卉、罗丽、杨新涯等发表了《大学图书馆年度大数据报告的调研与发展研究》❶，该文利用网络调研法对各个高校发布的2016年高校图书馆运行数据报告进行了调研与分析。文中搜集到32家高校的报告，侧重的是数据报告的发布平台、发布内容、编辑形式及利用情况等内容。至目前为止，我浏览了10来家图书馆的2017年运行数据报告，并做了点摘编工作❷。

2017年图书馆运行数据报告，题名多种多样、技术实现方式也是多种多样。做这块工作，一般人弄不来，因为涉及很多方面。大部分人即便有数据，但却未必知道其含义。当前，这方面做得最好的，我认为是广州图书馆。高校这块，湖南理工学院图书馆做得比较扎实。它们的共同点是都持续做了好多年，它们均持续发布年度运行报告，广州图书馆见《广州图书馆年报（2016）》❸。

图书馆的发展，需要建立在高水平、高质量、凸显馆藏特色的文献资源这一基础上，而不仅仅是硬件或华丽外表的升级改造，应当让读者能看到、用到。图书馆的管理与服务是围绕文献资源这一中心做工作的。我所做的摘编，侧重资源与服务。当前，摘编的馆并不多，但稍加品味，就会有些滋味。

高校图书馆有两份“纲领性”指导文件，一是，关于高校基本办学条件，2004年教育部印发《普通高等学校基本办学条件指标（试行）》，基本办学条件指标分本科、高职（专科）。办学指标数据包括图书情况（一般图书总册数、当年新增一般图书册数、生均图书册数、生均年进书册数）。二是，大学设置标准，2006年教育部印发《普通本科学校设置暂行规定》，在“基础设施”中的“图书”项中

---

❶ 谷诗卉，罗丽，杨新涯等. 大学图书馆年度大数据报告的调研与发展研究［J］. 大学图书馆学报，2017（6）：24-29.

❷ 王启云. 2017年图书馆运行数据摘编［EB/OL］.［2018-1-17］. http://blog.sciencenet.cn/blog-213646-1094660.html.

❸ 广州图书馆年报（2016）［EB/OL］.［2018-1-17］. http://www.gzlib.gov.cn/u/cms/www/201712/04153750lx41.pdf.

要求，“普通本科学校生均适用图书，理、工、农、医类应不低于80册，人文、社会科学类和师范院校应不低于100册，体育、艺术类应不低于80册。各校都应建有现代电子图书系统和计算机网络服务体系。”当前，许多高校图书馆为之“累弯了腰”。时过境迁，数字资源已是重中之重，但目前尚未有对数字资源的相关规定。印刷型图书的藏与用，时下均是格外“伤脑筋”的。

高校图书馆的印刷型馆藏在增长，但利用率在逐年下降。虽然有少数馆做了一系列努力，存在“回暖”现象，但总体趋势，我认为是在持续下滑的。我做了个小调查。江苏省某“985”高校N（2个校区），某省属地方本科院校H（3个校区），采用的均为汇文图书馆管理系统。“索书号=I，起始年代=2017，文献类型=中文图书”的结果：N校为10305条（有239条为“在编”状态），可借图书为3609条，可借图书前20条中，复本为“1”的17条，复本为“2”的2条，复本为“3”的1条；H校为1239条，可借图书为1222条，可借图书前20条中，复本为“2”的18种，复本为“1”的1种，复本为“6”的1种。我的简略印象：两校均复本量小，但N校大约2/3的书被利用，H校绝大部分“馆藏复本”与“可借复本”相同（表示没被借走）。N校的纸质馆藏613.7万册，2017年的借阅量34万册；H校的纸质馆藏160余万册，2017年的借阅量4.6万册。被阅览的书大概会有多少呢？假定读者在藏阅一体化的空间所有图书均算上，这个比例会是多大？我知道有的馆不会超过20%。

江苏昆山市图书馆是江苏省直管县级市图书馆，2017年外借图书173万册次，其中少儿部外借图书达61万册次。我检索了一下该馆综合借阅室《人民的名义》（2017年出版）有馆藏14册，在馆数2册。其中有7本被借阅3次以上，最高的达9次（含1次续借）。N校有馆藏3册，分布两个校区，均为可借状态。H校有馆藏5册分布三个校区，均为可借状态。通过这样的粗浅考察，或许可以察觉一些问题。

图书馆年度运行数据，其实家家图书馆均有，或多或少，或粗或精。它们绝大部分仅用于汇报工作，甚至有的还高度浓缩于图书馆年度报告之中（比如上级要求限2千字以内）。图书馆年度运行报告共享，很有意义，有利于促进相关工作开展，值得进一步关注与利用。

（2018-1-17）

闲话图书馆的传承与开新

南京图书馆馆长徐小跃先生认为："不管如何定义和描述图书馆，有一点是亘古不变的，那就是图书馆既是文化的承载、传播、发展之地，也是有文化和向往文化之人的汇集之地。"[1] 一座座现代化图书馆拔地而起，各种各样的信息技术应用于图书馆，各种风格的家具及装修设计呈现于图书馆……当前，或许可以说是我国图书馆大繁荣、大发展的好年头。作为一名图书馆工作者、图书馆学研究爱好者，应当有所观察，有所思考。

关于图书馆学研究，以图书馆学期刊为观测点，我的观感是，大多数是为了"论文而论文"。因为职称晋升需要、科研项目结题需要、完成学业需要、聘期考核需要……真正意义上的为了解决什么问题或者具有一定指导价值的理论研究成果似乎太少了。有很多"高手"感慨，如果不是为了某些需要，实在不想写论文。当前期刊论文的"套路"痕迹是比较明显的，粗略总结为容易被引用的（比如热点话题），好对付学术不端检测系统的（比如介绍国外情况），显得有深度的（比如有调研数据、有较为复杂的图表公式）。许多研究结论、对策建议实际追求的是"形式美"，通常是无法"落地"的。我曾发现有的调研数据，不知道是几手数据，错误比例非常大，只是无人深究。学术期刊是学术公器，具有导向价值，导向很重要。图书馆学理论研究的取向，对图书馆实践领域有重要影响，和则两利，不和则两败俱伤。

关于图书馆实践，在当前的数字化、网络化、多元化环境下受到很大冲击，大家都在积极思考变革与转型。图书馆馆领导人选及任期、人事分配制度改革、信息技术的飞速发展及核心业务外包等，给"图书馆职业的专业性"及"图书馆员职业能力"造成了很强的冲击。有少部分馆搞得有滋有味、有声有色，但大多数属于困惑的、迷茫的或得过且过的。

有的图书馆在传承方面做得很扎实，坚持按照传统的图书馆学学问、技艺做工作，管理与服务工作有板有眼，在时下是难能可贵的，其实也是好的图书馆；

[1] 徐小跃. 图书馆是一个与"文"紧密相连的神圣之地［J］. 新世纪图书馆，2016（1）：封2.

有的图书馆为了多快好省地出成绩，急急忙忙开新，不顾自身实际搬用套用，通常如昙花一现或虎头蛇尾。图书馆有项基础工作是馆藏建设，种种原因，时下书面上有馆藏发展政策的图书馆有一些，但馆藏发展政策落到实处的并不多见。因此，存在真正意义上“特色馆藏”的不多，地方文献工作做得扎实的不多，“机构库”持续建设与发展的不多……

有美国同行对我国馆藏发展政策觉得不可思议，且告知现在美国高校对藏量似乎不是很关心，但对花多少钱在资源上是很在意的。我曾试图做一些解释说明。国内高校对于纸本馆藏量的关注，也是多种因素导致的，要解开这个结不容易。比如要求生均 80 册，生均年进书量 3 册，国内高校学生数动辄数万，因此这个量是不小的，馆藏空间压力也是相当大的。如果不做硬性要求，数字资源这块比较容易，不好测度，而且对图书出版市场有很大影响。图书馆及主管部门知道问题所在，但想解决问题并不易。国内电子书发展的步伐缓慢，电子期刊发展的步伐虽然快一点但也存在不少问题（利益均衡是重中之重）。当前我做的工作，其中有一块是时不时填各种统计数据，因为没有明确的标准可循，很多时候困惑不已，但必须尽可能地让统计数字漂亮点。我了解一所本科高校，学生折算 2 万人，理论上需要纸质图书 160 万册，且生均年进书量应为 6 万册。实际上，即使经费充足，馆藏空间也不足。该校 2016 年借书 55348 册，还书 55024 册；2017 年借书 46152 册，还书 45745 册。上述数字组合在一起，我认为是比较尴尬的。

图书馆的“传承”与“开新”是两大主题。理想的状态是有较好的传承，并在此基础上开新；比较糟糕的状态是两头无着落，传承没能做好，开新也稀里糊涂；最糟糕的状态是不伦不类，既没有传承，也没有实实在在的开新，敷衍了事。

（2018-3-14）

闲话高校图书馆图书捐赠工作

高校图书馆图书捐赠工作是指面向本校教师、校友及社会各界人士征集、接受图书捐赠，以适当的方式进行整理、收藏、宣传与利用。由于种种原因，该项工作做得扎实的高校图书馆并不多见。其中，河北师范大学图书馆的做法，值得参考借鉴。

图书馆网站上有公开信，公开信下方有历年本校师生及校友赠书清单。2012—2017年清单：19册、115册、289种、312种、1114种、1904种。本校师生及校友赠书清单，包括以下信息：捐赠日期、单位姓名、题名、责任者、出版社、出版年、册数。公开信的发布时间为2014年03月21日，很有可能是从这个时间点开始重视此项工作，成效可见一斑。进一步浏览赠书清单发现，该校校友郝伯林院士，2015年开始赠书（零星捐赠），2016年5月19日捐赠839种书；该校党委书记多次赠书，最多一次捐赠近600种。我留意了捐赠清单中的书目，质量还比较高，有一定比例是该校教师或校友的著作。据悉，该馆目前有两位老先生捐赠的自己一生藏书，正在计划着做成学者空间，希望不仅仅发挥书的作用，还希望将老先生们严谨治学的精神传承下去。此项工作可以做得更精彩，做好了，会很出彩，提升图书馆乃至学校的社会影响，进一步吸引社会捐赠。

要做好该项工作，高校图书馆需要用行动展现爱书、护书、懂书。

（2018-3-21）

关于高校图书馆岗位绩效量化考核的思考

我承担的高校图书馆员职业能力研究项目，原设想通过一些调查研究，编制一套职业能力体系，试图将其用于指导实践。经过进一步观察与思考，我觉得这样的工作很辛苦，而且意义非常有限。近期，所在高校搞岗位聘任及绩效工资改革，我一方面具体参与了一些工作，另一方面与国内外同行进行了一些相关交流，对高校图书馆岗位绩效量化考核有所思考。

国内的高校图书馆，大多数岗位真的就是“看门”，体现专业知识与技能的岗位太少了（在图书馆的地位实际也很边缘化）。岗位聘任与待遇密切相关，平时并没有业绩测度标准，且许多事情馆长的权力非常有限（比如部分图书馆书记的权力比馆长大），工作难做。高校图书馆岗位类型大致为专业技术岗、管理岗、工勤技能岗、非在编人员、合同制工人。

高校图书馆岗位绩效量化考核工作不好做，岗位类型较多，读者服务岗涉及人员多，考核很困难。有的馆虽然岗位聘任已搞了好几轮，但一直是稀里糊涂，每到重新聘任时，非常困难。每天都自认为自己做得很好，而且是越不怎么干活的越觉得自己哪都好。有担任业务副馆长的同行告知：“刚实行岗位聘任没几年，没有量化的考核，只有一个简单的考核办法。之前有每年考核的量化标准，所有岗位都打分，最后按照分数高低发放小部分津贴。比较下来，觉得原来的打分虽然有弊端，但是不用多费口舌，分高就是分高。对于管理者来说，能把活干好了，让大家没有过多的抱怨，也就可以了。”

美国高校图书馆的情形如何呢？中央华盛顿大学傅平先生《美国大学图书馆都在干些什么？》文中有“对馆员能不能提供专业服务有很详细要求”❶。傅平先生推荐我阅读耶鲁大学图书馆对馆员的考核晋升要求和标准，我粗略浏览了之后，感觉比较抽象。我刚开始以为是指读者服务，后来请教了另外一位美国同行获悉，此处的专业服务应指评职称时的“ Professional Services”，指参加学术活动，参加全国性专业团体，写文章。美国高校图书馆对于岗位绩效量化考核，“不具体，没指标，大家随便做什么，到时由委员会来定夺”。委员会成员通常均为本馆成员，“除了极特别的情况，如果内部吃不准，可叫外人帮忙。一般就是过形式，而馆长的作用比较大，但不能乱来，否则当事人会申述。”“另外就是升级的幅度，有人曾经连着三次每次加两级，现在馆长控制极其严格，这对中低级的馆员影响很大。”“我们也是和工资直接挂钩的，其实就是钱多少的问题。”

傅平先生告诉我：“美国大学图书馆都在走创新之路，减少物理馆藏，推进数字化建设，联系合作伙伴，加强全方位合作，推进开放获取和开放教育资源，改造空间，融入教学研究。”国内的情况似乎比较复杂，有些条件较好的馆，在学习与探索中，有一些行动，但所取得的成效，似乎并不乐观，很大比例属于“走秀”，热闹一会儿，实效很有限。造成中美差异可能的原因包括馆员职业精神与职业情怀方面的因素，深层原因值得进一步探寻。

（2018-3-23）

---

❶ 傅平. 美国大学图书馆都在干些什么？[EB/OL]. [2018-3-23]. http://blog.sciencenet.cn/blog-3316383-1104063.html.

高校图书馆纸质图书之痛

2014年3月26日，《中国青年报》刊发熊丙奇先生《图书馆不是用来评估的》一文[1]，文中讲述了该文作者作为新增本科院校考察专家的所见、所闻、所感。有的本科院校为达到“生均100册纸质图书”这一指标，“到二手书批发市场论斤整车购买，还有的从其他兄弟院校拆借，专家们只管书的册数，不管这些书是否有收藏价值，是否与教育和教学有关，学生们是否借阅。反正只有凑够指标，才能过关。为此，高校不得不在这方面浪费大量经费。”文中呼吁：“要让高校重视图书馆，学生重视阅读、与图书馆为伴，关键在于让老师重视教学，对学生实行严格的教育——重视培养学生思维能力、拓展学生视野的老师会开出书单，要求学生借阅，学校图书馆必须根据老师的书单准备图书，这样才能形成图书馆建设、使用的良性循环。”如今四年过去了，高校图书馆纸质图书情况如何呢？

先说说“指标”是怎么回事。2004年，教育部印发《普通高等学校基本办学条件指标（试行）》，基本办学条件指标分本科、高职（专科）。学校类别有综合、师范、民族院校；工科、农、林院校；医学院校；语文、财经、政法院校；体育院校；艺术院校。本科层次生均图书（册/生）分别为：100、80、80、100、70、80。“监测办学条件指标：合格要求”：本科层次生均年进书量（册）分别为4、3、4、3、4。另有备注“凡折合在校生超过30000人的高校，当年进书量超过9万册，该项指标即为合格。”2006年，教育部印发《普通本科学校设置暂行规定》（俗称“2006版大学设置标准”），“基础设施”中“图书”一项规定“普通本科学校生均适用图书，理、工、农、医类应不低于80册，人文、社会科学类和师范院校应不低于100册，体育、艺术类应不低于80册。各校都应建有现代电子图书系统和计算机网络服务体系。”各种评估，比如本科教学水平评估、办学升格（包括新增本科院校、本科院校升大学等）评估均是以此为行动指南，因此高校图书馆馆藏发展政策主要是围绕上述指挥棒转。

[1] 熊丙奇. 图书馆不是用来评估的.［EB/OL］.［2018-3-29］. http://zqb.cyol.com/html/2014-03/26/nw.D110000zgqnb_20140326_7-02.htm.

如果按学生当量（折合在校生数）来算，由于近年研究生、留学生数量增长太快，办学条件较好的高校资源经费也很难跟上。假如某工科类本科层次高校学生当量为 2 万人，纸质图书总量应达到 160 万册方“及格”，每年新进图书量应为 6 万册，纸质图书大约需 240 万元人民币。实际情况如何呢？有的高校所下拨的纸质图书经费也就 100 万元左右，甚至此类高校有的总文献经费（包括数字资源经费在内）为 100 万元左右。为了某一特定目标，突击购书（特价书为主），某一年新增纸质图书 10 余万册，甚至近 20 万册，并不稀奇。

高校馆 A，2017 年订购并已验收入藏的中文图书共 50705 种 87724 册，复本率 1.73。2017 年共借出图书 125874 种，282231 册次，通过汇文系统进行过借阅的读者 24648 人。馆藏纸质文献 424.99 万册，有效读者人数 66231 人。进行过借阅的读者占有效读者人数的 37.2%。借出图书册数占馆藏纸质文献册数的 6.6%。高校馆 B，截至 2017 年 8 月 31 日，馆藏纸质中外文图书 2869501 册，2016—2017 学年全校师生共借阅图书 369048 册，人均借阅纸质图书 10.3 册；全校师生有 21047 人借阅过图书馆纸质图书，总全校师生总人数的 70%。假如每册只被借一次，被利用过的馆藏纸质文献大约为 12.9%。上述两校，A 为“985”高校（现为世界一流大学建设高校 A 类），B 为“211”高校（现为世界一流学科建设高校），且阅读推广工作方面做得比较出色。高校馆 C，全校师生大约 2.2 万人，馆藏纸质文献大约为 150 万册，2016 年借书 55348 册，2017 年借书 46152 册。图书利用情况不理想，且此类情形并不孤单。

2003 年，教育部高等学校图书情报工作指导委员会曾制定《普通高等学校图书馆评估指标》及评估办法，基本服务中有“开架率”指标：“开架服务的书刊文献占全部馆藏文献的比例（70% 以上 100 分，每降低 5% 减 10 分）”。当前，很多高校图书馆，连做到三分之一的图书开架都有很大困难，图书存放的压力非常大，图书存放有相应的要求，比如承重、防潮、防火等。一方面，纸质图书受到数字资源的冲击；另一方面，人力资源方面要求“减员增效”，尽管馆舍面积和馆藏数量持续增长，但馆均在编职工人数处于下降状态。

面对高校图书馆纸质图书之痛，我认为图书馆是需要评估的。有资深馆员同行认为：“评估让图书馆可以争取到本该有的经费和资源，否则那点可怜的经费都可能没有了。但靠评估维持的图书馆其实一定是有各种问题的，许多毛病正是评估带来的。哪天图书馆不需要评估也能正常运行和发展，图书馆才算真正找对了位置。”所言甚是，不仅要认识到“图书馆不是用来评估的”，更要认识到“图书馆是需要评估的”“以评促建、以评促改、评建结合、重在建设”的指导思想没有错，只是有待于切实付诸实践。据悉，早在2016年教育部规划司已着手修订《普通高等学校基本办学条件指标（试行）》（目前尚没有发布），教育部高等学校图书情报工作指导委员会对《普通高等学校图书馆评估指标》修订做了一些前期努力。我期待能早日化“长痛”为“短痛”，早日形成高校图书馆建设、使用的良性循环。

（2018-3-29）

高校图书馆支出知多少

大学和研究图书馆协会（ACRL）每年对美国所有高校图书馆的人员配备、馆藏、支出，运营和项目进行调查。依据2016美国高校图书馆趋势与统计报告，薪酬占图书馆总支出比（过去5年平均57.2%）：博士/研究机构为44.5%；综合大学为55.7%；本科大学为52.3%；副学士学位为76.5%。据美国高校资深馆员告知，该报告的数据很真实。

“薪酬占图书馆总支出比”，国内高校似乎无法统计这样的数据。薪酬情况、总支出情况鲜有人深究。我从未看到国内高校图书馆提供这方面的数据。高校的经费预算中，几乎看不到图书馆的影子（附着在若干项目中）。我对图书馆评估研究比较感兴趣，多年来特别关注这方面的信息，有些素材积累，也有些便利接触一些一手数据，因此尝试着“探秘”——高校图书馆支出知多少？

某高校人员经费占学校总支出比60.75%，其中人员经费为34118.75万元，总支出为56156.52万元，其图书馆“薪酬占图书馆总支出比”粗略概算为67.3%，其中人员经费为640万元。依据某省级图书馆2017年度部门预算，工资福利支出为15242.7万元，总支出为50695万元，也就是薪酬占图书馆总支出比为30%。一所高校与一家省级图书馆总支出较为接近，“薪酬占图书馆总支出比”相差较为悬殊。上述情况可能只是巧合，但似乎足以引人深思。

关于“图书馆总支出”，公共图书馆相对比较明晰，部分大型公共图书馆有公布出来的相关数据，而高校图书馆相比则比较模糊，但复旦大学图书馆网站“馆务公开”栏目公开了2009—2016年各年经费情况表（不含人员经费）。我们不妨从复旦大学图书馆提供的这个窗口了解高校图书馆支出情况。2016年收入为4177.06万元，包括以下项目：行政经费；物业管理费；中华古籍保护运行费；学科情报分析；索引学会；馆藏回溯；古籍保护与收藏；文献传递馆际互借；中班费；资源建设费；日常家具设备；数字图书馆；学科服务；馆员培训；阅读空间优化；新馆建设规划咨询。2016年支出为4173万元，包括以下科目：办公费、印刷费、差旅费、劳务费、会议费、招待费、维修维护及工程、设备购置、数据库及图书、物业费、其他。支出分类：（1）文献资源经费（图书、期刊、数据库等）；（2）设备费（计算机设备；书库空调、书架、阅览桌凳；设备修理费；物业水电材料；其他材料；系统维护费）；（3）行政，日常业务费（日常办公费用，包括办公用品、网络流量费、会务费等），电话费，复印机材料费，交流及人员培训等出差费，日常公务接待，工青妇活动慰问等。复旦大学图书馆属于大馆强馆。馆舍总面积66137平方米，阅览座位总数4076个，截至2017年年底，馆藏纸本文献资源约546.4万册，订购中外文数据库589个。2015年，该馆工作人员总数为348人，其中在编职工为164人，合同制职工18人，临时聘用职工39人，勤工助学人数127人，2015年支出4316.8万元（不含人员经费）。假设该馆人员经费为3280万元，“薪酬占图书馆总支出比”为43.17%，与美国的“博士/研究机构为44.5%”较为接近。

本文结尾用美国图书馆协会（ALA）报告《2018年美国图书馆现状》中采用的两句话。皮尤研究中心报告说，越来越多的人相信图书馆员可以帮助他们找到可以信任的信息，大多数人认为图书馆提供了一个安全的工作场所和休息场所。图书馆和图书馆员赋予人们以尖端技术、通往终身学习的道路和对社会问题的反应能力。

（2018-4-13）

高校图书馆经费的学习与思考

iGroup信息服务微信公众号分享了吴建中先生《高质量发展对图书馆的新期

待》报告幻灯片。该报告为“2018 年全国图书馆新型服务能力建设学术研讨会”主题报告，通过分析社会高质量发展对图书馆的影响，提出对图书馆的三个新期待：从量的发展到质的发展，从量化评价为主到量化与质化评价相结合，从单打独斗到借船出海（关联、合作、同步）。本文在吴先生报告的基础上，就高校图书馆经费话题，作进一步学习与思考。

吴先生报告中提供了国内外大量关于高校图书馆经费的重要数据，并作了简明分析与探讨，特此摘编。1981 年，教育部发布的《中华人民共和国高等学校图书馆工作条例》第 27 条规定“高等学校应重视藏书建设投资。书刊资料购置费在全校教育事业中应占有适当比例，一般可参照 5% 左右的比例，由学校研究决定。”1987 年，国家教委发布的《普通高等学校图书馆规程》保留了 5% 左右的提法。但已不再有 5% 的数值指标，而是“文献信息资源购置费应与学校教学和科学研究的需要相适应”“根据学校的发展逐年增加”等原则性的规定。关于 5% 的指标可以追溯到 1928 年，该年 5 月中华民国大学院召开全国教育会议，会上提出图书馆事业提案 8 条，其中就有“请大学院通令全国各学校均设置图书馆，并于每年全校经费中提出 5% 以上为购书费”的规定。英国于 1967 年由大学图书馆拨款委员会主席托马斯·帕里主编的 *Report of the Committee on Libraries: The Parry Report*，提出图书馆经费应占大学总经费的 6%。联合国教科文组织出版的《图书馆服务标准：国际调查报告》（*Standards for Library Service: an International Survey*）也提到美国、英、加和墨等国有大学对图书馆拨款为 5% ～ 10% 幅度。

美国 40 所图书馆经费的大学占比情况，依据美国研究图书馆协会发布的 1982—2009 年各年占比趋势图，总体趋势是逐年下滑的，大致从最初的 3.7% 下滑至 2%。下滑的原因主要有两个：一是大学从 20 世纪中下叶开始，关注研究与社会合作（第二使命和第三使命）；二是大学图书馆购书经费不断上涨。此外，大学图书馆经费的逐年下降也与整个社会对图书馆价值的重新认识密切相关。现在大学图书馆三分之二以上经费用于购买网上获取的电子资源，仅有少量的经费购置图书和特藏资源，因此大学当局普遍存在对图书馆作为大学智力资产的存在价值的质疑，以及对图书馆无底洞似的经费要求的不满，这些因素也导致了大学图书馆经费的下降。图书馆界也在对此进行反思。美国早在 1982 年开始强调图书馆要重视产出效益，并以易于操作的方式为公共图书馆提供了管理和评估的样本。我国也不例外，国家有关部门也通过制定各类评估措施推进图书馆质量和效益的提升。

从 20 世纪 80 年代至今，高校图书馆经费（主要指文献信息资源购置费）始终是焦点话题。从吴先生的报告中可以感知，不仅仅我国是这样，或许可以说全球范围如此。我作为高校图书馆员，从业近 20 年，早期对高校图书馆经费的认识很有限，但有朦胧的感知。图书馆同仁聚在一起，经费话题是最有话说的话题之一，各种复杂情绪纠集在一起，有喜有忧，有羡慕，也有无奈……

近年，一方面因为具体做数字资源采访工作，另一方面因为承担有科研任务，我对高校图书馆经费问题有着较为密切的关注。高校图书馆经费的主体由两大块构成，一是人员经费，二是文献信息资源购置费。人员经费与文献资源资源购置费占总经费的比例，由于校情、馆情不同，会有较大差异，但大多为人员经费占比最高的。高校图书馆经费支出大致包括人员经费（薪酬）、文献信息资源购置费（数据库及图书）、设备购置、维修维护及工程、物业费、办公费、印刷费、差旅费、劳务费、会议费、招待费、其他。大学和研究图书馆协会每年对美国所有高校图书馆的人员配备、馆藏、支出，运营和项目进行调查。依据 2016 年美国高校图书馆趋势与统计报告，薪酬占图书馆总支出比（过去 5 年平均 57.2%）：博士 / 研究机构为 44.5%；综合大学为 55.7%；本科大学为 52.3%；副学士学位为 76.5%。“薪酬占图书馆总支出比”，国内高校似乎无法统计这样的数据。薪酬情况、总支出情况鲜有人深究。我从未看到国内高校图书馆提供这方面的数据。高校的经费预算中，几乎看不到图书馆的影子（附着在若干项目中）。2017 年，我国某高校人员经费占学校总支出比 60.75%，其中人员经费为 3.4 亿元，总支出为 5.6 亿元，其图书馆“薪酬占图书馆总支出比”粗略概算为 67.3%，其中人员经费为 640 万元。该高校“教学工作经费”为 3500 万元，约占总支出 6.2%，其中“教学专项经费”为 1675 万元，而图书馆文献信息资源购置费（300 万元）从该项目中列支。假如进一步测算，该校文献信息资源购置费占学校总支出 0.53%，该校图书馆经费占学校总支出 2.2%（该算法，图书馆经费只考虑了人员经费及文献信息资源购置费）。

高校图书馆的发展，是不平衡、不充分的发展，有客观的、必然的因素，也有主观的（人为的）、偶然的因素。而且，若将我国高校图书馆发展与美国高校图书馆发展相比，大体相似。高校图书馆发展大有可为，需要积极进取，争取与所在高校发展同步，与社会经济与科技发展同步。

（2018–4–15）

关于参考咨询服务的思考

圕人堂有成员提问："图书馆的参考咨询工作一般都怎么量化考核呢？构思图书馆的考核细则，这一块儿不太好掌握。"因为我是所在馆参考咨询部负责人，有些实践与思考，随即简述了一己之见。参考咨询工作，当前首先需要明晰其具体的工作职责。参考咨询定义：图书馆员对读者在利用图书馆和寻求知识、信息方面提供帮助的活动。以协助检索、解答咨询和专题文献报道等方式向读者提供事实、数据和文献线索。(《图书馆・情报与文献学名词》第一版)《参考咨询服务规范（WH/T 71-2015）》中对"参考咨询服务"的定义：针对用户需求，以各类型权威信息资源为依托，帮助和指导用户检索所需信息或提供相关数据、文献线索、专题内容等多种形式的信息服务模式。"参考馆员"的定义：图书馆从事参考咨询服务的相关人员，其职责为负责解答用户咨询、帮助用户获取所需信息与服务。(注：根据参考馆员的知识、经验和所承担的任务，可以有初级参考馆员和资深参考馆员等不同配置。）当前国内各家图书馆各行其是，似乎"不计其数"，倒是美国高校图书馆有统计标准可循。依据ACRL的2016年美国高校图书馆趋势与统计报告，平均每年参考咨询数量：博士学位授予机构（超过16700），综合性大学（超过5100），社区学院（超过7200）、本科大学（超过2300）。美国高校的计件（或计量）大致是如何做的？期待有成员进一步介绍一下。

同样在参考咨询部，岗位及职责存在差异。不同高校的参考咨询部，所承担的职能存在差异，甚至迥异。如果是高校馆与公共馆两种类型相比，可比性不大。我曾写过一篇《闲话参考咨询部》的博文[1]，是从微观角度阐述高校图书馆的现状，期待有助于促进相关理论的探索与实践，有助于"破局"或"拨云见日"。顺道分享一下我作为参考馆员4月10—13日在学校内部学科服务群中解答的部分问题。

关于查收查引服务，我工作中了解到，部分老师对查收查引服务存在误解，

[1] 王启云．闲话参考咨询部［EB/OL］.［2018-4-15］.http://blog.sciencenet.cn/blog-213646-1091682.html.

主要原因：（1）为有偿服务（谁受益谁付费）；（2）缴费较为烦琐。实际上该服务是我校探索与实践多年的，适合我校校情的“性价比”较高的服务。单单是SCIE数据库，我校如果购买，使用费大约为每天2000元。2015—2017年我校SCIE收录论文共411篇。2017年，我校所花检索费用不到2万元（含快递）。SCIE、SCI等收录期刊检索网址：Master Journal List.http://mjl.clarivate.com/。通过该检索可以较为准确地判断自己的论文是否被SCIE、SSCI收录。该服务是公开的、免费的，如需出具检索报告，可以联系图书馆的老师。

关于数字资源推广。当前，我们所做的服务，试图“直通”教师用户，通向学生用户障碍重重，鞭长莫及。我校2017—2018学年文献检索课开课概况：3个学院（化学工程学院、海洋生命与水产学院、药学院），12个专业，15班次，14名教师，累计530名学生。上学期10班次，下学期4班次；必修6班次、选修9班次；4班次1学分（16学时），11班次2学分（32学时）；3专业选修课，11实践环节；大三上学期3班次，大三下学期4班次，大四上学期8班次。各种各样的数字资源检索与服务平台，基本均是自成体系，存在各种各样的“机关”。高校图书馆方面，通常开设有信息素养课程，有人去专门跟踪并及时传递给用户，使投入的资源得到更好的利用。对于数字资源，通常只是购买使用权（按年付费），物尽其用显得尤为重要。“学科服务群”这些年的努力，与此相关。当前，建议我校各二级学院承担文献检索类课程教学的教师关注与利用学科服务QQ群群文件。

关于馆藏挂接。2018年4月13日，读秀学术搜索（http://www.duxiu.com）已完成我校馆藏挂接更新（更新至2018年4月8日）。欢迎关注与利用！这个服务很有意义：（1）它较好地提供我校纸质馆藏与数字资源“一站式“检索；（2）拓展了文献信息利用时空（随时随地）；（3）提供了多种利用方式（在线浏览、部分阅读、文献传递、纸质馆藏借阅导引等）。上一次馆藏挂接是更新至2017年3月24日。也就是此次更新之后，我校近一年新增的馆藏可以在该平台中得到有效揭示。移动图书馆服务中同步更新。馆藏只是整个信息资源体系中的一个部分，其价值只有通过相互之间的“连接”才能更好地发挥出来，对现代图书馆来说，“连接”是其生命力所在。

关于学生利用图书馆资源与服务。我进行过粗略调研，学生宿舍可使用多种网络，使用校园网的体验较其他网络差（比如可能会比较拥堵、可访问的资源受限）。针对该情形，有两种建议：（1）在校园网IP范围内完成读秀学术搜索完成个人认证，之后，可以使用自己的账号在校园网IP外的网络使用，超星期刊的资源可以直接全文下载，中国知网等资源可以通过申请文献传递方式获取；（2）利用移动图书馆服务，利用手机等移动设备使用体验更好，利用电脑亦可以用移动图书馆服务。在图书馆内利用，同样要在校园网IP范围内才行。学校购买的数据库主要是针对“校园网IP范围”进行授权。校园网指通过学校“宽带认证系统”登录的网络，包括通过学校WiFi连接登录的网络。

（2018-4-15）

学科馆员，路向何方

学科馆员及学科服务在美国高校图书馆已有半个多世纪的历史，在我国高校图书馆也有20年历史（以清华大学图书馆1998年起开始开展学科服务实践起算）。学科馆员承载着高校图书馆服务转型升级的光荣与梦想，路向何方？

2018年4月22日检索中国知网期刊文献，“图书情报与数字图书馆”专辑中，篇名中含“学科馆员”或“学科服务”的文献供3531条，2018年已有40篇文献，2007—2017年每年均产生200篇以上文献。其中，2012年、2013年、2015年均超过300篇文献。理论研究可谓“热火朝天”，实践情况如何呢？据2010年11月23日《解放日报》的《高校图书馆“学科馆员”不到一成》报道：“据介绍，‘学科馆员’是图书馆‘活的智慧’，具有一定学科背景，向工学、理学、文学等不同学科对口提供文献服务，在国外约占图书馆员三成。而目前，全国1800多所高校的6万～7万馆员中，学科馆员占比尚不到一成。”我的“修正”是，在全国39所“985工程”高校的图书馆，学科馆员尚不到一成。而且依据我当时的考证，清华大学图书馆、北京大学图书馆这两所高校也是学科馆员尚不到一成的。由于种种原因，时至今日，很大比例高校图书馆并没能搞成“学科馆员制度”。

何为学科馆员？依据全国科学技术名词审定委员会术语在线（http://www.termonline.cn/），《图书馆·情报与文献学名词》第一版（2017年公布审定预公布数据），学科馆员为“拥有专业知识、业务经验和从业资格，从事特定学科领域的专门信息服务，包括文献选择与评价、书目指导、专题信息导航和参考咨询等工作的图书馆员。”该定义或许为相对准确的定义，但是我仍感到疑惑重重，因为该定义中还有许多新概念或模糊概念。比如说“从业资格”，我国至今并没有从业资格这一说，美国所有图书馆员职位都适用 ALA/MLS 学历标准，但亦没有统一的学科馆员资格标准。“书目指导”“专题信息导航”“参考咨询”均不甚清楚其内涵。同样采用《图书馆 · 情报与文献学名词》定义，“书目：文献目录，即为了特定目的记录、报道、认识与揭示一批相关图书文献的清单。属于二次文献。”“信息导航：通过对相关主题信息资源进行搜集、选择、分类、组织和有序化整理而建立的分类目录式资源体系。通过信息导航可以提高信息的查准率和查全率，节省用户时间，提高各类信息资源的利用率。”“参考咨询：图书馆员对读者在利用图书馆和寻求知识、信息方面提供帮助的活动。以协助检索、解答咨询和专题文献报道等方式向读者提供事实、数据和文献线索。”上述工作，实践中或多或少有所涉及，仅此而已。初景利先生给学科服务下的定义：“学科服务是以用户为核心，主体通过学科馆员，依托图书馆和公共信息资源，面向特定机构和用户，建立基于科研与教学、多方协同、面向一线用户的一种新的服务模式和服务机制，向用户提供个性化、专业化、知识化的服务，提升用户的信息能力，为教学科研提供有力的信息保障与支撑。”该定义本身很好，但实践中似乎为“理想很丰满，现实很骨感”。

美国加州河滨大学图书馆邱葵先生《美国高校图书馆的学科馆员与学科服务》[1]，较为全面系统地回顾了历史，重点介绍美国高校图书馆对学科馆员学历、资历和能力的要求，以及学科馆员的主要职责和服务内容，文末讨论中国高校图书馆开展嵌入式学科服务需要考量的因素，认为：“学科馆员要善于向用户展现自己的图情专业特长，赢得他们的尊重，更好地为他们服务，并通过服务展现专业价值。美国学科服务重视提高用户使用图书馆资源的能力，让用户在掌握这些知识后能更有效地开展科研活动，并非把学科服务的重点放在本应该由用户自己做的事情上。”我非常赞同邱先生的观点。我国高校学科馆员的未来发展，尚需脚踏实地，循序渐进。

（2018-4-22）

[1] 邱葵. 美国高校图书馆的学科馆员与学科服务［J］. 图书馆论坛，2016，36（12）：13-23.

“双一流”建设环境下的学科服务

2018年4月25日，我参加了万方数据公司组织的“数图新服务应用研讨班”学习，东南大学图书馆学科服务部陆美老师作了《图书馆如何为科研人员提供高质量情报服务》报告，可以说是“双一流”建设环境下的学科服务主题分享。

我依据陆美老师的报告，对东南大学图书馆的探索与实践作了一个“小结”。东南大学图书馆于2018年3月完成了机构重组，新成立了学科服务部。理念是一流的大学、一流的学科、离不开一流的图书馆。背景是：一流图书馆需要发挥资源保障、知识服务、文化辐射作用，需要拥有资源、空间、人才，需要提供教学与学习支持、科研与学术支持、文化与人文支持。学科服务业务体系包括如下。（1）学科联络与咨询：定期推送图书馆新资源与新服务；与教师及行政人员保持密切联系；走近教师，主动参加院系活动。（2）科研评价支持：人才引进辅助支持；科研人员绩效评估；学科发展态势与竞争力分析；前沿热点预测。（3）决策管理支持：资源推介；工具推广；出版交流；评价评估；平台建设。（4）教学与学习支持：查新和查引查证，支持教师科研申报；查新高峰应急机制；专利服务。（5）数字学术支持：信息素养教育（研究生科研素养训练周、“资源 信息 服务”系列讲座、学科专题讲座、文检课教学、新生入学教育、指南与宣传资料制作）；资源（文献、空间）与服务融入教学；教材、教参、教学案例整合平台。（6）馆藏发展支持：使用推介、电子资源利用评估、开放资源梳理、学科资源梳理。学科馆员（图书馆主管领导）的用户交流圈：学校职能部门（发展规划处、校办、党办）；学院决策者；项目负责人；科研秘书；科研秘书、其他业务联系人。学科服务的转型升级思路为：从普适化到精准化，注重学者成果整理及跟踪推送，注重学科布局及研究前沿分析、注重人才评估及培育成长。用户需求是前提（雪中送炭、锦上添花），馆员素质（学习能力、沟通能力、创新能力、预测能力）是关键，领导重视（顶层布局、迅速响应）是保障。

东南大学是世界一流大学建设高校，我了解到，多所世界一流学科建设高校图书馆也正在实施或准备实施机构重组，成立学科服务部。比如，有一所高校图书馆已将信息咨询部拆分为学科服务部、科技查新站两个部门，学科服务部专职做学科服务；有一所高校强调服务“双一流”，强化学科服务，原信息咨询部的全职学科服务，资源建设部的兼职学科馆员解散；有一所综合性的教学研究型大学，也是世界一流学科建设高校，数字资源经费逾 1000 万元，开展学科情报分析、科技查新等工作，但因人力资源（研究生学历馆员稀缺）欠缺，学科服务相关工作全部在读者服务总部；有一所高校虽然没入选“双一流”，但综合条件较好，早在 2015 年就成立了学科服务部，主要职能为“负责面向全校的教学、科研及学科建设的信息咨询与情报服务工作；资源评价与宣传推广工作”。

据《2016 年全国教育事业发展情况》[1],2016 年全国共有普通、成人高等学校 2880 所，其中普通高校 2596 所（含独立学院 266 所）。普通高校中本科院校 1237 所，高职（专科）院校 1359 所。全国共有研究生培养单位 793 个，其中普通高校 576 个，科研机构 217 个。首批“双一流”建设高校共计 137 所，占“普通高校中本科院校”比例为 11%（占同时为研究生培养单位的普通高校比例为 23.8%）。高校图书馆的发展，是不平衡不充分的发展，有客观的、必然的因素，也有主观的、偶然的因素。作为研究生培养单位的普通高校，据我了解，有的文献资源经费投入不足 400 万元，图书馆人员“薪酬占图书馆总支出比”接近 70%，甚至有的文献资源经费投入不足 100 万元！

“双一流”建设环境下的学科服务，可谓任重道远。我赞同陆美老师报告中提及的“随需而变，适者生存”“需求因人而异，服务各有不同，找准方向，做对的事情。”

（2018-4-29）

关于高校图书馆“深层次服务”的思考

近些年，面对数字化、网络化、多元化的新业态环境，许多高校图书馆在进行转型升级的探索与实践，希望通过开展“深层次服务”，内塑内涵，外塑形象。

---

❶ 中国教育概况——2016 年全国教育事业发展情况.［EB/OL］.［2018-4-29］. http://www.gov.cn/guoqing/2017-11/22/content_5241529.htm.

“深层次服务”是相对图书馆的“采、编、典、阅、流、咨”等基础服务而言的。学科服务、特色数据库建设、科技查新、阅读推广……属于近年较为热门的“深层次服务”范畴。八仙过海，各显神通，部分图书馆确实取得了成绩，部分图书馆跟着感觉走，走到哪里是哪里……总体来说，“深层次服务”开展的情况不尽人意。

这些年，流行做五年发展规划，许多高校图书馆已经做了好几轮了。规划中大多对“深层次服务”蓝图有描绘、有憧憬。然而，大部分制定完之后就像没有存在过一样，待到下次制定规划时“激活”一小会儿，供延续“香火”之需。

东南大学学科服务部负责人陆美老师总结：“学科服务的转型升级思路为从普适化到精准化，注重学者成果整理及跟踪推送，注重学科布局及研究前沿分析、注重人才评估及培育成长。用户需求是前提（雪中送炭、锦上添花），馆员素质（学习能力、沟通能力、创新能力、预测能力）是关键，领导重视（顶层布局、迅速响应）是保障。”理想图景当是如此这般，实践中，由于涉及的变量较多，“短板”若干，甚至一块更比一块短，结果通常会是比较尴尬的。

当前，许多高校图书馆在资源与服务推广方面颇伤脑筋。有些高校图书馆探索学科馆员走进专业课堂，在专业课程中嵌入信息素养、科研素养，以专业案例的形式融入日常教学。相适应的流程包括预约、沟通、准备、授课、反馈。这样的工作推进起来相当困难。工作量怎么算？学科馆员的工作量、教师的工作量，如何“切割”？挤占了教师的工作量，教师不乐意。另一方面，教师也不好意思占便宜或欠人情。

若干“深层次服务”，原本应该是具备与之相适应的有偿服务。当前高校图书馆的有偿服务，科技查新服务开展时间较长，争议不少，但算是“勉强被接受了”或者“接受范围较广”，鲜有其他项目为有偿服务。比如，部分科研项目的定题服务，许多高校图书馆原本确实是可以胜任的，但是实践中缺乏服务标准与收费标准，很难实施，即便实施了，也很难持续。

“深层次服务”的可持续发展，需要做到输入与输出平衡。“想让马儿跑，又不让马儿吃草”或者依靠图书馆个别明星馆长或明星馆员的特别能吃苦、特别能奉献，可谓“好景不长”。“深层次服务”需要因需而变，量力而行，有所担当，有所作为。“深层次服务”需要夯实基础，有的放矢，循序渐进。

（2018-5-6）

趣说图书馆的“仨一流”

近年，“双一流”可以是背景、是环境、是建设、是视角……人人都说“双一流”。不单纯是为了标新立异，我依据近期的观察与思考图谋想说说图书馆的“仨一流”。我近期实地参观了数所图书馆，有公共馆，也有高校馆，而且是国内具有较好声誉、较高水平的馆，且有幸与数位馆长及馆员有一些交流。一流的经费，一流的人才，一流的服务。有钱，有人，有服务。“仨一流”齐聚，完美型；“双一流”理想型；“独一流”自得型。

与一名省级公共馆馆长的交流，让我感到了他们对经费与人才的渴望，尤其是对人才的渴望。与一名“985”高校馆馆长的交流，他也表达了对人才的渴望。该馆近年减少了数十名在编职工，围绕“双一流”大学建设有许多梦想待实现，亟需用人。

与一名30岁出头上海高校馆（“211”高校馆）青年馆员交流，我与其相识多年，认为其是所在馆一名特别能吃苦、特别能奉献的业务骨干，他告诉我“天天加班到七点”，且待遇较低，压力较大，希望进一步到国外深造。我对他的建议是：“关于工作上的事情，还是需要适度。需要留点时间给自己。从长远看，这对工作本身及对自身，均是更有益的。希望提升学历，更需要从事务性工作中抽身，因为太能为领导做事，领导会想法子留住你。”当听到了如果考上了，要辞职去读书，我感到颇为无奈。

与一名40岁出头的可以说国内顶尖高校的友人交流，意外地获悉，他已经离开图书馆到其他岗位了。他曾是第一届中国图书馆学会青年人才奖获得者，其时为其所在馆业务骨干，也是副高职称。离开的原因是“图书馆发生了一些变化”。他算是我的同龄人，或许我更能知道40岁以后选择离开图书馆的滋味。我告知：“理解！期待新岗位新气象。我认识的师友，多位是走曲线的。我自身也曾动摇过。我觉得很好。说不定今后仍然缘续图书馆，更好地安居乐业。”

圕人堂群闲聊过程中，获悉某“985”高校馆近年进新馆员力度大。我感觉很惊喜，很意外。我了解到，很多高校馆编制紧缩，在编职工平均年龄接近

50岁的比例不小。部分地方高校馆，进人门槛高悬，多为图书情报专业、计算机科学专业博士，多年未进新馆员。我“深挖”了有关数据，该馆2017年在编职工210人，29岁以下42人（20%），30～39岁77人（36.7%），50岁以上41人（19.5%）；博士10人（4.8%），硕士105人（50%）；正高5人，副高28人，高级职称占15.7%。该馆2015年在编职工212人，29岁以下39人（18.4%），30～39岁67人（28.8%），50岁以上57人（26.9%）；博士8人（3.8%），硕士82人（38.7%）；正高4人，副高34人，高级职称占18%。我顺便考察了另外3所“985”高校馆的相关数据，给我的印象是该馆对《普通高等学校图书馆规程》（教高〔2015〕14号）的学与用，扎实到位。单单是硕士以上学历馆员，短短两年从42.5%提升到54.8%，已做到“专业馆员的数量应不低于馆员总数50%”。青年馆员比例明显提升了。美中不足的是在编职工还是减少了2名。顺带“爆个料”，某文科见长的“985”高校馆博士学历馆员，2015年占6.7%，2017年占15%，2017年硕士以上学历馆员占60%。

高校图书馆经费支出大致有4类：（1）文献资源经费（图书、期刊、数据库等）；（2）人员经费；（3）设备费（计算机设备；书库空调、书架、阅览桌凳；设备修理费；物业水电材料；其他材料；系统维护费）；（4）行政、日常业务费（日常办公费用，包括办公用品、网络流量费、会务费等）、电话费、复印机材料费、交流及人员培训等出差费、日常公务接待、工青妇活动慰问等。其中文献资源经费为重中之重。依据2016美国高校图书馆趋势与统计报告，薪酬占图书馆总支出比（过去5年平均57.2%），博士/研究机构为44.5%，国内高校图书馆情形大体相似。从华中科技大学图书馆袁青副馆长《“双一流”建设驱动下的文献资源建设与评估》PPT中，浏览到“2016年图书馆经费前20所‘双一流’高校文献介质结构”数据。年度总经费第一名为北京大学图书馆8371万元，第20名为中国科学技术大学图书馆2445万元，前者为后者的3.4倍。电子文献第一名为北京大学4169万元，第20名为903万元；纸质文献第一名为中山大学图书馆4830万元，第20名为中国科学技术大学图书馆494万元。依据《2016年高校图书馆发展概况》，831所高校图书馆提交了有效的2016年度文献资源购置费数据，平均值约为529.5万元，中位值约为271万元。

或许有人说“仨一流”，稀奇，稀奇，真稀奇。其实，奇迹不奇，事在人为。“仨一流”之前，还有“伍一流”。重庆图书馆的愿景是：以“一流的馆舍、一流的设施、一流的管理、一流的服务，一流的读者”，建设“西部领先、全国一流”

的现代化省级中心图书馆。2017 年 11 月 3 日，《图书馆报》刊发过专访《固本强基，引领示范》，导语为“重庆图书馆作为中国十大综合性图书馆之一，多年来致力于打造一流的馆舍、一流的设施、一流的管理、一流的读者服务，取得了令业界瞩目的成绩。”我 2018 年 5 月参观后的观后感：“一流的馆舍、一流的设施、一流的服务”，可谓名副其实。

（2018-6-17）

智慧图书馆研究述评

2018 年 7 月 6 日检索中文社会科学引文索引数据库，检索范围为 1998—2017 年（2018 年数据暂未更新），篇名中含“智慧图书馆”共有 66 篇（注：剔除 1 条不相关文献）。最早出现于 2011 年，2011—2017 年各年分别为 2、5、7、10、14、8、20 篇。被引文献篇名含“智慧图书馆”，有 165 条结果，总计被引 546 篇。其中严栋《基于物联网的智慧图书馆》（图书馆学刊，2010）为出现最早的文献，被引次数高达 38 次（被引次数位列第 3 位）；王世伟《未来图书馆的新模式——智慧图书馆》（图书馆建设，2011）、《论智慧图书馆的三大特点》（中国图书馆学报，2012）被引次数均为 55 次，并列第一。据中国知网检索，2018 年已发表的 CSSCI 来源期刊文献已有 13 篇，包括夏立新等《融合与重构：智慧图书馆发展新形态》（中国图书馆学报，2018），初景利、段美珍《智慧图书馆与智慧服务》（图书馆建设，2018），刘炜、刘圣婴《智慧图书馆标准规范体系框架初探》（图书馆建设，2018）。中国知网中，期刊子库篇名中含“智慧图书馆”共有 458 篇（其中 CSSCI 来源及扩展版来源期刊文献，共 120 条，占 26.2%）。2010—2018 年各年分别为 1、5、12、33、69、68、88、122、60 篇。博硕士子库篇名中含“智慧图书馆”共有 8 篇（均为硕士论文），2013 年 1 篇，2015 年 4 篇，2016 年 1 篇，2017 年 2 篇。

张坤等《我国智慧图书馆研究现状和热点》（图书馆论坛，2018），2017 年 6 月以 348 篇智慧图书馆文献作为分析样本，通过对相关文献外部特征和内容特征，认为我国智慧图书馆研究兴起于 2010 年，当前国内智慧图书馆关注的热点主题主要集中于五个方面，分别是信息技术在智慧图书馆中的应用研究、智慧图书馆服务模式研究、智慧图书馆员研究、智慧图书馆的发展趋势研究和基于用户的个性化信息服务研究。国内研究形成了一个明显的学科格局，主要集中于图书情报领域。未来智慧图书馆研究应在充分调动各学科领域学者研究积极性的基础上扩大研究成果，研究质量也有待提高。国内研究形成了众多的作者合作群，但规模较小，多数作者之间没有联系，研究团队不够成熟。

夏立新等认为，智慧图书馆是当下图书馆发展的新趋势，也是一种重要的图书馆发展理念，提出融合“资源”“人”“空间”三大核心要素，构建智慧环境以支持用户智慧活动的智慧图书馆建设理念及服务模式。智慧图书馆未来发展应在构建个体智慧图书馆环境的基础上，进一步向“大图书馆”智慧共同体努力。

初景利、段美珍认为，在物联网和人工智能等智能技术的驱动下，图书馆必然将从物理图书馆、数字图书馆走向智慧图书馆，智慧图书馆将成为未来图书馆发展的方向和新形态。智慧图书馆是智能技术、智慧馆员和图书馆业务与管理三方相互作用、相互融合的结果，智慧图书馆的核心是智慧服务。图书馆只有从宏观战略上明确面向智慧图书馆的功能定位和长远发展，从微观策略上重组内部业务环节，重视对馆员新型专业能力和新型服务能力的培养，不断加强其适应能力与创新能力，才能更好地推动图书馆向智慧图书馆的转型发展。

刘炜、刘圣婴认为，智慧图书馆是大数据时代智慧技术在图书馆行业的应用，是一系列图书馆新型服务的总和。智慧图书馆体系结构模型主要核心由一系列智慧产品和智慧服务、图书馆业务管理系统和智能楼宇系统组成。参照《人工智能标准化白皮书》的分类，智慧图书馆标准规范体系框架将智慧图书馆相关的标准规范主要分为业务、数据、服务和产品 4 个方面。

朱强认为，智慧图书馆是图书馆发展的新形态，是基于信息新技术的具有人工智能的知识服务系统，更好地满足用户需求，更好的使用体验。初期是基于现实需求，开展实体图书馆的进一步自动化应用；中期是基于数字内容，借助多种多样的工具，开展虚拟图书馆的各种服务；后期很难预测，可能是在数据层面上实现与其他大数据系统的关联和互操作，从而开展真正智能化、泛在化的服务。

重庆维普资讯有限公司构建的“智慧图书馆”是基于“大数据”“互联网 +”的新一代图书馆业务解决方案，为面向教学科研应用的服务工作，提供全向的数据业务工作平台，具备资源管理、学科服务、成果管理、培训服务、读者运营、集成开发等方面能力，已有一些实际应用案例。

综观智慧图书馆研究，王世伟先生 2012 年提出的“智慧图书馆作为未来图书馆的新模式，将成为图书馆创新发展、转型发展和可持续发展的新理念和实践”，已较好地形成共识，较好地被图书馆理论界与实践界学者认可。

我认为，智慧图书馆理论研究很红火，实践探索热情很高，然而，我国图书馆事业发展是不平衡不充分的，智慧图书馆更多的是停留在纸上。智慧图书馆研究更多的是相关商家在推动，在做市场营销；其次是图书馆理论界与实践界学者在做理论探索与建构，在做学术营销。中国社会科学院学部委员、社科院文献中心（图书馆）原主任、著名语言学家黄长著主持编撰的《图书馆、情报与文献学名词》(第 1 版)，该工具书编撰长达 8 年之久，将正式出版，全国科学技术名词审定委员会主办的规范术语知识服务平台“术语在线”2017 年提供在线检索，并未收录“智慧图书馆”一词。具体原因，不得而知。

智慧图书馆是实现文献、读者和图书馆员互联互通、和谐共生的状态，技术是三者之间的纽带和桥梁。树立“以人为本，效能优先”的理念，正确理顺各个方面的关系，争取相适应的经费与人才保障，着力提升图书馆员的素质和能力，建立科学合理的分工协作机制，依托专业、敬业、乐业的图书馆员，通过智能业务管理平台和信息素养培训，高效、广泛地培养高素质读者，激扬智慧，精致服务。从实际出发，审时度势，积极作为，循序渐进。

（2018-7-17）

美国高校图书馆网络学习略记

美国图书馆事业是国内学习与模仿的对象，各种出版物发表的文献不少，近年实地学习过的人也很多，但总体似乎仍停留在一知半解阶段。我试图尽可能多地了解一点美国高校图书馆情况，也算是为我参加 2018 年上海国际图书馆论坛提前做点功课，以便进一步向学者先进求教，提升学习效率。

我的网络学习方式分两阶段：（1）8 月 13—14 日通过网络，重点浏览加州大学河滨分校、加州大学伯克利分校、华盛顿中央大学、普林斯顿大学等高校图书馆网站，做了一些学习笔记；（2）由于水平有限，遇到一些疑问，另行向加州大学河滨分校邱葵先生、华盛顿中央大学傅平先生请教，得到了他们的热情指导与帮助。

学习过程中，浏览到傅平先生科学网博文《解读 2018 年美国 US NEWS 大学排名》[1]，对美国高校有宏观印象。根据美国教育部最新统计，到 2016 财政年美国共有 4627 所美国教育部认可的大学可以授予学位，其中 4 年制大学 3011 所，2 年制大学 1616 所。参加美国 US NEWS 排名的总共有 1527 所本科类大学，占美国本科类大学 50.7%。其中，全国性研究型大学共有 311 所大学（全国性研究型大学类别的学校提供全方位的本科专业，以及硕士和博士学位课程）；全国性文理学院共有 233 所大学（文理学院强调本科教育，并在文科学习领域授予至少一半的学位）；地区综合型大学 659 所（地区综合型大学提供全方位的本科课程和一些硕士课程，但很少有博士课程。地区大学包括宾利大学、罗林斯学院、德雷克大学和洛约拉玛丽蒙特大学。这些排名分为四个区域：北部、南部、中西部和西部）；地区性学院 324 所（地区学院专注于本科教育，但在文科学科中授予的学位不到一半。排名分为四个区域：北部、南部、中西部和西部）。傅平先生认为："上榜的大学即使排在最后一位已经比美国一半以上的正规大学要好。"

对照 2018 年美国 US NEWS 大学排名，加州大学河滨分校为全国性研究型大学 124 名、加州大学伯克利分校为为全国性研究型大学 21 名、华盛顿中央大学为地区综合型大学（西部）44 名、普林斯顿大学为全国性研究型大学第 1 名。我选这几所大学图书馆作为重点学习对象，算比较随意的，很大程度上是期望学习效果更好（比如可以直接找美国高校图书馆资深同行请教）。

关于员工（Staff）。Staff 名录中，四校分别为 85 人、529 人、41 人、367 人，是否指所有图书馆工作人员（包括专业馆员、辅助馆员，不包括学生管理员等临时雇员）？邱葵先生告知："一般是这样，其中还有行政秘书 IT 等，和图书日常业务没有关系的人，不包括学生。但是，一般会包括短期（比如 1 年、2 年）的临时人员。"傅平先生告知："所有人。馆员和一般支持人员。"我留意到普林斯顿大学图书馆 2014 年提交给 ARL 统计调查的数据为工作人员 369 人，其中专业人员（Professional Staff，FTE）148 人，支持人员（Support Staff，FTE）171 人，学生助理（Student Assistants，FTE）50 人。关于学生助理，我联想到佩波戴恩大学（Pepperdine University）有 6 个国际校园图书馆（包括上海）没有图书馆工作人

---

[1] 傅平. 解读 2018 年美国 US NEWS 大学排名. [EB/OL]. [2018-8-15]. http://blog.sciencenet.cn/home.php?mod=space&uid=3316383&do=blog&id=1128465.

员，全部通过培训学生助理维持运转。据傅平告知："私立大学图书馆馆员一般没有 Faculty Status（教师地位），他们叫做 Professional（专业人士），比如耶鲁大学普林斯顿大学哈佛大学的馆员。他们一般不要求做研究。但也可以有 Tenure Track（终身制轨道）或 Tenured Status（终身制地位），终生制。公立大学的馆员一般有 Faculty Status（教师地位），有的是 Non Tenure Track Status（非终身制地位），有的是 Tenure Track（终身制轨道）或 Tenured Faculty Status（终身教职）。有的学校给馆员 Professor（教授）头衔，但要求研究出版和服务。所以馆员在各个学校的地位是不一样的。看学校而定。""图书馆大小不重要。主要看提供的服务和在所在学校的地位与作用。华盛顿中央大学馆在 2016 年曾入选全美国最佳 15 所学术图书馆候选名单，获得国会议员的强烈推荐。"

关于机构设置。四所高校各有特点，比如河滨加州大学"Department & Services"共分 22 类，其中采访有 Acquisitions Accounting（采访会计）、Acquisitions Unit（采访组）等；加州大学伯克利分校由 25 个图书馆组成，设有 Oral History Center（8 人）；中央华盛顿大学人员较少，机构也较少，但有一些较为个性化的机构，如教学（Instruction），教学设计（Instructional Design），学生参与与社区拓展（Student Engagement & Community Outreach）等；普林斯顿大学设有 10 个部：（1）馆长办公室；（2）数字人文研究中心（11 人）；（3）图书馆信息技术、影像与元数据服务；（4）图书馆通讯办公室；（5）组织效能办公室；（6）人力资源办公室；（7）图书馆财务与管理；（8）学术馆藏与研究服务：（9）研究馆藏与保存联盟；（10）珍本图书与特色馆藏。据邱葵先生告知："美国高校图书馆机构设置没有规范，部门设置各岗位设置完全由各馆的情况设置，其实每个岗位的名称也不代表什么，要看这个岗位的 Job Description，否则光看名称很难说。"傅平先生告知，部门设置没有具体规定，按需要定。

关于 Title（岗位名称）。所有 Staff 的 Title，绝大多数是独一无二的。比如加州大学河滨分校数据馆员（Data Librarian），开放研究馆员（Open Research Librarian），学术交流馆员（Scholarly Communication Librarian）均只有 1 人。华盛顿中央大学馆长、副馆长分别叫 Interim Dean、Interim Associate Dean，原来是因为正式的还在招募中（暂时空缺），代理的也有可能申请并成为正式的。"Interim"是"临时""代理"的意思。据傅平先生告知，学生督导（Student Supervisor）职位是学生雇员的上司，协调员（Coordinator）具体功能是协调，可大可小，有的副馆长的功能就是协调员，一般部门主任就是某个领域的馆员，只有大馆一个部门会有几个馆员，如几个编目馆员（Cataloging Librarian）。

关于学科馆员。河滨加州大学学科导航分设了许多学科，但学科馆员（联系人）好像只有5人。加州大学伯克利分校Subject Librarians 142人，且对学科馆员职责进行了进一步说明。图书馆为每一个校园部门和项目的教师和学生指定一个学科馆员。学科馆员作为部门联络人，提供有关图书馆政策和程序的信息；提供专业参考咨询；教会班级和个人如何最大限度地利用图书馆资源进行研究；购买图书资料，如书籍、期刊和数据库；图书馆还指定学术支持单位联系人。普林斯顿大学图书馆划分78个学科，学科馆员36人，有的负责多个学科。据邱葵先生告知：“因为都是各自的做法，所以没有统一的，学科馆员有些学校是专职的，大多是兼任的。另外，有些学校是两者兼有。伯克利大多是兼的，可能有极少数是专职的。我们原来都是兼的，去年去掉了，变成一个学科馆员也没有了，河滨现在是3人管科学，人文艺术，社科和地域学。”傅平先生告知：“大的研究馆设专职学科馆员，小的馆就是各个馆员兼职，华盛顿中央大学图书馆是兼职，不叫学科馆员，叫联络人（Liaison）”。

关于数据库。加州大学伯克利分校图书馆拥有1302个数据库，爱思唯尔公司数据库买了15种，买了ScienceDirect（电子书），但没买ScienceDirect期刊，这令我感觉到比较意外。ScienceDirect期刊在全球范围有较大影响，价格亦较高，加州大学伯克利分校另有渠道获取全文？据邱葵先生告知：“我们当然有，但我们不把这当成一个数据库，而是几千个期刊，类似还有几个，Springer，Taylor and Francis等期刊库都是一样，你在我们数据库里是看不到的。也就是说，真正大的期刊库，我们成了自己目录的一部分，可以直接查到期刊名，然后用SFX直接链接到单独的期刊上。其实，我们所有的期刊都是自己目录的一部分。”

我学习过程中，留意到加利福尼亚大学伯克利分校图书馆战略规划，提供两种版本，全文版只有4页纸，还另提供1页纸的概要版。如此简洁、如此明了的图书馆五年战略规划，我首次见识。

总体印象，美国高校图书馆无论规模大小，踏踏实实践行“以人为本，馆人合一”，“人”既指图书馆用户，也指图书馆工作人员。所有的图书馆网站均提供工作人员名录（包括照片、工作部门、职位、办公邮箱、办公电话等）。图书馆资源与服务的揭示与相关指导很清晰，界面也清新，信息组织工作做得很扎实。图书馆能够较好地围绕用户需求，迅速响应，因需而变且量力而行。我认为，美国高校的做法值得我国高校图书馆进一步学习与借鉴。

（2018-8-15）

关注县级图书馆

某个周末，圕人堂成员“七色花”在推销其新书《你好，图书馆——我在图书馆上班的十年》[1]。七色花是一名县级图书馆馆员。这本书出版的前前后后，我算是有些关注。出版前，她曾向我咨询关于图书出版的信息，我也算尽力解答了，但并未实质性地帮上什么。出版后，七色花在圕人堂群积极“推销”，作为“群主”或许因为我更能理解其背后的艰辛，我自己也买了一本，并且算帮着“吆喝”，科学网圕人堂专题及圕人堂微信公众号“新书速递”先后推介该书。

圕人堂群里边县级图书馆同行估计还会有几位，但“冒泡”的很难见到。偶尔“冒冒泡”，相互间可以进一步多一些交流，也许会让平凡的时光，更加有趣、有味、有力量。七色花的书，应该是有读者的，非常适合县级图书馆工作人员阅读。平凡的世界，平凡的生活，为平凡提神提味的基层图书馆人。

县级馆的情况比较复杂，条件好的是相当好。昆山馆、常熟馆，许多地级市馆都比不上。假如整个综合实力排名前十的县级馆，不知道会是哪些？我自身实际去过的比较少，昆山馆、常熟馆是十多年前去的。那阵子，他们的条件比许多地级市馆要好许多。据介绍，昆山市图书馆占地面积 1.2 万平方米，建筑面积 1.86 万平方米，拥有 200 余万册藏书，拥有各级专业技术人员 80 余人。常熟市图书馆建筑面积 1.3 万平方米，占地面积 2.5 万平方米，馆藏总量达到 180 万余册，其中古籍 20 万余册。

县图书馆是县级图书馆的一部分。县级图书馆包括县级、地级市下辖区，县级还包括县、县级市等。我留意了一下第六次评估定级结果，县图书馆共有 1113 家上等级（总共 2522 家）。一级 261 家，二级 249 家，三级 603 家。

圕人堂群成员的讨论中，对公共图书馆评估定级工作是有情绪的，有时批评尖锐。图谋认为，评估只是评估。种种利益诉求交织，需要找寻一个平衡点。评估定级工作，搞了那么多年，在时下算是非常难能可贵的，值得进一步关注与思考，真正实现“以评促建”的评估目标。总体来说，其作用是值得肯定的。更积

---

[1] 七色花. 你好，图书馆——我在图书馆上班的十年［M］. 团结出版社，2018.3.

极的态度是，看到其积极面，汲取正能量。

从柯平先生的论文中了解到：全国共有2994个图书馆经省级文化厅（局）审核完成报名获准参评。其中，省级成人馆45个；省级少儿馆13个；市级成人馆380个；市级少儿馆40个；县级成人馆2487个；县级少儿馆29个。参评的县级图书馆共2516个，占84%。

关于县级图书馆的信息，获取还是有一定难度的。我通过网络检索，初步获取了一组四川省的信息，得到以下印象：四川有县级以上公共图书馆203个（其中省图书馆1个，市级图书馆22个，县级图书馆180个），第六次评估有143个上等级（一级55个，二级46，三级42个），占70%。另，“全省区（县）图书馆年购书经费在2万元以下的有58个，甚至有27个县级图书馆购书经费为0元”（不了解这批图书馆是否参与了评估，成绩如何）。

县级图书馆是公共图书馆系统中的最基层单位，衔接城乡基层公共文化设施网络，在我国公共文化服务体系中处于承上启下的特殊地位。上等级的并不等同为优质图书馆。参评馆2994家，其中2522家上等级，还有472家（占15.8%）未能上等级。第六次评估定级的评估标准是分东部、中部、西部的，同样一个等级，具体情况如何，还需要进一步考察。

关于公共图书馆评估，本意是“以评促建、以评促管、以评促用”，可以有更多的总结与思考，尤其是对于圕人自身。较为遗憾的是，来自圕人的声音似乎极其微弱。时下，探寻图书馆存在的意义，似乎也确实是个问题。电视、手机日益普及，图书、期刊、报纸等印刷型资源，吸引力下降，地位今非昔比……图书馆的保守性，既使图书馆得以稳定地发展，又制约图书馆的进步。“图书馆是生长着的有机体”，进取性要求与时俱进。保守是为了继承，进取是为了发展。当前，活力四射的图书馆，经营有道，不同程度引入了社会力量参与。县级图书馆的建设与发展，图书馆界及社会各界应给予进一步的关注与支持。

（2018-9-2）

高校图书馆的数字资源与服务

学校购买的数字资源与服务，是为全校师生提供服务的，服务于教师、研究人员和学生的研究、教学和学习。学校购买的数字资源通常是通过校园网 IP 进行授权的。在校园网 IP 范围内，学生不需要付费。校园网为学校教学、科研、管理等教育活动提供资源共享、信息交流和协同工作的校内计算机网络，指通过学校宽带认证系统登录的网络，包括通过 Hhit-Wifi 连接登录的网络，还包括学校提供的 VPN 服务登录后的网络。

数字资源是以数字形式存取、发布和利用的各类文献、信息、数据等资源的总称。各种数据库（如中国知网、ScienceDirect 等），既是资源平台，同时又是服务平台（除了资源的检索、下载等常规服务之外，提供各种延伸服务）。各类资源统一检索与服务平台，比如读秀学术搜索整合的东西保罗万象，既整合了各高校自身购买的核心数据库资源，也整合了其他高校（还有大量公共图书馆）的部分资源。整合的检索平台，通常是比较粗放的，检索效果远不如相应资源本身的平台，其优点是适合“海”找，获取进一步的文献线索。

工作实践中发现高校师生不少认识误区。不描述具体问题，提供参考答案。

（1）学校购买的数字资源与服务，并非局限于科研服务资源，还有为教学和学习服务的资源。

（2）“网络上啥都有，且免费获取”，实际上属于夸张表述，任何免费的背后是因为可以获得有人付费了，图书馆提供的资源与服务，相对来说更值得信赖。

（3）图书馆提供的资源与服务，尤其是数字资源与服务，只要网络在或可以在校园网 IP 范围内，理论上是可以获得 7×24 小时服务。当前，许多服务不一定要到实体的图书馆，可以借助网络随时随地利用图书馆服务。

（4）学校的数字资源与服务，是学校花钱买的，并非“免费”的。可以通俗表述：所有学生，用与不用，均是出了“份子钱”的；谁用谁受益，用得多，“赚”得多。

（5）高校图书馆属于科研基础设施范畴。科研基础设施是指开展科学研究所需的经费、硬件（网络和计算机）、科研信息和成果的共享应用平台、实验室、文献保障体系等。对照上述概念，高校图书馆在“科研信息和成果的共享应用平台”“文献保障体系”方面是有一定地位的。

数字资源通常购买的是使用权，按年付费。购买之后，用与不用花同样的钱。数字化、网络化、多元化环境下，许多人利用图书馆只是利用数字资源（不需要到实体的图书馆）。数字资源其中有不少既是资源平台，又是服务平台。文献资源经费投入，数字资源为重中之重。依据《2016 年高校图书馆发展概况》（王波、吴汉华、宋姬芳等编），2016 年共有 763 所高校图书馆提交了有效的数字资源采购费数据，数字资源的总采购费用约为 21.98 亿元。数字资源采购费的平均值约为 288.1 万元，约占馆均文献资源购置费的 54.4%。据我了解，有一定比例高校图书馆，数字资源经费占文献资源购置费 70% 以上。图书馆学科服务等工作所做的努力，工作重心应放在数字资源宣传与推广上，有效促进“物有所值，物尽其用”。

（2018-9-18）

闲话文献资源建设

什么是文献资源建设？参照《图书馆 · 情报与文献学名词》作一简单梳理。文献资源建设的定义是：“根据信息服务机构的任务与对象以及整个社会的文献信息需求，系统地规划、选择、收集、组织管理文献资源，建立具有特定功能的、可资利用的文献资源体系的过程及活动。”时下的“文献资源”主要指图书、期刊、数据库等。印刷型文献主导时期，对应的词为馆藏建设（或藏书建设）。与文献资源建设相关概念，有“馆藏发展政策”“馆藏评估”“信息资源建设”“数字资源建设”等。

《普通高等学校图书馆规程》规定，“文献信息资源购置费应与学校教学和科学研究的需要相适应”“高等学校要把图书馆的经费列入学校，并根据发展逐年增加”，高校图书馆经费主要指文献信息资源购置费，高校图书馆支出主要指文献资源支出及工作人员薪酬支出。国内外高校图书馆是相似的。大学和研究图书馆协会（ACRL）每年对美国所有高校图书馆的人员配备、馆藏、支出，运营和项目进行调查。依据2016年美国高校图书馆趋势与统计报告，薪酬占图书馆总支出比（过去5年平均57.2%）：博士/研究机构为44.5%；综合大学为55.7%；本科大学为52.3%；副学士学位为76.5%。据悉，美国某本科大学2018年文献资源支出约为100万美元，薪酬支出约为250万美元。

与美国河滨加州大学麦子老师亦聊及文献资源建设话题。麦子老师说："现在的内容和方法与以前大不一样。首先，过去每天接触书的，而且通过看各种书来了解出版行业，但现在基本不接触书。另外，现在用很多计量的方式和数据来建设馆藏，但我一直觉得这东西其实还是有艺术成分在内的，不光是科学，要凭感觉。"我说："这点还真是令人困惑。也是比较矛盾的，比如眼下比较火的数字人文，实际还是建立在前人或他人奠定的基础之上。奠基的事情，非一朝一夕之功。'炫技'类找到一个合适的切入点，可以令人眼前一亮。"麦子老师说："数字人文其实还是很有意思和前景的，但一般的馆藏建设的确现在没有过去有趣。"我说："'数字图书馆'时期，有人说过馆藏建设就是比谁有钱，有钱可以任性。但有钱没钱都不大有趣，成就感与获得感被稀释掉了。""国内的馆藏建设，很多馆是非常虚弱的，因为采访馆员等只是事务员（图书招标，馆配商配书等），图书采选的话语权非常有限。""馆藏建设做得好的，确实是很稀缺，随着老采访馆员退休，境况可能会更糟糕。我最近到江苏大学，他们搞李岚清专藏、赛珍珠文献专藏，给我的感觉确实下功夫了，且取得了一定成效。但很大比例图书馆的馆藏，乏善可陈，比如，应付各种评估，凑的特价书、捐赠图书，占有很大比重。"麦子老师指出："有人说过馆藏建设，就是比谁有钱，这是个极其愚蠢的概念。""国内的捐赠我看有时对馆藏建设是一种损害，尤其是比较牛的馆。"

我从2015年开始做数字资源采访工作，参加过江苏省高校图工委文献资源建设年会3次，听过若干专家报告，与若干同行有过一些交流，难免产生一些感悟与感慨。突出印象是，当前的文献资源建设工作，受到种种冲击，做好不易，但确实是有做得很专心、很专业的。文献资源建设工作者不乏有情怀、识现状、懂方法者。然而，"一花独放不是春，百花齐放春满园"。

（2018-11-20）

工会图书馆，你还好吗

“较为完备的图书馆体系基本形成。一个由国家图书馆、公共图书馆、高校图书馆、专业图书馆、中小学图书馆、工会图书馆、军队图书馆等各类型、各系统图书馆组成的较为完备的图书馆体系逐步形成并不断完善。截至2015年年底，全国各类型图书馆共约70万个。其中，县级以上公共图书馆3139个，高校图书馆超过3200个，专业图书馆1000余个，工会图书馆约20万个。”❶

图谋对“工会图书馆约20万个”比较好奇。首先，弄清楚了数据来源为《“十二五”时期中国图书馆事业发展综述》❷。其次，据丘东江先生介绍：“工会图书馆数是这样的，1988年我在学会成立工会图书馆委员会，设在全总内，当时他们统计就是二十多万，故一直说到今天，其实现在已经没有那么多了。”再次，了解到，“1955年7月，中华全国总工会召开了第一次全国工会图书馆工作会议，确立工会图书馆的方针与基本任务。1956年，全国工会图书馆有17486所，1957年年底发展到3.5万所，藏书达2000万册。”“到1957年，高等学校图书馆迅速发展至229所，藏书达4000万册”❸。工会图书馆的“风光”由此可见一斑。

什么是工会图书馆？其定义为“工会组织开办的面向基层、面向广大职工群众的综合性图书馆。其类型多样，包括中华全国总工会图书馆，专门的产业工会图书馆，省、市、县（区）工会图书馆，各厂矿的工会图书馆以及基层工会图书馆（室）等。”（见载：《图书馆·情报与文献学名词》第一版）工会图书馆主要服务对象是所属系统、地区或单位的职工、干部及其家属，是工会组织举办的群众文化事业，是向职工进行思想教育的重要阵地，是职工学习政治学习科学文化知识的场所❹。工会系统图书馆包括中华全国总工会图书馆，各省（市、自治区）工会图书馆、各产业工会图书馆、各工厂工会图书馆。

---

❶ 刘小琴. 锐意进取四十载，风华正茂是图林［N］. 图书馆报，2018年12月21日A02、A03版.

❷ 王天乐，刘宇初.“十二五”时期中国图书馆事业发展综述. 韩永进主编，中国图书馆年鉴［G］. 北京：国家图书馆出版社，2016，27-33.

❸ 盛小平著. 图书馆职业发展与制度建设［M］. 北京：科学出版社. 2016：23.

❹ 吴慰慈，董焱编著. 图书馆学概论［M］. 北京：北京图书馆出版社. 2002：124-125.

2019年1月5日以篇名含“工会图书馆”检索中国知网“期刊”子库，找到172条结果，其中1954—1957年为4条，1980—1989年为79条，1990—1999年为66条，2000—2009年为16条，2010—2018年为6条（其中3篇篇名中同时含“企业文化建设”）。孟辉《工会图书馆的现状、问题及对策》中提及“全国工会图书馆（室）已从中华人民共和国成立初期的44个，发展到1988年的246901个，平均540个职工中就有一个工会馆，它在企业的两个文明建设中起着重要作用。藏书已达3亿多册，职工人均藏书2.2册。专职工作人员有5万多人。”[1]2000年谭运成《工会图书馆的消亡、转制与公共图书馆的发展》提及“从工会图书馆在计划经济体制中发展、繁荣到市场经济条件下陷入困境的现象中发现，工会图书馆已完成其使命。提出工会图书馆的消亡和转化，以便促进我国公共图书馆发展的观点。”[2]

工会图书馆的现状如何？目前有多少个？多少藏书？多少专职工作人员？……作为图书馆体系全国各类型图书馆数量上占绝对优势的工会图书馆，你还好吗？

（2019-1-5）

图书馆领域常见名词选辑

图谋按：图书馆领域常见名词选辑，共选录43个名词。名词释义源自全国科学技术名词审定委员会事务中心术语在线网站（http://www.termonline.cn/）中《图书馆·情报与文献学名词》第一版。先选录图书馆学、情报学、文献学、图书馆事业等基础名词，再将图书馆分成五大要素（空间、资源、服务、管理、人员）进行编排。

一、基础名词

（1）图书馆学（Library scienc; Librarianship）：研究图书馆事业的产生和发展，文献资料的组织管理、服务以及图书馆工作规律的学科。

---

❶ 孟辉. 工会图书馆的现状、问题及对策［J］. 图书馆杂志，1990（03）：49-51.

❷ 谭运成. 工会图书馆的消亡、转制与公共图书馆的发展——与宓容、刘新权等同志商榷［J］. 图书馆杂志，2000（09）：47-48.

（2）情报学（Information Science）：研究情报产生、加工、传递、利用的一般规律以及情报系统管理基本原理的学科。

（3）文献学（Documentation; Documentation Science; Bibliography）：研究文献收集、整理和传播的一般规律的学科。

（4）图书馆事业（Librarianship）：以满足社会文化信息需求为目标，达到一定数量规模，具有一定的组织形式，并对社会发展产生影响的图书馆活动。

（5）图书馆职能（Library Function）：图书馆应有的作用和功能。国际图联将现代图书馆的职能概括为保存人类文化遗产、开展社会教育、传递科学信息、开发智力资源。现代图书馆学强调的图书馆功能包括图书馆维护社会信息公平、缩小数字鸿沟、促进社会包容、促进社会阅读等。

（6）图书馆职业研究（Library Profession Studies）：将图书馆作为一门独立的社会职业进行考察与研究的学问。主要包括对图书馆的社会角色、基本职能、职业特征、职业道德规范与职业素质、与相关职业的关系等方面的研究。

（7）图书馆权利（Library Rights）：公民接受图书馆服务的权利，以及图书馆人维护图书馆科学及事业有效地运行的权利。

二、空间名词

（1）图书馆（Library）：搜集、整理、收藏图书报刊等文献信息资料和为读者提供文献使用及参考咨询服务的文献信息机构，也是为一定社会、政治、经济服务的文化教育机构。通常包含图书馆的物理建筑、图书馆占有的空间两层含义。相对于传统图书馆，数字与网络环境下图书馆藏品的载体发生了很大变化，不仅包括传统的纸质文献，还包括数字资源和音、视频资料。当代图书馆不仅被视为文献信息中心，更被视为知识中心和学习中心。

（2）数字图书馆（Digital Library）：俗称电子图书馆、虚拟图书馆、无纸图书馆。以海量、经过组织和序化的数字化信息资源为基础，以先进的信息通信技术与计算机设备为手段，以网络为服务平台，以智能化、个性化的用户服务为中心，以信息收集、开发、管理、存储并提供利用为目的的数字空间。

（3）复合图书馆（Hybrid Library）：传统图书馆和数字图书馆的过渡形态或有机结合体。收集和管理实体信息资源及数字信息资源，融合各种技术提供集成系统，为用户提供馆内服务和网络服务。

（4）研究图书馆（Research Library）：又称学术图书馆，致力于某些学科或主题领域专业文献的收集、整理和加工，为科学研究工作者提供深度信息服务的图书馆。

（5）阅览室（Reading Room）：图书馆中专门供读者阅览图书、报刊或数字资源的场所。通常配有书刊、电脑、阅览桌椅、阅读灯和网络设施。阅览室可分为多种类型，一般根据读者成分、知识门类、文献类别和语种等分别设置，以满足不同类型读者的阅读需求。如中文图书阅览室、外文图书阅览室、报刊阅览室、视听阅览室、古籍文献阅览室、电子阅览室、参考阅览室等。

三、资源名词

（1）文献（Literatur; Ocument）：记录有知识和信息的一切载体。由 4 个要素组成：所记录的知识和信息、记录知识和信息的符号、用于记录知识和信息的物质载体、记录的方式或手段等。

（2）数字资源（Digital Resources）：以数字形式存取、发布和利用的各类文献、信息、数据等资源的总称。

（3）文献数据库（Document Database）：简称文献库。以结构化文献信息为主要内容的数据库。产生于 20 世纪 60 年代初期，多数是在书本式检索刊物的基础上形成的。按内容可分为一次文献数据库（全文数据库）和二次文献数据库（书目、文摘、索引数据库）。

（4）特藏（Special Collection）：图书馆收藏的珍本、善本、名人手稿、特种文献、地方文献等不同于普通图书期刊的文献集合。

（5）善本书馆藏（Rare Book Collection）：又称珍本专藏。图书馆收藏的以珍贵优异的古代图书刻本或写本为主要内容的文献集合。

（6）馆藏量（Holdings; Book Capacity）：又称藏书量。截止到一定时期，某一图书馆或一定区域内所有图书馆经过累积所达到的实体和虚拟馆藏文献的数量。

（7）古籍（Ancient Books; Antiquarian Material）：广义的古籍统指古人所著图书，而不论其出版年代的早晚。在中国，古籍指 1911 年以前抄写、出版的图书，但民国时期出版的古人所著的线装图书，通常也被视为古籍。

（8）流通馆藏（Circulating Collection）：又称外借收藏。供读者在图书馆内阅读或外借的图书和其他资料的总和。

（9）引证文献（Citing Reference）：与“被引文献”相对。主动引用其他文献的文献。

四、服务名词

（1）科技查新（Sci-Tech Novelty Search Service）：具有相关资格的图书馆或信息机构为确定委托人的专利、发明以及科研成果的新颖性做出鉴证的信息服务工作。

（2）情报服务（Information Service）：一种知识和智力密集型的信息服务。情报部门利用其服务系统或设备来满足用户情报需求的过程，具有很强的针对性和智能性。其主要目的是从所搜集的信息中分析、研究和发现新的知识，为决策者提供增值的信息。

（3）知识服务（Knowledge Service）：以信息搜寻、组织、分析、重组为基础，根据用户的需求和信息环境，融入用户解决问题的过程中，提供能够有效支持知识应用和知识创新的行为。

（4）馆际互借（Inter-Library Loan）：图书馆文献流通方式之一。图书馆之间根据协定，将读者需要的文献实体或其复本，从一个图书馆借出或传递到另一个不属同一管理范围的图书馆。

五、管理名词

（1）公共图书馆宣言（Public Library Manifesto）：联合国教科文组织和国际图联共同制定的有关图书馆功能和发展的纲领性文件。1949 年由联合国教科文组织制定并颁布，1972 年和 1994 年国际图联两次参与修订，因此现名又称《联合国教科文组织 / 国际图书馆协会联合会公共图书馆宣言》。

（2）图书馆联盟（Library Consortium）：由若干独立的图书馆或图书馆系统正式签约组成的合作组织。

（3）馆藏发展政策（Collection Development Policy）：图书馆以书面形式系统地确定本馆馆藏文献资源的建设和有效使用所遵循的策略。通常包括馆藏目的、馆藏选择与淘汰的原则、馆藏的范围与深度以及文献选择工作职责等。馆藏发展政策是馆员建立馆藏的工作指引，也是规划馆藏以及进行馆内和馆际沟通时的工具。

（4）采访方针（Acquisition Policy; Collection Development Policy）：又称采购方针、藏书发展方针。根据图书馆的性质与任务、读者需求、服务方向等制定的文献采访与选择的方针与策略。一般包括馆藏文献的主题和学科范围，文献经费的来源说明、使用规定、分配和控制，各类文献的采选原则和标准，馆藏资源特色及相关保障措施，文献采选的责任与分工，文献复本配置标准等内容。

（5）文献采访（Documentation; Document Management）：又称文献工作。持续系统地获取、组织、存储、检索和利用特定文献或记录于文献之上的信息的活动与过程。

（6）中国图书馆分类法（Chinese Library Classification; Classification for Chinese Libraries）：简称中图法，俗称中国图书馆图书分类法。国家图书馆《中国图书馆分类法》编辑委员会编纂的《中国通用的大型综合性文献分类法》。1975年出版第1版，2010年出版至第5版。分为“马列主义毛泽东思想邓小平理论”“哲学宗教”“社会科学”“自然科学”“综合性图书”5大部类、22个基本大类。基本采用层累标记制，使用字母与数字相结合的混合号码。主要供大型图书馆图书资料分类使用。另外，为适应不同图书信息机构及不同类型文献分类的需要，还出版有《中国图书馆分类法（简本）》和《〈中国图书馆分类法〉期刊分类表》等配套版本。

（7）编目（Cataloging）：按照一定的规则对文献信息资源进行著录，组织成目录并进行维护的过程。

（8）联合编目（Union Cataloging）：又称共享编目、合作编目。若干个文献信息机构在自愿联合的基础上，通过一定的协议建立书目信息交换关系，根据共同遵守的编目条例与工作规程分担编目任务、共享编目成果的编目方式。

（9）联机公共检索目录（Online Public Access Catalo; PAC）：依托网络提供图书馆书目信息服务的馆藏联合目录和书目检索系统，是图书馆自动化集成系统的重要组成部分及用户查找图书馆目录的重要工具。

（10）图书典藏（Book Reservatio; Ook Collection）：图书馆对其藏书定期或不定期进行的有计划的整顿工作。包括藏书的剔除、清点、调拨、交换、赠送和集中保存等。

（11）排架目录（Shelf List）：又称典藏目录，反映文献在书架上的位置顺序的目录。即按文献索取号（典藏号）排列的目录，是公务目录的一种，一般供典藏工作使用。

（12）元数据规范（Metadata Standard）：又称元数据标准。描述某类资源的具体对象时所有规则的集合。一般包括完整描述一个具体对象时所需要的数据项集合、各数据项的语义定义、著录规则和计算机应用时的语法规定等。

（13）图书馆员职业资格认证制度（Librarian Professional Qualification Accreditation System）：又称图书馆职业准入制度。按照国家或图书馆协会制定的职业技能标准和任职资格条件，通过政府主管部门认定的考核机构，对图书馆从业者的技能水平和任职资格条件进行考核和鉴定，对考核合格者授予相应的证书，准许其从事图书馆职业的制度。

六、人员方面

（1）图书馆职员（Library Staff）：从事图书馆或图书馆系统的管理、服务的人员，包括馆长、馆员、辅助专职人员、技术人员、办事员、见习或学生助理。

（2）学科馆员（Subject Librarian）：拥有专业知识、业务经验和从业资格，从事特定学科领域的专门信息服务，包括文献选择与评价、书目指导、专题信息导航和参考咨询等工作的图书馆员。

（3）参考咨询馆员（Reference Librarian）：图书馆中从事参考咨询工作的图书馆员。一般具有比较广博的检索专业知识，具有专业的检索技能，熟悉馆藏及各种参考源，并熟练掌握参考咨询业务技能。

（4）编目员（Cataloger）：图书馆中专门负责制作书目记录并提供各类编目资料的图书馆员。

（5）图书管理员（Library Clerk）：我国图书资料系列职称的最初等级别。在图书馆从事基础性业务工作如新书登记、排架、借阅服务等的工作人员。

（2019-2-16）

高校图书馆人力资源状况及其思考

教育部高等学校图书情报工作指导委员会及多个省市（陕西、江西、湖北、江苏、上海、四川）高等学校图书情报工作指导委员会先后发布了2017年高校图书馆发展报告。我在关注高校图书馆人力资源状况并予以摘编。

依据吴汉华、王波、朱强《2017年中国高校图书馆基本统计数据分析》[1]，高校图书馆的人力资源包括馆长、在编馆员、合同制职工、临时聘用人员、勤工助学人员等，大体可分为馆长、在编工作人员、无编制工作人员三类。2017年的相关数据继续验证了前几年分析数据所得出的结论：高校图书馆的文献资源收藏总量与馆舍面积持续增长，但在编工作人员的馆均人数却持续下降，这表明各高校图书馆的事业编制总人数处在持续缩减状态，已有在编工作人员的任务逐年加

[1] 吴汉华，王波，朱强. 2017年中国高校图书馆基本统计数据分析［J］. 大学图书馆学报，2018，36（06）：37-43.

重，图书馆需要聘用更多的编制外合同工或临时工，需要购置更多的智能化设施将图书馆员从日常事务性工作中解放出来，最典型的便是自助借还书机、自动导航系统、一站式搜索系统等，智慧图书馆的建设脚步已经迈起来了。（1）馆长状况。馆长的学科背景也反映出馆长的专业素养，有 76.8% 的馆长为非图书馆学专业背景。非图书馆学专业背景的馆长所占比例处于缓慢上升趋势，一方面表明高校对图书馆馆长是专业技术岗位的认可度低，另一方面也表明高校图书馆馆长职位的行政化色彩大于专业化。图书馆馆长的专业能力要受到高校认可还有很长一段路，图书馆学专业教育应注重对非科班出身的馆长的培训，可尝试开设针对馆长的类似于 EMBA 的高学历教育课程培训班。（2）在编工作人员状况。2017 年，有 872 所高校图书馆提交了有效的在编工作人员数据。在编工作人员的总人数为 30855 人，馆均 37.2 人，2016 年是 38.1 人），中位值为 27 人，众值为 9 人，标准差为 33.5 人，这些表明：各高校图书馆在编工作人员的数量差异较大。（3）无编制工作人员状况。共有 810 所高校图书馆提交了合同制职工数据，总人数为 6310 人；有 809 所高校图书馆提交了临时工数据，总人数为 3641 人；有 811 所高校图书馆提交了勤工助学学生数据，总人数为 23409 人，馆均值为 28.9 人。各高校图书馆勤工助学的人数相差较大，这主要与图书馆的人力资源政策、资金充裕度等有关，“985 工程”高校图书馆吸纳勤工助学学生的人数最多，其次为非“985 工程”类的“211 工程”高校图书馆，而普通高校和高职高专院校图书馆的勤工助学人数较少。

江苏省高校图书馆，至 2017 年年底，正式在编人员情况：52 所本科院校馆 3038 人；江苏省 52 所本科院校图书馆馆舍总建筑面积为 1930276 平方米（平均每馆 3.71 万平方米）；江苏省 52 所本科院校 2017 年共有在校学生（自然生）1360631 人，持有图书馆借书证读者总数 1333595 人，其中：本校教职员工 135801 人、本校学生 1166531 人。86 所填报馆中有 39 所正式职工 50 岁及以上人数占三分之一（偏老龄化），其中有 12 所本科院校占 40% 以上（3 所超过 50%，最高为 53.42%）。

上海市高校图书馆，提交人力资源部分数据的高校图书馆有 47 家，有效数据 45 份，总人数 1878 人。从职工年龄段的分段统计及所占比例来看，老中青三代人的年龄结构比例约为 3∶6∶1，青年职工的人数偏少。从数据来看，29 岁及以下的新职工人数为 170 人，占职工总人数的 9.05%；其他按 10 年一个年龄段区分，每个年龄段人数占比均在 30% 左右，分布较为均衡。其中 30 ～ 39 岁年龄段人数最多，占比基本与去年持平，40 ～ 49 岁年龄段比去年上升了约一个百分点，

50 岁以上年龄段人数比去年下降了约一个百分点。

陕西省高校图书馆，2017 年，尽管馆舍面积和馆藏数量持续增长，但馆均在编职工人数处于下降状态，这意味着高校图书馆聘请了更多的合同制职工、临时工以及勤工助学的学生，表明图书馆为读者提供服务的平均人力成本继续降低。67 所陕西高校图书馆在编职工人数合计为 2341 人，馆均约为 35 人（2016 年约为 37 人），中位值 28 人。

四川省高校图书馆，2017 年共有 82 所高校图书馆提交了有效的人力资源数据。全省高校在编馆员总人数为 2317 人，馆均约为 28.25 人（2016 年为 33.71 人），中位值为 21 人。在编馆员较全国高校图书馆馆均 37.2 人，比 2006 年少 8.95 人，表明四川高校图书馆在编人员逐年呈减少趋势，并低于全国均值 31.7%。

湖北省高校图书馆，2017 年湖北省高校图书馆工作人员总数稍有下降，在编职工总数略有增长，学历和职称结构持续优化，年龄结构略有老化。2017 年，湖北省共有 47 所高校图书馆在“事实数据库”中提交了有效的工作人员总数数据，平均值 85 人，中位值 58 人，方差 73。

江西省高校图书馆，2017 年共有 84 所高校图书馆填写了有效的在编馆员人数数据，在编馆员总人数为 1743 人，馆均人数约为 21 人。

高校图书馆人力资源状况是堪忧的，当前的人力资源状况已不足以胜任图书馆转型升级、高质量发展之需，亟需引起高校图书馆及其利益相关者的重视并采取措施，以便人尽其才、物尽其用。图书馆人力资源是图书馆开展服务、正常运转的基本条件，也是图书馆事业发展的关键因素。再好的馆舍、再多的经费，再丰富的馆藏，都需要有人落实，有人执行，有人为广大用户提供优质的服务。虽然技术正在改变用户与图书馆之间的关系，但用户的本质是人性化，用户更喜欢与人打交道。关于“高校图书馆的文献资源收藏总量与馆舍面积持续增长，但在编工作人员的馆均人数却持续下降，这表明各高校图书馆的事业编制总人数处在持续缩减状态，已有在编工作人员的任务逐年加重，图书馆需要聘用更多的编制外合同工或临时工”，以江苏省高校图书馆数据为例进行了进一步的简化与量化使其更直观地呈现效果：在编馆员人均服务 429 名读者（其中教职员工读者 45 名，学生读者 384 名）；人均馆舍建筑面积为 635 平方米；人均纸质文献馆藏总量 2.98 万册（注：52 所本科院校馆纸质文献馆藏总量 9055 万册）。所幸的是，有关方面已意识到存在问题并在努力改变。比如，2018—2022 年教育部高等学校图书情报工作指导委员会成立暨第一次工作会议工作计划第一条：“制定馆员资质标准、培训内容标准、职业能力标准，编制培训大纲和教材，和社会各界合作，对新任馆长、馆员进行线上线下培训，既培养其专业素养，又培养其爱岗敬业的情怀；既面向全国，又关注最需要的区域，以改变高校图书馆发展不平衡的现状。”[1] 期待能进一步凝聚力量，取得实效。

（2019-2-17）

闲话高校图书馆数字资源

随着信息技术的进步，高校图书馆业态在变化，涌现了一批概念，比如数字图书馆、电子图书馆、虚拟图书馆、无纸图书馆、复合图书馆、智慧图书馆……由传统图书馆的实体信息资源主导发展为以数字信息资源主导。中国教育和科研计算机网（CERNET）始建于 1994 年。1998 年是我国的“上网年”，1998 年 7 月初中国互联网络信息中心（CNNIC）发布，到 6 月 30 日我国上网人数已近 117.5 万（1998 年年初的上网用户为 61 万），其中直接上网用户约为 32.5 万人，拨号上网约为 85 万人；上网计算机为 54.2 万台，其中直接上网计算机为 8.2 万台。我是 1995 年上的计算机信息工程系管理信息系统专业，1998 年开始上网。2000 年开始做高校图书馆技术部负责人，所在高校那时开始建中国学术期刊（光盘版）镜像站（“中国期刊网”是 1998 年开通的）。我的职业生涯与高校图书馆数字资源有较为亲密的接触，综合所见所闻所感，试图作一粗略梳理，权且算作“科学普及”。

关于数字资源的概念需要进一步明晰。数字资源是以数字形式存取、发布和利用的各类文献、信息、数据等资源的总称。它有许多近义词或同义词。最为常见的属电子资源，指数字信息资源，即一切以数字形式生产和发行的信息资源，其信息包括文字、图片、声音、动态图像等，并以硬盘、磁带、光盘等介质及网络形式展现。2012 年，国际图书馆协会联合会发布的定义：“电子资源是指那些需要通过计算机访问的资料，无论是通过个人电脑、大型机还是手持移动设备。他们可以通过互联网远程访问或在本地使用。常见类型：电子期刊、电子图书、全

[1] 王波. 2018—2022 年教育部高等学校图书情报工作指导委员会成立暨第一次工作会议纪要［EB/OL］.［2019-2-17］. http://www.scal.edu.cn/zxdt/201812050938.

文（集成）数据库、索引文摘数据库、参考数据库（传记、词典、指南、百科等）、数值和统计数据库、电子图像、电子音频 / 视频等。”相关的概念还有全文数据库（由包含正文在内的文献完整信息内容所构成的数据库）、特色数据库（依托馆藏信息资源，针对用户的信息需求，对某一学科或专题有利用价值的信息进行收集、分析、评价、处理、存储，并按一定的标准和规范将其数字化，以满足用户个性化需求的信息资源库）、自建数据库（机构通过信息采集、加工、组织，以及服务平台开放等方式自己建立的数据库）、数据库商（从事数据库生产、销售与服务的企业）。

高校图书馆数字资源概况，可以重点参考教育部高等学校图书情报工作指导委员会网站发布的统计报告。据《2017 年全国高校图书馆发展报告》（http://www.scal.edu.cn/tjpg/201901040853），我国高校图书馆的年度经费存在差距，且在逐年加大。各高校对图书馆的经费投入不均衡，与各高校年度财政收入有关，也与校领导对图书馆的重视程度密切相关。2017 年，共有 843 所高校图书馆在“教育部高校图书馆事实数据库”中提交统计数据，数据有效的为 831 所。年度总经费平均值为 650.4 万元。提交文献资源购置费的高校图书馆有 789 所，均值为 564.3 万元，中位值为 287.5 万元，众值为 130 万元。有 744 所高校图书馆提交了电子资源购置费，总和为 24.31 亿元，均值为 326.7 万元，占馆均文献资源购置费的 57.9%。在文献资源购置费中，电子资源购置费所占比例已经过半，且均值与所占比例自 2006 年以来，呈逐年升高趋势，增长的斜率正在变大，表明电子资源购置费将成为图书馆文献资源购置费支出的主要部分。

数字资源在图书馆建设中所占的比重越来越大。各个图书馆与数据库商订购的内容涉及各种定制与组合，名目无法统一，按数据库商提供的最小订购单元统计，2017 年度江苏省 86 所填报馆（注：共有普通高校 167 所，其中本科院校 52 所，“86 所填报馆”包含所有本科院校）勾选了其中的 918 个单元（包括中文库 495 个单元、外文库 423 个单元），共计支出费用 27795.54 万元，占当年文献购置费的 52.73%。根据各馆填报信息、各馆主页发布信息、CALIS 和 JALIS 特色数据库建设历年立项情况等汇总，目前 52 所本科高校馆中有 44 所建有“自建在用数据库”，共计 177 个，其中属于立项建设的有 37 个。然而，由于网络安全和版权问题，大多数自建库封闭在校园网内，对外网开放利用的只有 19 个。52 所本科高校馆中，建有本校学位论文库的有 26 所。已建并发布机构知识库且外网可访问的有 4 所，他们分别是江苏大学图书馆（http://ir.ujs.edu.cn/）、南京医科大学图书馆（http://ir.njmu.edu.cn/widgets/sdjgk/）、南京中医药大学图书馆（http://nucmssp.dayainfo.com/）、西交利物浦大学图书馆（http://ir.cumt.edu.cn:8080）。在建机构知识库的有4所，分别是南京航空航天大学图书馆、东南大学图书馆、中国药科大学图书馆、南京师范大学图书。江苏省6所本科院校数字资源支出经费超过70%(盐城工学院、江苏大学、南京师范大学、常州大学、南京航空航天大学、淮海工学院)，最高的为76.7%(盐城工学院)。上海市7所本科院校的数字资源支出经费超过70%，比如上海科技大学为86.98%、同济大学为78.27%、上海交通大学为76.37%。

试用数字资源是高校图书馆数字资源中不可或缺的组成部分，蕴含了类型多样、内容丰富的信息资源。对图书馆试用数字资源进行科学选择、完善管理和基于比较方法的评价论证，能够帮助高校图书馆作出正确的订购决策，使高校图书馆的数字资源建设和引进工作更加具有针对性，能够为读者提供更多、更精准的信息资源，提升数字资源的使用效率。关于试用数字资源的开通，图书馆通常是依据用户需求（有的是师生直接反馈的，有的是间接观察到的）来开展工作的。

高校图书馆发展不平衡，单单是数字资源方面就存在鸿沟，依据《2017年816所高校图书馆电子资源购置费统计表》(各馆自报，提取日为2018年12月15日)，有3所高校超过4000万元(分别是北京大学、中山大学、清华大学)，有52所高校低于10万元(最少的为4000元)。林林总总的数字资源，营销模式、服务模式亦是日新月异，有限的经费及人力资源，需要尽可能地发挥好作用。

（2019-2-19）

闲话专业话语权

有一天，有位老师对我说：“你近年来名气很大，为图书馆界提供交流平台，发表见解，作出了重要贡献。”“QQ群和公众号、博客，你都做得很成功。”如此评价，出乎我意料。我联想到“专业话语权”这个词，并有所思考。

我写图谋博客、管理和维护圕人堂QQ群、开设圕人堂微信公众号，这些行为一定程度上是受到张厚生先生的影响。张厚生先生倡导：“跳出图书馆的圈子，借助于公共媒体宣传书苑，向公众推广图书馆和图书利用的方法和知识。”他自身是那样做的，《书苑文丛》（东南大学出版社，2008 年）一书为证。我的所做所为，一定程度上算是学习与模仿。

关于“专业话语权”，距离我似乎很遥远，那是领域专家、学者、“大牛”、“大拿”、权威们的事情。我是从头到脚的“草根”，没我啥事。与美国图书馆同行闲聊，我越来越能理解他对国内图书馆领域“大牛们”的反感，他认为：“图书馆是没大牛的，真的大牛在图书馆外。”我的观察也觉得，国内的“大牛”，有的很可能可以说是功过相抵，有大功，也有大过，孰轻孰重，暂时难以定论。

也许我与公共媒体有缘。学生时代，我曾做过 3 年高校校报学生编辑、记者，这段经历让我受益匪浅。《图书馆报》专栏作者这一身份已有 13 年，曾先后接受过《中国教育报》《中国科学报》等的采访，还曾受邀为《图书情报知识》撰写卷首语。公共媒体的“亮相”或“发声”，也许是“专业话语权”的初级阶段，或多或少会产生一定影响。舆论是“双刃剑”，需要格外谨慎。

对于图书馆业界与学界存在的一些问题，就事论事（提出问题、分析问题、为解决问题提供参考借鉴），不跟“大牛”抢话筒，这样可以更好地表达与传播。我自身对国内的很多“大牛”有不同程度的了解，他们给我的印象，多是有情怀、有行动的好人，只是很多时候，囿于重重制约或者自身的知识局限，存在若干不足。总体来说，他们也是理性的智者，会择善而从。君子和而不同。当前有个弊端，许多真知灼见被湮没，没能形成共识，影响实践或指导实践，因此造成了很大的人力、物力浪费。

作为我的角度来讲，我觉得传播知识，让知识的种子生根发芽、开花结果，这项工作也是非常有益的。我自身的学识很有限，做不成什么大事，努力做点小事。多年来，我算是有意识地进行图书情报理论与实践成果摘编，并予以宣传推广（或许亦算是一种科学普及），可谓一举多得，我自身有所收获，更重要的是让更多圕人切实得实惠。

面对图书馆领域的若干问题，我一直在保持关注与思考。国内的情况，我自身也能发现许多问题。而且，发现问题的人可能还有很多，但试图解决些问题的人似乎太少。关于图书馆专业化、职业化，国内呼吁设立图书馆职业门槛问题，从 1980 年代开始，快 40 年了，声音越来越弱了。这需要真的“大牛”去积极推动，只有他们振臂一呼，应者云集，方可能有所成效。凡事事在人为，有志者事竟成。

（2019–3–2）

高校图书馆员该干什么

图谋与数位高校图书馆员同行交流，颇为感慨。高校图书馆这些年图书馆员的工作重心：阅读推广、科技查新、学科服务。馆藏建设严重弱化，因为纸本的采选、加工等不同程度外包，数字资源买商业化的数据库，当前不少图书馆员当工人用。平均下来，人均负责纸质馆藏数万册，倒库、整架这类活，多依靠图书馆员自身。其主要原因可能还是图书馆员的工作内容没有边界，有关方面认为体力活也是图书馆员该干的。从薪酬角度来说，一个图书馆员可能抵好几个工人，实际是并不合算的。美国同行告诉我："馆藏建设方面，主要是图书馆员起主要作用，尽量满足大家都需要。""几乎从来不做体力活的，因为不是工作内容。房间也是专门学校的雇员打扫，不是外包的。"真是没有比较，就没有"伤害"。淡淡的忧伤之后是疑惑：高校图书馆员该干什么？

2017 年，中国高校图书馆所填报数据继续验证了前几年分析数据所得出的结论，"高校图书馆的文献资源收藏总量与馆舍面积持续增长，但在编工作人员的馆均人数却持续下降，这表明各高校图书馆的事业编制总人数处在持续缩减状态，已有在编工作人员的任务逐年加重，图书馆需要聘用更多的编制外合同工或临时工，需要购置更多的智能化设施将图书馆员从日常事务性工作中解放出来，最典型的便是自助借还书机、自动导航系统、一站式搜索系统等。"❶

图谋就上述结论进行数字化拓展，使其更直观。依据《2017 年江苏省高校图书馆发展报告》简化与量化，江苏高校本科院校：在编馆员人均服务 429 名读者（其中教职员工读者 45 名，学生读者 384 名）；人均馆舍建筑面积为 635 平方米；人均纸质文献馆藏总量 2.98 万册（注：52 所本科院校馆纸质文献馆藏总量 9055 万册）。"如果把中山大学图书馆馆藏总量放在欧美大学图书馆排行榜中，其排名约在 100 位左右。按照教育部办学要求核算，中山大学图书馆离生均 150 册藏书

❶ 吴汉华，王波，朱强. 2017 年中国高校图书馆基本统计数据分析［J］. 大学图书馆学报，2018，36（06）：37-43.

还有一段距离，我们仍然要进一步加强馆藏建设。”[1]截至2017年12月31日，中山大学图书馆纸质馆藏总量达685.14万册（件），其中古籍35万余册。依据中山大学基本数据（截至2018年9月30日），全日制学生为52168人，“折合在校生数”为65175人，依照教育部《普通高等学校基本办学条件指标（试行）》，达到651万册为“合格”。中山大学情况简化为：在编馆员人均服务215名学生；人均馆舍建筑面积为453平方米；人均纸质文献馆藏总量2.82万册。

关于高校图书馆工作人员“定编定岗”，真是“难得糊涂”。1987年版《规程》的第24条提到：“各校应在上级核定的编制人数内，根据各自的实际情况，参照下述比例自行研究确定本校图书馆专业人员的编制：（一）以学生1000人、藏书5万册配备15名专业人员为基数；（二）在此基础上，每增加100名学生、50名研究生各增加1名专业人员；每增加5万册藏书增加1名专业人员；年平均进书量1万册配备3名专业人员。图书馆内的党政干部、研究和应用现代化技术手段（计算机、缩微、复制等）的技术人员、从事设备维修或装订等的技术工人、公勤人员，应根据实际需要另列编制。”而2002年修订版《规程》的第28条指出：“高等学校应根据读者人数、资源数量、服务项目与时间、设备设施维护的要求、馆舍分布等因素，配备相应的图书馆工作人员。”教育部2016年1月4日印发《普通高等学校图书馆规程》第11条：“高等学校应根据发展目标、师生规模和图书馆的工作任务，确定图书馆工作人员编制。图书馆馆员包括专业馆员和辅助馆员，专业馆员的数量应不低于馆员总数50%。专业馆员一般应具有硕士研究生及以上层次学历或高级专业技术职务，并经过图书馆学专业教育或系统培训。辅助馆员一般应具有专科及以上层次学历，具体聘用条件根据工作岗位的要求和学校的人事管理制度确定。”图谋由此得到的印象：大约30年光景，早期有参考标准提供指导，随后模糊了，当前有点迷糊了。

高校图书馆人力资源状况是堪忧的，当前的人力资源状况已不足以胜任图书馆转型升级、高质量发展之需，亟需引起高校图书馆及其利益相关者的重视并采取措施，以便人尽其才、物尽其用。图书馆人力资源是图书馆开展服务、正常运转的基本条件，也是图书馆事业发展的关键因素。再好的馆舍、再多的经费，再丰富的馆藏，都需要有人落实，有人执行，有人为广大用户提供优质的服务。虽然技术正在改变用户与图书馆之间的关系，但用户的本质是人性化，用户更喜欢。

---

[1] 程焕文. 浅谈高校图书馆发展趋势［J］. 图书馆论坛，2018，38（07）：58-61.

当前繁荣的图情学术研究，大多是远离图情学科本身或者指空洞地出谋划策。偶尔有点有用的，也很快被稀释掉了，或者根本就无人关心无人问。高校图书馆员该干什么？这属于“元问题”，值得进一步关注与思考。

（2019-3-6）

如何用数据说话

数据是什么？有许许多多的定义，姑且采用《图书馆·情报与文献学名词》第一版中的定义：“数字、字母与符号的集合，系客观事物与主观思维的具体表达，不限于数值。现常指可由计算机处理的信息单元。”数据有定性的、定量的；有即时性的，有动态的；有描述性的、有统计性的；有一维的、多维的……“说话”是指什么？通常是指陈述事实或表达观点。用数据说话，主要是指用数据来支撑观点，做到有理有据。

美国高校图书馆同行友人推荐我阅读一份美国教育部的报告，这是一份关于学术图书馆的统计报告，由美国图书馆协会负责实施。由此，引发一些感想，关于学术研究中如何用数据说话？

国内也持续做类似统计工作，年年填报事实数据。参与情况不甚理想，大约只有三分之一参与。从美国学术图书馆那份报告，可以感受到一些差异。美国的统计可能基础工作较为扎实，有标准规范可行，报告中那份问卷总体结构比较简洁，填报工作量不大。国内的情况很复杂，填报的内容也复杂，统计口径，填报人的个人理解因人而异，因此填报率低。美国的报告基本不涉及个体馆的隐私，国内的报告会曝光不少个体馆的信息。因此，有的馆有顾虑，填报时有意无意有所保留。

根据我之前与美国同行打交道的经验，有些信息关系到个人利益，非常敏感。也就是说，原本都不同程度存在种种顾虑，但公开报告需对研究对象无害化处理，这样收集数据效果会更好。比如，在文献资源经费方面，有的馆投入很少(或者自认为很少)，个体馆馆员乃至其所在学校觉得没面子，甚至有可能带来潜在的负面影响，比如一定程度影响生源竞争。人员结构或编制也会是敏感信息。

有道是"没有比较就没有伤害"。美国一些公开的数据，基本上不涉及个体馆的信息。

如何用数据说话？费思量。数据从哪来？谁来用？怎么用？用得怎么样？滋味杂陈。近年来，格外提倡实证研究，实证研究格外重视用数据说话，重视研究方法的规范性，以提升研究成果的实用价值。然而，常用的问卷调查法，不同程度存在"硬伤"，比如未进行严格概率抽样、样本的代表性不足等问题，少数大样本研究虽运用了概率抽样方法，但数据质量控制方面存在瑕疵。如果数据本身的信度与效度均是可疑的，那么研究结论无论多么"高大上"，也只是"形体美"，中看不中用。

用数据说话的最高境界或许是：信、达、雅。套用严复先生提出的翻译要求和原则，"信"指准确无误，"达"指通顺畅达，"雅"指优美自然。

（2019-3-29）

图书情报档案管理论文好发吗

关于学术论文发表，是一个经久不衰的热点话题，职称评聘、聘期考核、科研项目、硕博士研究生培养等与学术论文密切相关。2019 年 3 月 25 日，CSSCI（2019—2020）来源期刊公布之后，引起了圕人堂成员热议。

图书情报领域内部早已形成共识：论文越来越难发表了。此次，《信息资源管理学报》顶替《图书馆》成为 CSSCI 来源期刊。之前有《图书馆理论与实践》《图书馆工作与研究》从 CSSCI 来源期刊变为 CSSCI 来源期刊扩展版。不由感叹：情报学崛起，图书馆学式微，图书馆学论文越来越难发表了。图书情报领域外部，长期以来，有个"认识"或者说"感觉"，图书情报领域的论文好发，或多或少可能还潜伏让人"羡慕嫉妒恨"的情绪。我还了解到，有学者觉得自己所在领域难发论文，打算"进军"图书情报领域。

本文题目用"图书情报档案管理论文"，原因是图书馆学、情报学、档案学三者为"图书、情报与档案管理"一级学科下边的二级学科。三者是"实在亲戚"，你中有我，我中有你，尤其是图书馆学、情报学二者关系更是亲密无间。刊名中同时含“图书”“情报”的CSSCI来源期刊3种。

图书情报档案管理学术期刊概况。中国知网中“图书情报与数字图书馆”期刊68种（包含内刊，正式出版物42种），“档案及博物馆”期刊50种（包含内刊19种）。CSSCI（2019—2020）收录来源期刊共568种，图书情报档案管理学术期刊20种；CSSCI（2019—2020）扩展版来源期刊共214种，图书情报档案管理学术期刊6种。中文社会科学引文索引数据库目前更新未到位（数据尚不完整）。中国知网（2019年3月30日检索）“图书情报与数字图书馆”“档案及博物馆”2018年CSSCI（含源刊及扩展版）共5132条结果，其中“图书情报与数字图书馆”为4657条结果（2017年为4970条结果）。单独统计20种来源期刊总共发文为4000余篇，平均每种刊年发文量为200余篇。《中国图书馆学报》2017年、2018年的年发文量均为50篇。

“图书、情报与档案管理”教育情况。我国1920年创办图书馆学教育，1956年设立图书馆学本科，1981年图书馆学学士、硕士学位授予制度确立，1984年建立情报学硕士学位制度，1990年建立博士学位制度。2013年，在一级学科“图书、情报与档案管理”下拥有学位（学士、硕士、博士）授予权的教育机构75个，其中，拥有学士学位授予权的教育机构50个，拥有硕士学位授予权的教育机构75个，拥有博士学位授予权的教育机构11个。我国目前共有12个图书情报与档案管理一级学科博士学位授予单位，分别是北京大学、中国人民大学、吉林大学、南京大学、武汉大学、中国科学院大学、南开大学、华中师范大学、中山大学、河北大学、南京农业大学、湘潭大学。总体而言，我国图书馆学情报学一级学科博士学位授予单位的数量较少，并且起步较晚，直到2000年武汉大学和北京大学经国务院学位委员会批准，才建立了我国最早的图书馆学情报学一级学科博士授权点，使我国图书馆学情报学一级学科专业教育形成了由学士—硕士—博士三级学位构成的完整体系。依据全国高等学校学生信息咨询与就业指导中心2019年硕士专业目录查询，学术学位招生单位：图书馆学28家；情报学36家；档案学22家；图书情报与档案管理16家；信息资源管理4家。专业学位招生单位：图书情报49家。在研究生培养层次，北京大学信息管理系1996年至2016年招收的硕士研究生中，情报学专业学生有451人，图书馆学专业学生有197人。

“图书、情报与档案管理”科研项目情况。根据国家社科基金项目数据库，“图书馆、情报与文献学”2018年总共立项162项（包括重点、一般、青年、西部等类型)。2018 年，国家自然科学基金信息资源管理类共立项 23 项，分别为“信息资源管理”5 项、“图书情报档案管理”15 项（面上 8，青年 7)、“政府与社会信息资源管理”3 项。2018 年教育部人文社会科学规划基金、青年基金、自筹经费项目共 3128 项通过专家评审，其中图书馆情报与文献学 51 项（规划 20，青年 31)。2019 年规划基金、青年基金、自筹经费项目共 3095 项，其中图书馆情报与文献学 48 项（规划 17，青年 31)。以“论文”形式结题的省部级以上科研项目考核通常有硬指标，重视 CSSCI 来源期刊。我知道有一种图情期刊 2017 年来稿录用率为 4.6%，“好期刊”的稿源是充足的，有些刊物提前排满了若干期的稿件。单单是国家社科、国家自科、教育部项目的结题，需要 CSSCI 来源期刊 1000 篇以上，也就是约占年发文总量的四分之一。这种测算并非毫无依据，也许并不离谱。

“图书、情报与档案管理”相关从业人员情况。这是一个较为庞大的体系，包括业界、学界、教育界。据《2017 年全国教育事业发展统计公报》，全国共有普通高等学校 2631 所（含独立学院 265 所)。据有关统计数据测算，我国高校图书馆在编人员大约 9 万人。全国共有义务教育阶段学校 21.89 万所，全国高中阶段教育共有学校 2.46 万所。那么按每所中小学图书馆有 1 名从业人员计，会超过 24 万人。2016 年，我国公共图书馆从业人数为 5.7 万人。2017 年 4 月至 2018 年 4 月，原文化部组织开展了第六次全国公共图书馆评估定级，全国共有 2994 个图书馆经省级文化厅（局）审核完成报名获准参评。其中，省级成人馆 45 个，省级少儿馆 13 个，市级成人馆 380 个，市级少儿馆 40 个，县级成人馆 2487 个，县级少儿馆 29 个。经评估，拟确定全国上等级公共图书馆共计 2521 个。其中，一级公共图书馆 953 个，二级公共图书馆 501 个，三级公共图书馆 1067 个。2017 年，中国科学院文献情报中心有职工 400 余人。情报及档案系统的从业人数，我没有深入了解，其从业人数也具备一定规模。

国内图情期刊，虽有数十种，但相对于现实需求，版面资源仍属稀缺资源。若干场合对发文量有硬性要求。当前，国内的图情学术期刊作者队伍，高校图书馆员是重要方面军，占的比重很大（比公共图书馆员要高不少)。

《图书情报知识》2013 年第 3 期卷首语是《与“馆员”投稿者的一点交流》，作者为周黎明（其时任常务副主编)。文中写到：“如果简单地从职业来源归类投稿作者的话，往往可分为两大阵营：第一阵营是来自图书馆一线实际工作单位的馆员、正副研究馆员等；第二阵营是来自教学科研单位的教师、研究生、研究员等。之所以将‘馆员’作为第一阵营，理由是他们在投稿总量中所占的份额大。与此同时，他们在退稿总量中所占的份额也占大多数。”我曾写过读后感。作为馆员，也作为馆员投稿者，我能感受到周主编的良苦用心，同时，也有所感慨。图情领域呈现“两大阵营”有其深层原因：比如，不少图书馆本身有图书情报档案等学科教学科研任务，有些硕士点博士点本身就设在图书馆；又如，不少教学科研单位工作人员具备图书馆工作（或者说馆员）背景，不少（或者说越来越多）图书馆工作人员受过正规的研究生教育。对于高校图书馆，“高等学校图书馆是学校的文献信息中心，是为教学和科学研究服务的学术性机构。”原本应该既有“学术”，又有“服务”。因此，我的“衍生”感受是，“两大阵营”需要更多的科研合作，形成更具生命力的科研成果，互利互惠。专业期刊的积极参与与配合，乃至引领，意义重大。

图书情报档案管理论文好发吗？从前边的罗列，或许可以进一步感知。总体来说不容易，而且是越来越不容易。从业人员队伍、研究生教育规模在扩大，但版面资源在缩减（总发文量呈缩减趋势）。难易是相对的概念，对于个体来说，也确实有一批从其他领域转入图书情报档案管理领域的学者做得很出色。事在人为，心想事成！

（2019-3-31）

闲话外文图情期刊全文获取

时不时被问及外文图情期刊全文获取问题，图谋稍作梳理。

首先，需要说明的是，图谋外文图情期刊阅读与利用水平非常有限。目前为止，未曾发表过外文文献。

我关于外文图情期刊的利用，略有关注。因为思考研究课题或撰写项目申请书时，通常需要了解国外研究现状。给我的印象是，图情学科虽然是一个比较小众的学科，但文献获取并不容易。囿于种种因素，所做的多为表面功夫。说是外文文献，实际上主要是指英文文献，对于其他语种（俄语、德语、日语、韩语等），鲜有关注。

外文文献调研过程中，通常是利用谷歌、百度学术搜索，结合有使用权的部分外文数据库或外文文献传递平台（比如读秀学术搜索的外文文献传递服务）。由于自身从事高校图书馆工作，或多或少会有一些便利。缺点是，学习与研究蜻蜓点水。部分期刊是期刊网站提供全文获取的，部分期刊是依托出版商的，部分期刊被数据库集成商集成，部分期刊正刊或部分内容可以借助文献传递等方式获取。

当前，图书馆学情报学 SSCI 期刊共有 88 种。他们依托的出版商有许多，比如 Elsvier、Wiley、Sage 等。Elsevier ScienceDirect 中有 25 种图情期刊，其中 SSCI 的有 *The Journal of Academic Librarianship* 等；*Wiley Online Library* 中 *SSCI* 收录的有 *Journal of the American Society for Information Science and Technology*，*Health Information and Libraries Journal* 等；Sage 中 SSCI 收录的有 *Journal of librarianship and information science*; EBSCO ASP 中 Discipline 为“Library & Information Science”的 78 种，其中有 SSCI 收录的 *Library Journal*。Emerald（https://www.emeraldinsight.com/）是管理学期刊出版最多的出版社之一，出版近 300 种期刊，其中有图情期刊 68 种（图书馆研究 36 种，信息与知识管理 32 种），被 SSCI/SCI 收录 13 种。

顾烨青《国际图书馆学情报学文摘索引型数据库与中国图书馆学情报学期刊“走出去”》（大学图书馆学报，2017）介绍了当前来自 ProQuest 和 EBSCO 两家数据库公司产品平台上各自的图情学文摘索引型数据库（含拓展的全文库）及其各种前身的沿革发展。ProQuest 图情库独有 158 种出版物。EBSCO 的 LISTA 库收录的来源出版物列表，该库目前共收录 819 种，但列表中的“选择性覆盖”出版物并没有囊括数据库中所有“选择性覆盖”文章所在的出版物。

（2019-4-16）

从实践中来到实践中去

《新业态环境下高校图书馆专业馆员职业能力研究》（知识产权出版社，2019.4）出版后，图谋积极开展图书营销工作。意欲何为？简单回答：从实践中来到实践中去，期待所付出的努力更好的开花结果。

我这些年试图做点接地气的工作，思考一些相对较为贴近现实的问题。不揣浅陋寄赠拙作，主要的用意还是期待大家不吝教正，以利进步。我自身的认识，研究水平不高，但态度或许还算及格。我算是在边实践边探索，期待循序渐进。

因为近期时不时有圕人堂成员通过小窗索书，特此作一说明。出版社样书 50 册早已分配完，另购 50 册寄赠也已分配完。我自身买了再送，送出一本书大约需要 39 元左右（书费加快递费）。有的成员不了解上述情况。我的行为或许也算是一种开放获取（OA）行为，作者为免费开放获取贡献一份力量，但力量太薄弱了，远未及充分免费开放获取。这类小众图书受众面较窄，经销商卖书收益与作者无关。但作为作者，期待该书受到市场欢迎（拥有更多读者）。出现的“小尴尬”，有其深层原因，比如有成员以为图谋出书的钱是“圕人堂发展经费”的钱。其实，化缘来的“圕人堂发展经费”能维持周讯编辑补助就很不错了。经常遇到的问题是能否上传电子版本？图书刚刚出版，作者上传电子版本是侵权行为，出版社可以追究作者责任的。不当不周之处，敬请谅解！

图谋作为“草根”，用“草根”的方式去观察、去思考、去探索、去实践。图书馆学是一个很小众的学科，图书馆这个行业也是很“不显”的行业。微努力，微转变，期待明天会更好！图谋貌似“不着调”的行为举止，多是观察与思考之后，化作具体探索与实践的行动。

北京大学王波先生为拙作写的序，最后一段：“经过十几年岁月的磨砺，我和启云都已经从心志拿云的青年人变成忧患事业的中年汉，再一次出书，博名求赞的心情已远远让位于推动事业的渴望，但愿启云的这本书能够真正被教育主管部门、专业协会所吸收，转化为政策、文件和行动，切实推动高校图书馆事业的发展。”今年实际为我参加图书馆工作20周年，假如以博客网图谋博客2005年1月28日开张算起则为图谋14周年。知我者，王波也！言简意赅道出了图谋的心声。

（2019-5-30）

某省级公共图书馆读者证体验

我到某省图书馆（省级公共图书馆）参观，花100元办了一个读者证（注：100元为办证押金，可借普通图书3册），试图通过网络进一步利用该馆的资源与服务。

按照网站上的提示，我作为曾经的图书馆集成系统管理员，困惑不已。因为存在着许多种可能性，几乎挨个试了一遍，登录“书目检索系统”及“授权访问系统”均失败。

查询网站常见问题解答、开馆时间等，获得了一些信息，比如‘开馆时间’中介绍“365天天天都开馆，360行行行可办证。”开馆时间“冬季：8：30—19：00 夏季：8：30—20：00”，知悉尚在开馆时间范围内，拨打读者证上的“统一服务电话”及网上公布的“续借电话”，尝试在不同时间拨打多次，均无人接听。

“书目检索系统”中读者以借阅证证号登录“我的图书馆”，登录后可对借阅图书进行续借。（注：读者证号中的大写字母为小写，初始密码与证号相同或为自助办证时设置的六位密码。）“授权访问系统”，网站“如何在馆外使用省图书馆的数字资源”提示“登录省图书馆官网，点击主页右侧中间的‘授权访问系统’，用读者证号和密码登录，即可享用海量数据资源。”实际上，根本无法登录。“授权访问系统”界面上的技术支持电话可能是软件商的（从区号判断），“常见问题”链接点击之后是404页面……

2019年6月2日8：38分打通读者证上印的“统一服务电话”。获取了关键信息，并进行了验证：（1）授权访问系统的账号为读者证证号（注意：与读者证上的一致，大写字母须大写），密码为身份证后六位；（2）书目检索系统，证件号为读者证证号，初始密码为身份证后六位，首次登录之后系统会提醒修改密码（要求字母加数字，8位数以上）。感受：如果没打通咨询电话，根据经验及检索技能几乎不可能“自行悟得”，因为网站上的导引文字信息是模糊的，甚至是错误的。比如，证件号通常是指身份证号，而该系统是指读者证条码号，“证件号““条码号”令普通用户一头雾水；常见问题解答的信息似乎早已过期了，容易形成误导。

该馆网站概况介绍称秉承“学术立馆，服务兴馆，人才强馆，合作活馆”的理念，“让读者能够平等、免费、无障碍地享受图书馆的服务”。图谋实地参观时，该馆留下的印象很好，从馆舍环境、软硬件设施到馆员与读者的精神风貌均不错。

我是一个普通读者，同时是一名高校图书馆员，或许还算是一名图书馆学研究者。我认为这样的用户体验是比较糟糕的，更为普通的用户遇到图谋所经历的情况或许会更加困惑。这些年公共图书馆的服务在“平等，免费，无障碍”方面确实取得了很大进步，但若干服务细节亟待进一步改善，切实提升服务水平与服务质量。

（2019-6-1）

闲话图书馆旅游功能开发

近读鄢莹《公共图书馆文旅融合的典型实践与分析》[1]，文末就图书馆文旅融合的未来发展提出两条观点：（1）公共图书馆需要在保证公共图书馆公益性基础上充分展示商业价值，如紧紧把握当前的图书馆文创开发机遇，开发种类丰富、富有文化内涵的文创产品，完善以图书馆为中心的全旅游商业生态链，最终带动旅游业与文化产业的融合与发展。（2）公共图书馆需要在保证基本服务的基础上，通过创新服务构建服务触角乡野基层的公共图书馆服务体系，打造吸引游客的设施品牌、资源品牌、服务品牌，让图书馆不仅是一个城市、一个地区的文化名片，也是一张城市名片、旅游名片。文首特别提及王世伟 1995 年提出发挥图书馆旅游功能的超前认识。

关于“图书馆旅游”，个人从事图书馆工作以来，一有机会便走进各级各类图书馆参观学习，累计下来，估计有数百家。参观学习的时长不一，深浅不一。今年去过的有连云港市图书馆、南京理工大学图书馆、南京农业大学图书馆、吉林

[1] 鄢莹. 公共图书馆文旅融合的典型实践与分析［J］. 图书与情报，2019（01）：111-114.

大学图书馆、吉林省图书馆、东北师范大学图书馆等。我认为，许多图书馆是非常不错的“景点”，我的“图书馆参观”之旅实际上亦属于“图书馆旅游”范畴。由于种种原因，“图书馆旅游功能”并未能得到很好的开发与利用。

关于图书馆旅游功能，王世伟先生在《图书馆杂志》发表过两篇文献，王先生时任上海图书馆、上海科技情报研究所党委副书记。第一篇是1995年9月19日投稿的，题名为《论图书馆旅游功能的发挥》[1]；第二篇是1997年7月2日投稿的，题名《论上海图书馆旅游功能开发的背景与构想》[2]。当时，上海图书馆在搞新馆建设（1996年12月20日部分对外开放），新馆有高106米的塔型主楼，裙房约4万平方米（约占50%），被视为上海标志性文化建筑。

《论图书馆旅游功能的发挥》文中，王世伟认为：“开发图书馆的旅游资源，发挥图书馆的旅游功能，从旅游学的角度来看，是有充分理论依据的。首先，图书馆与旅游食、住、行、游、购、娱六大要素中的游、购、娱三大要素均有着联系。以游而言，世界上就有一些著名的图书馆成为旅游景点，如英国伦敦股票交易所附近的马克思纪念图书馆，1973年前隶属于大不列颠博物馆的大英图书馆等。许多大学图书馆建筑与收藏各具特色，成为中外来宾参观的必到之处。以购而言，图书馆完全可以开发并经营一些具有文化和地方特色的旅游纪念品。实际上也有一些图书馆已经这样做了。以娱而言，图书馆的音像视听设备，完全可以提供形式多样、内容丰富的各种娱乐活动。而品种繁多的休闲图书，也为众多游人提供了文化休闲的好去处。”“从旅游资源而言，图书馆可以隶属于社会旅游资源，社会旅游资源与自然旅游资源、人文旅游资源并列为三大旅游资源。所谓社会旅游资源是指反映当代社会经济发展、城乡风貌和民情风俗的旅游吸引物。”“如何发挥图书馆的旅游功能，这里有许多文章可做。以游而言，目前无论是图书馆界人士，还是旅游界人士，很少有人把图书馆与旅游联系起来。这就需要图书馆进行宣传，在广大公众和旅游界中树立图书馆的旅游新形象，将图书馆的参观游览列入旅游产品中，使具有一定规模和特色的图书馆成为定点的旅游景点。图书馆本身也可根据本馆的特点，设计出游览线路和游览节目，需要的话，也可以配备专职或兼职导游。”“以购而言，图书馆也有一些得天独厚的条件。各类图书馆或多或少都收藏有具有文物史料价值或地方特色的文献，要研究将这些文献开发成具有文物性、民族性、纪念性、时代性和地方性的旅游商品。实际上，中国图书馆

[1] 王世伟. 论图书馆旅游功能的发挥［J］. 图书馆杂志，1995（6）：33-34，32.

[2] 王世伟. 论上海图书馆旅游功能开发的背景与构想［J］. 图书馆杂志，1997（5）：33-34，49.

界已经有了这方面的成功例子。”“以娱而言，图书馆同样有不少事情可做。当代图书馆中，非书资料的收藏比例越来越高，其中就有许多音像制品，而当代公众的各个年龄段中，对于音乐和影视的追求可以说是乐此不疲，在这方面图书馆可以大有作为的。随着双休日的实行，广大公众对于娱乐休闲提出了更高的要求，而图书馆有着文献的优势，是否可以将生活类、知识类、娱乐类、健美类及休闲文学作品，如传记、散文等图书杂志归于一处，开辟一个休闲阅览室，为广大游客提供一个周末文化休闲的好去处，是一个值得研究的现实问题。”“总之，发挥图书馆的旅游功能是一篇大文章，值得我们去思考，去探索，去实践。在发挥图书馆教育功能、学术功能、信息存储功能、信息传递功能、信息咨询功能的同时，积极开拓图书馆的旅游功能（包括文化娱乐功能）是发挥图书馆多种功能的有效尝试。同时，图书馆也能藉此在国内外的公众中宣传图书馆，让更多的人来了解图书馆，关心图书馆，支持图书馆，并树立起图书馆良好的整体形象，为整个图书馆事业的发展创造一个良好的外部环境。”

在《论上海图书馆旅游功能开发的背景与构想》一文中，在开发图书馆旅游功能的过程中，王世伟认为应注意并处理好以下几个问题：“首先是动与静的问题。旅游是一个动态的行为，导游要进行讲解，游人也会不断发表游览的观感；而图书馆是一个典雅安静的场所，十分忌讳嘈杂与拥挤。因此，要开发提图书馆旅游功能，就应设计好游览的路线、景点，避免影响读者阅览和思考。同时，对游人还要预先进行安静环境的教育。”“其次是游览人数的控制问题。既要积极开发图书馆的旅游功能，同时又要实事求是地掌握发展的‘度’，游览人数不能过多地超出图书馆空间能够承受的能力。对海内外的团体观光可采用预约登记的方法加以控制。”“第三是软硬件的准备问题。如观光塔的改建，专用电梯的安排，旅游标志的增设，导游解说词的编写与导游人员的培训，适合不同游览对象的旅游路线的安排，新馆导游录像片的制作，新馆导引手册与册页的编写，旅游外联与宣传工作，旅游纪念品的开发，会议展览旅游食宿的安排等等。”

我有幸于2006年、2007年、2012年、2015年、2017年、2018年，先后6次参观过上海图书馆，每次参观总有不一样的收获。我认为上海图书馆在旅游功能开发方面做了大量有益的探索与实践，在图书馆营销、文创产品（旅游纪念品）等开发方面可谓硕果累累。或许可以说，王世伟论图书馆旅游功能开发——理论之花已结实践之果。图书馆旅游功能开发，在当前“文旅融合”的环境下或许可以更可为、更有为，期待前景会更好！

（2019-6-4）

研究什么呢

久未重逢师友偶然相逢，较常询问的是：近期研究什么呢？我自身近年较为关注的是该研究什么？

说来惭愧，不知不觉从事图书馆工作、学习与研究已有20年，虽然算比较活跃，在图书、期刊、报纸时不时发表点文字，但是“代表作”是什么？予人的印象是朦胧的，予己的印象也是模糊的。

很大程度上，我是由于先有他信才滋生几分自信。也可以说是在试图通过不懈努力期许不负他信，于我，只有笨办法——寄希望于勤能补拙。我也不清楚为什么，回顾自己说长不算长说短也不算太短的职业生涯，有幸得到了许多师友的帮助与提携。假如要列一份名单，篇幅还不短。张厚生先生是我职业生涯早期遇到的“贵人”之一，他认定我为一名“书生”，鼓励我报考图书馆学研究生，还热诚期盼“后生”超过“先生”。先生虽已仙逝多年，但我感觉他仍在时刻注视着我，激励我宁静致远，且行且珍惜。

欲在特定研究领域有所建树，需要多方面的机缘巧合。自己的悟性、灵性、勤奋，还需要顺势而为或借势而为。所处的工作环境、家庭环境、生活环境、个人健康等都是重要影响因素。与同龄人相比，或许我算是很不成器的。有多位师友曾直言不讳——换一个平台，可以做得更好。不仅如此，还可以举出好多成功样例，至少足以让我信服。即便如此，我还是我，心有余而力不足。

时移世易，“学术生命”对于多数学者是相当短暂的。对于大多数，一到退休年龄，基本意味着“学术生命”的终止。我自身了解一位学者，1951年生人，2011年“到点”退休，2010年之前成果格外丰硕，之后似乎与学术乃至与文字“绝缘”了。曾有一次偶遇，此时，其已退休数年，似乎寄情于山水，热情拥抱大自然、拥抱生活。精气神倍儿好，言辞一如既往地犀利，洞察时弊。其毅然决然地告别学术，或许是看透了或者心伤透了，比如花钱发论文、去要钱做各种项目，有的是不耻为、有的是不想为……对于像他一样“文字欲”非同寻常者，我怀疑他可能另用笔名，继续书怀写意。

回顾自身，似乎还真算是“不是在做研究就是在做研究的路上”。研究二字，几乎时时刻刻，如影随形，才下眉头，却上心头。偏偏我又算不上正宗的研究人员，充其量只是业余爱好者，因此，许多时候身不由己，身心俱疲，事倍功半。

几许焦虑，几许忧愁。缘何焦虑缘何忧愁？科技发展，日新月异，一方面需要与时俱进、山容海纳，一方面需要审时度势、守正求新。45 周岁是一个较为尴尬的年龄，除了人的身体机能会衰减之外，还会面临系列“不宜”或“限制”，眨眼间，我也年满 45 周岁了。有太多该做的事没能做，或者做了没做好。比如，进一步提升学历这事，已无需多虑了；多读书多思考，有时会觉得很奢侈，甚至觉得卑鄙，因为需要想方设法找时间——去省去偷去占。

时不我待，研究什么呢？研究什么好呢？什么好研究呢？一筹莫展，不妨“得过且过”，随遇而安。

（2019-6-18）

写在金榜未题名之际

2019 年 6 月 25 日下午，2019 年国家社科基金项目申报“放榜”了。这是名副其实的“金榜”，备受瞩目。我作为“考生”之一，早已知道未能“金榜题名”，因为如能中榜，或许早已有“蛛丝马迹”。尽管如此，还是密切关注揭榜，一是早日“尘埃落定”，二是期待进一步知晓社科研究大势。

2019 年“图书馆 · 情报与文献学”总立项为 148 项，其中重点 9 项，一般 102 项，青年 37 项。年度项目 3536 项，青年项目 1093 项，总数为 4629 项，其中“图书馆 · 情报与文献学”立项数占 3.2%。我的印象中，今年为国家社科基金总立项最多的一年，也是“图书馆 · 情报与文献学”立项较多的一年（2018 年 152 项，2017 年 150 项，2015 年 130 项，2014 年 131 项）。

浏览榜单过程中，与数位好友进行了简单交流。我浏览立项的项目名称，感觉自己落伍了，多少有点沮丧。其中一位告诉我：“高校研究的能否‘落地’是个问题，这次上海图书馆几个项目我比较认可，他们是真正落实到系统开发的，刘炜团队的东西最后实现，看得见用得上，公众受益。”我亦赞同。另一位安慰我：“明年您提前准备，本子再调整一下策略，肯定能中标。”“没事，您基础比较扎实，这次只是缺点运气，明年一定能中。”我确实需要认真总结与思考。

今年是我首次以主持人身份参与申报，有幸获得申报国家社科基金的机遇（我校限报 15 项，我作为唯一一位教辅人员通过了校内的遴选），格外珍惜。申报过程中，得到了许多师友的热情指导与帮助。多位是国家社科基金研究一流高手，他们的意见和建议对我非常有帮助。一方面，由于我是首次参与竞争，内心颇为忐忑，在争取第一关出现时所付出的努力似乎形成了思维定势，导致后续环节难以舒展；另一方面，功力确实还很欠缺，论证方面不够充分。我申报的选题，找师友指导时，“导师”之间亦出现过较大分歧，试图“调和”。目前为止，个人猜测我的申报书很可能未能获得会议评审机会，在通讯评审阶段就被淘汰出局。重在参与，此次的参与，与以往的参与，收获是有所不同的。

今年金榜题名者中，有许多位是较为熟悉的师友。由衷地祝贺他们！同时，立项了意味着需要马不停蹄忙碌 5 年。我自身宽慰自己，未中于我也许是好事。我确实需要稍事休息。我承担的上一个科研项目是全力以赴的，使出了“洪荒之力”，尽管如此，受诸多制约还存在诸多遗憾，太累了也该歇歇了。6 月 21 日我在圕人堂群中说：“今日公布的社科榜，圕人堂成员榜上有名的有多位。祝贺上榜的成员！也祝贺未上榜的成员！未上榜的估计比上榜的多一些，倘若想想可以多歇会，或许也是值得未上榜成员欣慰的。”

古人云：塞翁失马，焉知非福。又云：失之东隅，收之桑榆。云云尔，“内服”可释怀。

（2019–6–26）

要不要拯救图书馆员

图谋微信朋友圈分享《2030 年第一个消失的职业是图书馆员？》（https://mp.weixin.qq.com/s/kKGvv1eDKMFGVTyMgdDYUA）之后，引起了小讨论，稍微梳理作为“引子”。

H老师：学校给我们馆只有10个编制，其余是聘员。

图谋：形势较为严峻。好些高校馆是自然减员（只退不进），人员缩减厉害。图书馆这行的前景，随着职业能力的进一步弱化，不甚乐观。对于个体高校馆，有的已经是0在编在岗，未来也许会有更多趋近于0。

L老师：服务上和资源上，图书馆是否可以还有竞争力，这样可以有一定前景。

H老师：不必拯救图书馆员，机器人肯定会代替图书馆员。目前看来，除了采购这一块，其他都可由机器人代替。我们图书馆正联合相关公司，开发图书馆大数据平台。图书馆数据才是我们图书馆的核心竞争力。

X老师：那时候我退休了，自然消失。

H老师所在图书馆，我有粗略了解。据该馆网站（数据截至2018年12月），3个校区共3处馆舍（总建筑面积3.89万平方米），纸质馆藏195.3万册，“现有正式工作人员43人，其中正高职称2人，副高职称11人。博士1人，硕士、研究生学历以上12人。面对“只有10个编制，其余是聘员”的大变革，图谋的疑问是：这能行吗？编制给谁不给谁？聘员制人员待遇与带编制人员，待遇方面相差大吗？聘员制人员（许多高校形式多样），图书馆职业归属感如何？工作效率与工作质量如何？……7月24日，H老师补充信息：自然减员到10个编制，其余用聘员补充。不是只有10个人。往后，一线服务模式是少数几个专业人员带领聘员。该馆肯定走这种模式。该校的编制绝大部分给了教师。行政与教辅采取少数专业人员十聘员形式。目前，这种运行模式已有3年多，状况良好。

图谋对机器人代替图书馆员说，持保守态度。机器人让人类生活更美好，机器人为人所用，机器人应是辅助作用，而不是代替作用。这个度要把握好，否则，人类干什么呢？如果啥活都机器人干了，人类都下岗了，或许并不是好事。不过，机器人确实很厉害，图谋参观过一个国际物流公司，该公司的集装箱搬运装卸等活由机器人干，8个人进行操控与核验，精准、高效，我不知道他们节省了多少劳动力，或者说相当于让多少人搬运工人下了岗。

图书馆这行，理论上似乎确实可以搞全球图书馆，毕竟同住地球村，共知共建共享就好了。然而，实际上，存在种种“数字鸿沟”，更多的场合是“自己动手”“自力更生”“冷暖自知”。

当前图书馆业界存在重重迷惑，图书馆学界亦存在层层疑云。7月15日读肖鹏《面向2050：图书情报与档案管理学科的核心知识与发展路向》（https://mp.weixin.qq.com/s/AcDGNPMtraOm9GzH1am4Qg），我写过一段感言：“我们这个学科领域，不乏真知灼见，但缺乏共识。有些争议，是需要搁置的，以大局为重，更好的谋划未来。一级学科更名问题，讲了很多年，原本有些问题已经理得比较清晰，后来，感觉是越来越迷糊了。我觉得很大程度上是缺乏向心力与凝聚力导致。当前问题确实是不少。种种原因，有的人选择是回避或逃避。肖鹏的以机构为中心去构建和规划学科发展观点，个人是非常赞同的。需要把根留住。这些年'大智移云'（指大数据、智慧图书馆、移动图书馆、云计算）催生了许多美丽的肥皂泡，带来了许多美的瞬间，但终究是亦真亦幻，来也匆匆去也匆匆。"

有老师调侃说到 2030 年就退休了，其实图谋也差不多该退休了，大可不必为"拯救图书馆员"操心。然而，图谋似乎心有不甘，因为数十年如一日"为图书馆学情报学谋，为图书情报事业谋"徒劳无功，这将会是何等的沮丧？图谋的态度是，余生仍须为"拯救图书馆员"尽份绵薄之力，不仅如此，期待更多人伸出援手。图书馆是"搜集、整理、收藏图书报刊等文献信息资料和为读者提供文献使用及参考咨询服务的文献信息机构，也是为一定社会、政治、经济服务的文化教育机构"，图书馆员则是"受过图书馆业务培训并专门从事图书馆业务工作的人员"，只要图书馆在，希望图书馆员还在或让她在。

（2019-7-24）

圕主题微信公众号类型

当前，圕主题微信公众号（服务号 / 订阅号）可谓成千上万。图谋依据自身关注情况，进行粗略分类，供参考。

（1）数字资源服务商主办。侧重产品与服务推广、企业文化塑造。比如"iGroup 信息服务""e 线图情""弘雅书房""爱思唯尔 Elsevier"等。

（2）学术期刊、出版社、报纸等出版传媒主办。侧重出版传媒营销，增强作者、读者、编者、审稿人等的互动交流，传播学术成果及相关资讯，提升出版传媒的关注度、社会影响及社会声誉。比如：学术期刊有"图书情报知识""高校图书馆工作""上海高校图书情报工作研究""图书馆 Library""情报学报 ISSN10000135""图书馆建设"等；出版社有"国家图书馆出版社""来出书"等；

报纸有“图书馆报”“中国出版传媒商报”“国际出版周报”等。

（3）各级各类图书馆主办。侧重面向本馆服务对象。比如“深圳图书馆”“武汉大学图书馆”“东南大学图书馆”“广东财经大学图书馆”等等。

（4）圕人个人或群体主办。动机多元，比如个人兴趣、个人价值实现、专业群体兴趣、专业群体价值实现、实践锻炼、经验积累等等。比如“圕人堂LibChat”“图情会”“图情招聘”“书蠹精”“老槐”“图有其表”“林墨”“图情出版”等。

（5）各级各类图书馆学（协）会主办。侧重学（协）会信息发布，提升学（协）会关注度、社会影响及社会声誉。比如“中国图书馆学会LSC”“中国图书馆学会高等学校图书馆分会”等。

据图谋观察：数量方面，第3种类型最多；传播效果方面，可能第1种类型的影响面更广，数家的影响力较大，关注用户较多且所推送图文信息阅读人次较多。总体来说，有专职人员负责管理与维护的并不多，有经济保障的运行效果较好。

圕人堂微信公众号是应成员多次提出需求之后，积极开展实践与探索的。圕人堂在现有条件下，开展此项探索是比较艰辛的，微信公众号团队成员们付出了心血，期待让更多圕人更好地受益。圕人堂微信公众号帐号名称：圕人堂LibChat。功能：发布科学网圕人堂专题博文、《圕人堂周讯》（微信节录版），作为一种向社会公开的补充途径，弥补群交流“碎片化”缺陷，拓展渠道，提升质量。圕人堂微信公众号2018年6月12日开通。圕人堂微信公众号与QQ群交流是互补的。圕人堂微信公众号面向圕人群体，相对较为小众。圕人堂微信公众号自2018年6月12日至2019年7月27日，阅读总数：217652次，47867人。据悉，“人数是统计总共浏览图文的人数，每个人只记一次，而次数是页面被打开访问的总次数，跟人数没关系，因为一个人可以打开很多次，一般情况下阅读次数要大于阅读人数。”

圕人堂“连接”图情图书、期刊、报纸、数字资源、图书馆软硬件产品与服务……圕人堂的成员，来自出版社、期刊社、报社、数字资源商、图书馆软硬件产品服务商……均有“代表”。圕人堂期待进一步努力构建开放的生态，促进协作与共享：圕人堂尽可能开放自己的资源；用开放的心态整合和利用各种资源；跨界融合，促进协作与共享；连接一切，通过圕人堂网络社群强化人、资源与服务之间的连接。

（2019-7-30）

2019 年国家自然科学基金立项结果观感

2019 年国家自然科学基金立项结果发布后，科学网及时做了系列报道，进行了系列统计与分析。笔者认为难能可贵，受益匪浅！

我关注立项结果是有多方面原因。一是科研需要，自身或许算是“科研爱好者”，一直处于科研前线摸爬滚打；二是工作需要，主要是从“学科服务“角度，助力科研服务及学科建设；三是知己知彼，更好地审时度势，谋划未来。

多年来，自身实际多次积极参与国家社科基金申报，国家自科基金则持续保持关注。笔者“率先”关注的是图书情报档案管理（G041401）类结果。G041401. 图书情报档案管理面上 12 项，青年基金 11 项，其中华中师范大学信息管理学院中了 4 项（面上、青年各 2 项）。进一步拓展至管理科学部其他类别的子项目，如电子商务、知识管理、企业信息资源等则为面上 18 项，青年基金 12 项。2019 国家自然科学基金创新研究群体项目，武汉大学信息管理学院李纲教授作为项目负责人的信息资源管理项目获批 670 万元。给我的感受是：图书情报档案管理学科不易，期待明天会更好！

2019 年国家自然科学基金共为 1437 个单位的所属科研机构提供了资金支持，立项总数超 42000 项，总金额高达 213 亿元。截至 2019 年 6 月 15 日，全国高等学校共计 2956 所，其中：普通高等学校 2688 所（含独立学院 257 所），成人高等学校 268 所。普通高等学校中办学层次（本科）为 1265 所。也就是许多高校榜上无名。我特别留意了一所省属地方本科院校（博士点建设单位），立项 4 项（面上、青年各 2 项），总金额 166 万元，该校“1160 位专任教师中 613 人具有高级职称，其中正高 150 人，博士 362 人”。2019 年国家社科基金立项为 1 项，经费 20 万元。这种局面，笔者认为是比较尴尬的。

作为图书馆人，我还特别留意了一个小细节——立项结果与高校图书馆电子资源购置费的匹配度。教育部高等学校图书馆情报工作指导委员会秘书处公布了“2017 年 816 所高校图书馆电子资源购置费统计表”，购电子资源经费最多的前 20 所学校，其中 14 所国家自然科学基金立项数位于前 20 名之中。另 6 所分别是西南大学（立项数排序 69）、中国人民大学（182）、重庆大学（34）、厦门大学（21）、大连理工大学（28）、首都师范大学（260），中国人民大学等是国家社科基金项目的“大户”。北京大学电子资源经费是 0.49 亿，国家自然科学基金金额是 4.62 亿，立项数排序是第 6；中山大学电子资源经费是 0.44 亿，国家自然科学基金金额是 4.59 亿，立项数排序是第 2；清华大学电子资源经费是 0.43 亿，国家自然科学基金金额是 3.64 亿，立项数排序是第 8。上海交通大学电子资源经费是 0.29 亿，国家自然科学基金金额是 6.43 亿，立项数排序是第 1。粗略印象是：输入（电子资源购置费）与输出（国家自然科学基金经费）呈正相关，但成效有所不同。还应该有更多值得思考的问题。

此外，我还留意了 2019 年国家社科基金年度项目和青年项目立项总数为 4627 项（重点项目 349 项，每项资助 35 万元；一般项目 3185 项，青年项目 1093 项，资助强度均为 20 万元），总金额为 97775 万元。

似乎还有若干更为复杂的，难以表述清楚的观感，暂且不表。

（2019-8-19）

关于深层次学科服务的思考

所在高校从 2018 年开始探索“深层次学科服务”，将其纳入年度重点工作。积极与科研处、院系及相关教师沟通与交流，开展省部级以上科研项目学科服务工作，进行深层次嵌入式服务模式的探索与实践。请有需求的老师填写“省部级以上科研项目学科服务工作单”。学科服务工作单中“定题服务”是指图书情报机构根据用户课题需要或研究需要，通过收集、筛选、整理信息，定期或不定期地提供给用户，直至协助用户完成课题的一种连续性服务。囿于我们的资源与人力，2019 年定题服务拟面向学科服务群内教师承担的科研项目 3-5 项开展服务，谁先联系谁优先。学科服务工作单中需求类型中的“其它”，包括各种论文查重方面的需求，可以提供力所能及的帮助。

2018 年的探索算是较好地完成任务，因为实际启动较早（自 2017 年年底开始做前期工作)。2019年上半年由于学校的重心在忙大学创建相关工作。自2019年4月10日开始做宣传，在各种范围宣传，宏观面向全校、中观面向群体、微观面向个人。至学期结束没有意向。干脆待2019年国家自然科学基金结果出来后再进一步做工作。2019年8月23日开学，自开学第一天就开始主动出击，推介服务，8月24日“求来了”4项（3项国家自然科学基金，1项省自然科学基金），算是服务开张了。馆领导指示要认真做好后续服务。

关于“学科馆员”“学科服务”，已经提了20多年。各级各类高校图书馆在积极实践与探索。我自身在2010年就贴上“学科馆员”标签，算是馆内自定义的学科馆员。自2015年开始，我作为参考咨询部负责人，“学科服务”只是参考咨询部的一块工作内容，但算是馆内重要工作，馆长直接分管学科服务工作。结合所在高校、所在管的实际，积极开展实践与探索，做了一些列努力。其中一项努力就是建立学科服务群，办学科服务速递，大约为半月一期，已发布了55期。学科服务速递是面向所有教职工推送的，学生可以通过图书馆网站下载。种种原因，效果难尽人意。

“深层次学科服务”对于研究型大学尚存在困难，对于我们这类省属地方本科院校，更多的属于教学型或应用型高校，更是困难重重。受资源、人力的限制，“高大上”的服务（比如学科分析、情报分析、知识产权服务）很难持续开展。实践中，责、权、利的平衡很难做到。明星馆长、明星馆员的特别能吃苦、特别能公关、特别能奉献，短期内有一定成效，但难以持续。

学科馆员角度提供的“个性化服务”，更多的是基于个体的职业能力、学习能力、交际能力，存在着诸多局限。学校的专业是67个，研究人员的研究方向不计其数。学科馆员能做什么？做到什么程度？有着许多变量。研究人员角度，弄不清学科馆员有什么用？怎么用？“友情支持”“无偿服务”，偶尔用用还好，频次多了也不想欠这个人情。学科馆员、研究人员二者各有其主，许多场合是不能自主的，“磨合”有着许多不确定性，很多时候属于被动“关联”或“混搭”在一起，强扭的瓜不甜。

“深层次学科服务”的持续深入发展，还需要立足实际，夯实基础，边探索边服务，在服务过程中积累经验，扬长避短，久久为功。

（2019-8-26）

| 第二辑 |

图林漫步

——图书情报界人和事的交流与记录

参加《图书馆报》编委会工作会议小记

2017年8月25日，与《图书馆报》白玉静主编交流，我告知：“《图书馆报》人，非常给力！大多未曾谋面，但可以感受得到。好像目前为止，我只见过姜火明、赖雪梅。与袁江打交道时间最长，但至今仍属于‘熟悉的陌生人’。”白主编当即回复：“我们9月21日在上海图书馆开编委会，到时候邀请您过去。”9月4日收到通知，我争取参会。

9月22日下午，《图书馆报》编委会工作会议在上海图书馆5207会议室举行。新华万维国际文化传媒（北京）有限公司常务副总经理高德明先生主持，茅院生社长向编委发放聘书，柏万良总编辑介绍《图书馆报》发展情况，主管单位领导孙月沐先生讲话，编委、专家发表对《图书馆报》建设和发展的意见与建议（要求是每人3～5分钟）。原计划两个半小时，实际开了三个半小时。

会场上除了《图书馆报》工作人员，基本都是编委，我是作为《图书馆报》专栏作者身份受邀参加会议的。我是最后一个发言的，有欣喜，但更多的是忐忑。我先简略介绍了我作为“草根”中的“草根”与《图书馆报》的缘分。其一，我是2006年受袁江先生之约，成为《新华书目报图书馆专刊》（《图书馆报》前身）“图林漫步”专栏作者。2006年至今，我较好地遵守约定，以每月两篇稿子的速度向《图书馆报》供稿。其二，我2014年创建圕人堂QQ群，自建群以来，数年如一日，积极为《图书馆报》的宣传与推广，略尽绵薄之力。其三，作为《图书馆报》专栏作者，这些年，我先后出版了4本随笔集，每一本均邀请袁江先生赐序。即将出版的《图书馆学短论——科学网图谋博客精粹》，邀请袁江先生赐序时，有推辞之意，我说：“2011年您说：‘愿《图书馆学随笔——图谋博客精粹》能接着出2、出3、出4……’如今老4来了，也算借您吉言，有机会续写历史链条。从这个角度，很有意义。每一本都有您的墨宝。”袁江先生说：“那好，你这么信任我，我就再写写。”由衷向《图书馆报》表达谢忱！

随后，按给定的发言提纲，汇报了自己做的“作业”。对《图书馆报》的综合看法是，办报质量不断提升，取得了可喜成绩，读者越来越多。具体栏目评述：

专题策划很用心，对业界明星（馆领导、图书馆榜样人物等）的进一步宣传报道做得很好。栏目设置建议：一是增设互动栏目；二是增设图书馆学科普性质栏目。针对不足之处重点建言：图书信息广告偏多，可以适度提供更多于图书馆及图书馆员有益的广告信息；电子报、手机报需与时俱进。提升发行建议：更好地贴近图书馆员工作与生活，让更多的图书馆员爱看《图书馆报》，订阅《图书馆报》。对未来发展的展望：贴近圕人，锐意进取，再创辉煌！

会议结束后，有位编委告知经常读我写的文字，这对我是一种鼓励与鞭策。会议期间，先后与《图书馆报》多位工作人员交流，有幸“零距离”感受到《图书馆报》人的敬岗爱业，朝气蓬勃。相信《图书馆报》的明天会更好！

（2017-9-25）

知遇之恩，永难忘怀——忆张厚生先生

2017 年 8 月，师母高老师打电话给我，告知明年是张厚生先生逝世 10 周年，她打算写篇回忆文字，寄托哀思，希望我帮她在博客平台发布。我说好，我也会努力做点工作。

张厚生先生 2008 年 8 月 8 日永远地离开了我们。种种原因，虽然我未能成为张先生名正言顺的弟子，但自 2000 年相识直至其辞世，有着一段亦师亦友的别样情谊。张先生生前视我为弟子，甚至是孩子。因缘际会，师母高老师也将我视为自己的后辈。

张厚生先生走后这些年，我同高老师保持着密切的联系，不时通个电话，一旦有机会，我便前往看望她。2014 年国庆节，我、妻子和儿子在高老师家住了几天，高老师特别开心。今年 5 月，我到南京参加会议，会议间隙看望了高老师。高老师新添了小孙子，在其儿子家帮带孙子，毕竟年逾七旬，雇了保姆帮忙。高老师的小孙子还不满一周岁，我去了之后，虽是首次见面，居然不认生，与我“见面熟”。我抱着他，他还很开心。我抱着小孩，一边逗着小孩，一边同高老师闲聊。有些事情，感觉很奇妙。

在我的心目中，张先生是我的授业恩师。与张先生交往的日子里，不少小细节，令我记忆犹新。是张先生鼓励我考图书馆学研究生的，我原本自信不足，但张先生始终对我充满信心，这给予我无限勇气和力量。张先生在多个场合引荐我提携我，我曾跟随张老师出差调研，张老师领着我见过多位知名学者、教授。我还记得2007年纪念李小缘先生诞辰110周年研讨会上，张老师朗声向一名南京大学教授（博导）介绍我，那位教授的神情有几分惊诧。我先后两次报考张先生的研究生，两次都差那么一点点。张老师曾积极替我争取过，还曾对我说过，他们学校不招我是他们学校的损失。我感受到的，不仅仅是对我的开导，张先生内心确实是那么想的。我后来也了解到，张先生在课堂上也表达过惋惜之情，曾要求那两届考上的学生向我学习。我初次与张先生接触时，我对南京不熟悉，张先生会将具体如何走，该怎么转车，大概走多少米，这样的信息告诉我。那个时候根本不存在GPS导航之类，时间方面的预算也相当准（不紧也不松）。我没有请过张先生吃饭，也没有送过张先生什么礼，倒是张先生请我吃过不少次饭。我在南京上学期间，每次去他家，每每还让我捎点东西走，印象中有咸鸭蛋、粽子、月饼等。

高老师曾不止一次说过我很像张先生。我觉得可能包括两个方面：一是待人接物方面，二是孜孜以求方面。我自知我与张先生的距离还很远很远，许多方面无法企及。“为人、处事、从业，有顺境，有逆状，要务实求新，从从容容，快快乐乐。面对平平常常的学习、工作、生活和社会交流中的每一天，有成就时要低调，遇困难时要充满信心。三百六十行，行行出状元。”这段话，是张先生临终前对晚辈和后学说的，也恰恰是张先生生前对我多年教育的文字概括。这些年，我经常会记起它，给予我无限精神力量。我越来越觉得张先生值得我学习的地方很多，我相信这对我的为人为学是大有裨益的。

（2017-10-1）

赠书小记

2017年10月11日，我将自己近年出版的书捐了一套给所在地的市图书馆，过程简略记述。

妻子给小孩办了市图书馆家庭读书证，每个证可以借3本书（主要借绘本书），使用频率较高。10月6日我领小孩到市图书馆看书，安顿好之后，我抽空到图书馆其他区域参观。我在高校馆工作，去市图书馆挺少的，参加市图书馆学会年会，如时间允许会稍微转转。这次参观，给了我许多惊喜。或许是因为与第6次公共图书馆评估有一定联系，图书馆进行了较大的空间改造，还做了若干个“馆中馆”，面貌焕然一新，移步换景，阅读环境宜人。各种活动宣传，琳琅满目，赏心悦目，可以隐约领略到图书馆的精气神。我发现了2017年3月发的“地方文献征集”倡议书。看到“地方文献是一个地方政治、经济、文化以及风俗、民情、社会现状等方面的真实反映，具有历史传承的功能与价值”，地方文献建设理应是各级各类图书馆的重要工作内容之一。

10月9日我抽空进行了考察，随后在所在高校学科服务群中推介。上学期，我校有多位老师咨询地方文献及其利用问题。由于种种原因，我校地方文献工作薄弱，我校馆藏中地方文献非常少，曾进行过“文库”征集（只征集到数十种）。与我校毗邻的市图书馆，拥有地方文献3000余种，可以关注与利用。地方文献室在该馆三楼，阅读环境不错，“有图有真相”，展示了数张照片，并告知我校教师若有捐赠意愿，亦可与他们联系。

市图书馆地方文献室归参考咨询部管，参考咨询部有两位馆员认识多年，与她们进行了进一步交流。参考咨询部负责人沈老师知道我出过几本书，希望我能支持她们的工作。我说没有问题，我乐意尽份力。

自2009年以来，我赠过一些书。赠书是有若干考虑的，我过去的赠书，原则上不赠图书馆。图书馆若需要，图书馆可以自行采购，毕竟我自身的能力、精力、财力均非常有限。另外一个原因是，有些图书馆对待赠书是比较草率的。曾经有图书馆馆长来信索书，还是索取多本。我选择照办，可以说是其行动感动了我。曾经有的书原本是邮寄赠给同在图书馆工作的师友（有的是馆长），其所在图书馆直接当作捐给图书馆，还给我发来捐赠证书。比较尴尬的是，还曾造成误会，对方以为我食言了。

10月10日，我开始收集书，收集好之后告诉市图书馆拟赠送图书书目信息。对方问我：“捐赠的书数量不少，不知是否需要馆领导合影留念，需要的话我提前跟领导联系下。还有入藏证书您是否需要？”我说：“从简，合影留念、入藏证书均不需要。尽可能善待赠书就好。”

10月11日每本书签印。不签名，一是因为字丑，二是因为盖印章兴许更有收藏价值。准备就绪后，抽空送过去。拎着一包书，沉甸甸的，内心有几分不舍。

单单是找齐这么一套就不容易。我出的第一本书，给的样书较多，之后出的多则50册，少则20册，每次均另购若干册。书是为了用的，我不会囤自己的书，也不会卖自己的书（因为精力有限，得不偿失）。市图书馆老师接收后，再次问我需要入藏证书吗？恭敬不如从命。我认为是象征性写了一张，按照其设计至少需要给我写6张。证书做得大气，A3纸那么大，我见过的通常为A4纸大小或者更小一点。

张厚生先生去世后，师母曾委托我联系赠出张先生部分个人著述，物色捐赠对象、联络等工作由我完成。任务并不轻松，因为我除了努力让师母满意、捐赠对象乐意，还要让张先生在天之灵感到欣慰。我认为理想的捐赠对象是，懂书、爱书、护书的图书馆。最后，我是在张先生工作过或学习过的图书馆及其家乡图书馆中，选择了数家。

（2017-10-12）

闲话高校图书馆馆员的未来

圕人堂群曾有成员给我提了一连串问题："图书馆人对待职业真实的想法？你的想法？……你现在不年轻了吗？请你说一下你对图书馆和高校或社会的意义。……您好！你觉得我们现在该做点什么吗？能做点什么吗？如果没人支持怎么办？……"面对这一连串问题，我选择委婉且简短地回答："境由心造，心想事成，且行且珍惜。"

我做了18年高校图书馆馆员，有所思、有所感。我已然不年轻了，我对图书馆这行有什么意义我也不清楚，倒是一直努力，积极作为，有"面上功夫"，更有无影无踪的"背后功夫"。一直在努力做点什么，从自己做起，有同道更好，无同道亦无妨，相信微努力带来微转变，明天会更好！

2017年，我参加了江苏省情报咨询专业委员会年会，与同行有些交流，五味杂陈。会议中的热词：科技查新、专利服务、"双一流"、学科服务、学科分析、参考咨询、信息素养等。若干优秀服务成果，多应天时地利人和所致，难以复制（因为涉及的变量过多），难以推广。大家都忙着转型、升级，新概念、新工具、新服务应接不暇，忙闲不均，忙的忙，闲的闲。很多资深馆员，相当困惑。有一家高校图书馆，近年风生水起，做了大量卓有成效的工作，为学校的“双一流”建设做了大量工作。然而，该馆的一位骨干，据悉职称报了多年，还未给解决。当我获悉，该馆业务骨干流失严重，一次性走了 6 名馆员到校内其他岗位时，一方面感觉有些惊讶，另一方面觉得亦在情理之中。

近期，还见到几所地方本科院校的高层次人才招聘。难得见到有图书馆也招聘，要的是图书馆学、情报学、计算机科学等专业的博士。还有高校馆馆长委托我帮物色人选，告知学校没有给图书馆列计划，但校领导承诺只要有博士愿意来均欢迎，且不限图情专业。我认为这并不是真的属于“求贤若渴”，更多是属于“应景”。图书馆学、情报学专业的博士，年产量不高，近年在职攻读愈来愈难，“申请考核制”综合考量一下，要求不低。博士去图书馆做什么呢？能否提供职业生涯发展空间呢？还真是问题。

高校图书馆的理想图景是专业馆员、辅助馆员各得其所，各履其责，各安其命，相辅相成。但由于种种原因，界限模糊。何谓专业？许多事情，是脚踩西瓜皮，滑到哪里是哪里。

高校图书馆是围绕人力资源（包括馆员和读者）、文献资源、空间资源开展研究与服务的。“未来的”高校图书馆馆员，其未来在于智慧与服务，激扬智慧，精致服务；“已来的”高校图书馆馆员，其未来在于传承与开新，甘于传承，乐于开新。

（2017-11-8）

闲话写论文心得

时不时有师友让我分享写论文心得。有的可能是礼貌性的，随便一说；有的确实是诚恳的，希望学习借鉴，少走弯路，如有“秘籍”分享更好。

其实，我这些年写论文写得不多，也没几篇像样的论文，也在为论文犯愁。由于种种原因，近年没啥长进，很多事情力不从心。倒是花了较多精力在工作中，努力学以致用，事务烦杂，希望能带来些转变，但收效甚微。

关于写论文心得，其实我也在关注，在学习这方面的分享，其实有很多。图书情报领域，我知道的有王波、王景发、叶继元、范并思、初景利、王子舟等人作过很好的分享，有的是论文、有的是著作、有的是学术报告。他们更值得学习。

我的感悟是，欲做点“有用功”，必须做足“无用功”。“无用功”并非真的“无用”，所谓量变带来质变。我所做的“无用功”，包括写博客、折腾网络社群、写豆腐块文字、淘书藏书、做读书笔记等。

（2017-11-13）

图有其表，表里如一——读顾晓光新作《旅行之阅 阅读之美》

2017年11月13日，顾晓光说要给我寄新作，16日已收到，17日出差回家便翻阅，接连数日阅读爱不释手。顾晓光《旅行之阅　阅读之美》与刘欣《书香英伦——英国图书馆之旅》诸多方面有异曲同工之妙。如果要加一组“标签”，我会联想到旅行、阅读、摄影、阅读推广、全民阅读、图书馆员、图书馆精神……寻思写几行字，略述所读所思所感。

《旅行之阅　阅读之美》一书在圕人堂QQ群中已宣传一段时间，几乎与作者的微信同步。托”网络图林”及“图书馆2.0”的福，有幸结识顾晓光已有10余年了。首次打交道，始于2007年春天。顾晓光时任《数字图书馆论坛》执行主编，向我约稿《图书馆2.0简明问答》；2007年4月在厦门大学图书馆举办的第二届Web2.0与信息服务年会相聚；再次相聚是在2016年12月，在上海图书馆举办的第十三届数字图书馆前沿问题高级研讨班上，会上获赠《信息与管理研究》的创刊号（顾晓光为该刊副主编）。我们正式交流不算多，但非正式交流不算少，比如通过阅读各种载体的文字（期刊、报纸、博文、微信等），还有“朋友圈”（彼此共同的朋友有不少）。

顾晓光的网名及博客名为“图有其表”，我的网名及博客名为“图谋”，彼此姓“图”，且均属于“别有所图”。“图有其表”容易让人联想到“徒有其表”，“图谋”亦让人联想到“图谋不轨”，原本似乎都不是“好词”，我们不约而同在努力赋予其与众不同的意义。我早期的网名叫“a”，“图有其表”曾在我的一篇博文后留言说：“a，既是起点，又是顶点……”。坦白说，原本我并没有如此之高的“本意”或“立意”，但是我很满意，因为它正合我意，赐予我力量。“图有其表”称呼我“a 兄”，我作为江西老表较为“自然地”称其为“表兄”，实际上我了解到我比他痴长一岁。

“图有其表”是有内涵的，其准确的内涵是什么，也许我等俗人无法参透。读顾晓光新作《旅行之阅　阅读之美》之后，我试着以一己之见予以诠释：世界就像一本书，用影像和文字去发现美、延伸美、享受美。《旅行之阅　阅读之美》一书，有图、有真相，有文字、有思想，既可以浅阅读，也可以深阅读。通过顾晓光的镜头影像及文字记录，可以环游世界，遐想联翩。表里如一是“图有其表”的表面和内心一致，言行和品质一致。

《旅行之阅　阅读之美》一书的作者简介为“北京大学信息管理系图书馆员、博士生，《信息与管理研究》副主编”，蕴含着一种低调的华丽。顾晓光是一名不寻常的图书馆员，他现工作单位为北京大学信息管理系，之前在中国科技信息研究所工作，而且顾晓光的“另一半”也是国家图书馆馆员。

据悉：（1）顾晓光《旅行之阅　阅读之美》摄影展 12 月 9 日在重庆大学首展；（2）《旅行之阅　阅读之美》首印 4000 册即将售罄。该书成为畅销书，乃至长销书，难能可贵，可喜可贺！一名图书馆员的作品，在如此短时期之内，有如此良好的市场反响，部分原因，如顾犇那篇博文中的末尾所述：“如果顾晓光写了一本学术著作，也许 10 年以后，或者 30 年以后就无人问津。而这样一本关于阅读的书，确实有其独特的生命力，至少 100 年以后都不会淘汰，除了其独特的美，还因为它是这个时代的历史记录。”[1] 有想法的人很多，有做法的人也不少，但既有想法又有做法的，似乎不是很多。这大概是顾晓光如此成功的另一个重要原因。

《旅行之阅　阅读之美》再版在即，作为图书馆员提点参考意见：期望再版时将书脊稍作修饰，因为护封容易脱落，一旦脱落，书脊处胶水及线头裸露，有碍观瞻。精益求精，有助于更多人关注她、阅读她、爱上她！

（2017-11-19）

[1] 书蠹精. 世界就像一本书：读顾晓光新作《旅行之阅阅读之美. [EB/OL]. [2017—11—19]. http://blog.sina.com.cn/s/blog_495d62640102wyvv.html.

图书馆界会议参会杂感

2017年11月，先后参加了江苏省高校图书馆工作委员会情报咨询年会（常州，河海大学常州分校）、文献资源建设年会（徐州，中国矿业大学），9月份参加了智慧图书馆论坛（上海，上海图书馆），7月份参加了江苏省图书馆学术年会（连云港，连云港市图书馆），5月份参加了CALIS第十五届引进数据库培训周（南京，东南大学）。参会的机会来之不易，且由于交通不便，外出开会需要花大量时间在路上，因此倍加珍惜。

我原本有一个习惯，每次参会均会或多或少留下一点文字记忆并通过博文等形式分享。或许是因为越来越懒惰了，或许是因为变得越来越多虑了，越来越懈怠了。近年来，我试图促进圕人堂参会人员分享信息，希望形成良好的氛围。从这个角度，自身往往会有意识地身体力行。我做得比较扎实的是几乎每次参会之后，均会在圕人堂"镜头上的图书馆模样"相册中分享图书馆及其相关的照片。

关于图书馆员职业能力，是我关注的重点之一。我的观感是比较沮丧的。当前，馆长/书记的换届频繁，今年高校图书馆有一大批图书馆馆长换届。高校馆的馆领导正职换届，大多数属于"空降"而来，也有个别属于"曲线"而至（指曾有图书馆工作经历）。有一部分馆由于新馆长有思想、有资源、有领导力且有执行力，任期内将图书馆建设做得风生水起，好评如潮；更多的是作为任期过渡或安排。普通馆员层面，许多高校是"自然减员"，新进人员因为要求博士才给编制且有专业限定（比如图书馆学、情报学、计算机科学等学科领域博士），要么很难招进人，要么招进人也很难派上用场（有的短期内转到其他岗位）。图书馆现有业务骨干，校内其他岗位"挖走"一批。当前的局面是，辅助岗位的活儿可以选择外包或用合同工/勤工助学的学生，相对较为专业岗位的活儿也可以外包。许多较为有活力的高校图书馆，其实是依靠特别能吃苦、特别能奉献的绝对少数的明星馆员出彩。

关于会议资料分享。当前会议资料分享的气氛不比从前，有主观因素也有客观因素。比如，文献复制比检测的影响，内容一旦公开，报告人自己再用会有麻烦，如果是被别人捷足先登，那麻烦更大；内容一旦公开，可能有人会就学术规范方面找问题，引发一些不愉快的事情……

关于圕人缘。托“网络图林”及“图书馆 2.0”之福，自 1999 年以来，先后与许多圕人结缘。尤其是自 2014 年创建圕人堂群之后，几乎每次参加会议都会遇到熟悉的师友，同时会结识许多原本彼此缘铿一面的师友。不经意间，有参会成员会主动与我交流，告诉我“经常拜读您写的书与文章，还有图谋博客，收获颇多”“感谢你办的圕人堂群，受益匪浅”……几乎各个层面的圕人都有。这个时候，我的内心，一方面自然是很欣慰，另一方面感觉比较愧疚，愧疚的是线下聚会，我无力推动，我知道很多成员很期待多一些线下聚会的机会。组织聚会，非常辛苦，我曾经尝试过，需要忙前忙后，思虑周详，还要察言观色，避免喧宾夺主等。我每次出门都需要坐很长时间的车，自小就晕车，坐这么些年车依然晕车，经过“长途跋涉”到达目的地时通常是疲惫不堪的。很多事情，有心无力。

如何营造一种氛围，让图书馆人专业、敬业、乐业，拥有较为基本的收获感、获得感、成就感？还真是个问题。

（2017-11-23）

图谋的 2017 年

一如既往的忙碌，稍事总结。

（1）作为参考咨询部的负责人，主持完成所在部门承担的数字资源及期刊采访，学科服务、数字资源用户培训、数据库运行使用和更新升级、研究生阅览室管理、部门岗位聘任、部门总结材料撰写等各项工作。2017 年 5 月完成“2017 年文献资源采购方案”；2017 年 9 月完成“图书馆参考咨询部岗位设置方案”。

（2）负责完成中外文数据库及期刊采购工作、数字资源经费预算、数据库运行使用和更新升级相关工作。完成了 20 种中外文数字资源的谈判与采购任务，开通了 19 种数字资源使用。

（3）负责数据库试用、测试、网络信息发布及相关宣传，跟踪用户使用情况，撰写年度图书馆数字资源采购及其利用概况，参加数据库采购相关会议。

（4）负责“第四届读书节”数字资源利用系列讲座的组织、策划、协调，共举办讲座 9 场次。

（5）结合“大走访，大落实”要求，学科服务进院系，听需求、送服务。学科服务先后走进土木工程学院、理学院、计算机工程学院、机械工程学院、电子工程学院等二级学院，以讲座或座谈形式听需求、送服务。

（6）开展省部级以上科研项目学科服务工作。积极开展深层次嵌入式服务模式的探索与实践，积极与科研处、院系及相关教师沟通与交流，开展省部级以上科研项目学科服务工作试点。

（7）依托淮工学科服务 QQ 群助力参考咨询服务。常年推广图书馆资源与服务，解答各类咨询，分享文件 120 个，涉及试用资源通知、数据库使用方法、研究参考资料等，具有较高的参考价值。

（8）主编《淮工学科服务速递》13 期，通过办公网邮箱、淮工学科服务 QQ 群向全体教职工推送，此外，通过图书馆网站向全校学生提供下载服务。受到用户好评。

（9）负责协助完成有关方面硕士点申报、专业评估、信息化建设情况等各种需求的统计资料填报。

（10）教育部项目参加了中期检查，项目进展较为顺利；出版专著 1 部，《图书馆学短论——科学网图谋博客精粹》(知识产权出版社，2017.9）。

（11）先后参加 CALIS 第十五届引进数据库培训周、江苏省图书馆学术年会、智慧图书馆论坛、文献资源建设年会、情报咨询年会。

（12）2017 年 11 月获得江苏省高校图书情报工作委员会情报咨询服务与研究“先进个人”荣誉。

此外，做了以下工作：作为圕人堂 QQ 群群主，承担相关管理与服务工作，发布《圕人堂周讯》50 期；作为《图书馆报》专栏作者，刊发随笔 16 篇；作为学术期刊审稿人，或许是知道我的忙碌，有意关照，只完成 1 篇论文的审稿（另有非正式的审稿若干篇次）。

2017 年最为欣慰的事是家中老人经历病痛见彩虹，有几分遗憾的事是论文投稿不尽人意（主要原因是欠火候）。

感谢所有给予我关心与帮助的人！

（2017–12–20）

我为新书做了啥

《图书馆学短论——科学网图谋博客精粹》（知识产权出版社，2017.9）是我的第7本书。为了这本书，做了一些工作，从“延伸阅读”清单可见一斑。作为“草根”，做此类工作意欲何为？无它，图谋尔。

据说，林林总总的图书馆有8万余所（其中高校图书馆2000余所，县级以上公共图书馆3000余所）。据此推论，圕人堂所定义的“圕人”，会是10万以上。我的书是面向“圕人”的，但“圕人”知晓的不多，愿意读的人更少。我对自身出版的几本书，其营销情况、图书馆购买情况、读者反响等有所了解。印数最多的是3000册，最少的是800册。收藏馆最多的是514家，最少的是15家（该书是我出版的第一本书，获得修订再版机会），多为200余家图书馆，与同类图书相比，表现还算马马虎虎。

我的书，读者自愿买的，很可能比我赠送出去的少得多。关于赠书，8年来，所赠图书准确数字我没有，经我手赠出的书累计接近1000册。赠书对象有一定比例是素不相识的，谁想读给谁。我赠书的原则是不添堵、不添乱。

我的书，虽然水平不怎么样，但态度始终是认真的，是追求进步的。自身努力的方向是争取下一本更好。

我的书是为了用的，于人于己均“有用”。我知道有一种出版目的是为了晋升职称“凑书”，有的书出版之后不愿意让人看到，发挥作用就好。我的书，在我自身评职称时或许有一定帮助，但理论上是可以忽略不计的。我记得校内评审简表上让填写“代表性论文”，而“学术专著”也是被忽略不计的。于人有用，究竟有多大用？我不了解，但确实是不止一次，有读者告诉我：“我读过你的书，对我有影响。”于己有用，至少它见证了图谋图书馆学探索的足迹。

有许多人好奇：出那么些书，是如何做到的？坦白说，其实也是出乎我意料的。很大程度上是源于各路贵人相助相携。我的赠书，很大比例是以作者身份购买后再寄出的。我的赠书行为，基本上是理性的。我的赠书行为，基本上是理性的，比如原则上不给机构赠书，不盲目赠书（比如有的人索书是为了转卖牟利）。

我早期的赠书，多为签赠本，有自己的签名、签章，也有对方的尊姓大名。我的字很丑，希望借助签章遮丑。我在淘宝上见过两回，有我的签名本在售，其中一本，是当事人不知情，很可能是邮寄环节跑偏了，当事人随后自身购回；另一本，属于礼节性的赠书，还是当面赠书，只是对方可能根本就没空翻，离任图书馆之后直接就当废纸卖了，也有可能是有意让物尽其用。由此，我发现了我的签名具备保平安的副作用。友情提示：如果欲处理签名、签章的赠书，最好是稍作处理。

有人体谅背后的辛酸；有人不解背后的图谋。于我，所做所为只是“为书找人”，希望“物尽其用”，以此回馈关注者、支持者。

（2017-12-23）

闲话“为人找书”

阮冈纳赞提出的“图书馆学五定律”——书是为了用的、读者有其书、书有其读者、节省读者的时间、图书馆是一个生长着的有机体，被国际图书馆界誉为“我们职业最简明的表述”。“图书馆学五定律”精准地诠释了图书馆工作的目标，其中“读者有其书”“书有其读者”更是高度凝练了图书馆服务的根本宗旨以及图书馆员的基本使命，也就是“为人找书，为书找人”。

我的角色是图书馆的参考咨询部负责人。受诸多因素的影响，读者对参考咨询一头雾水，图书馆馆员对参考咨询亦是雾水一头。参考咨询馆员是图书馆馆员中的少数群体，人数屈指可数，约占全馆人数 7%。较为传统的描述为：参考咨询是图书馆读者服务的方式之一，它是图书馆利用各种参考工具书和馆藏文献，为读者解决查阅文献资料中遇到的疑难问题，提供文献或参考答案、数据、线索的服务活动。参考咨询工作的主要内容包括三个方面：解答咨询、书目参考、情报检索（包括定题服务、馆际互借、原文传递、代查代检等）。实践中，面对数千教职工、数万学生这样庞大的读者群，诸多方面力不从心，鞭长莫及。

时下，“为人找书”中的“书”，泛指文献，可能是中文的，也可能是外文的；可能是印刷型的，也可能是非印刷型的。本文闲话的是为人找纸质书两例。作为参考咨询馆员，率先想到的是到图书馆公共查询系统检索一下，再到读秀学术搜索一下，最后是到孔夫子旧书网等网站浏览一下。

其中一例是找《白鹿原》这一小说。图书馆工作委员会上有委员提及该书，也有普通读者提及该书。委员提及该书，意思是书太陈旧了；普通读者提及该书，是满怀期待，能顺利借得。关于书太陈旧了，如果进一步关注一下文献资源经费投入情况，或许能理解。所在图书馆的书，我检索到了 1993 年、1997 年两种，都是在二线书库，不一定能借到。对方问我："就是可以去看，不能拿出来的意思？"我说："可以去看，但不一定找得到，找到了也不一定可借到。"似乎比绕口令还拗口。"二线书库的意思是已经收藏起来，没有放在借阅室书架上的意思吗？"我说："可以理解为'老弱病残'待的地方。"我似乎只能这样草率作答。进一步的情况不便细说，实际上这两种书，分布在两个校区，且很可能没有更换为 RFID 条码，即便是我自己去借，可能也会是很费劲的。读秀学术搜索中，该书未解决知识产权问题，无法获取数字化图书。我通过灰色渠道，获取了文本格式及 PDF 格式电子书，并提供给读者，但读者似乎并不满意。随后，借助馆际互借工作群提供了亚马逊格式的电子书，读者仍不满意。孔夫子旧书网上，该书挺多的，有的还挺便宜。我估计该读者相当失望，号称 160 余万册书，想借本书却借不着……

另一例是找某省文化统计年鉴，提问方式："图书馆是否有购买《 ×× 省文化统计年鉴》，或者从哪个渠道可以搞到？"我第一时间回答："图书馆是否有，可以自行通过读秀学术搜索查找。这块东西，如果自己确实急需，可以考虑从孔夫子旧书网上买，那里反而会比较靠谱。"本人所在学校的人文社科类资源本来就属于弱项，所在地级市的图书馆会有，在他们的参考咨询部。随后，我了解到该教师需要的是 2008 年至 2017 年的统计年鉴，并对其进行了实际检索。中国知网有年鉴数据库，实际看了一下，没有收录。读秀学术搜索中，本馆没有收藏，所在地级市图书馆只有 2002 年的。进一步检索了可能会有的数个高校馆公共查询系统，发现南京大学图书馆亦没有收藏；再检索公共图书馆，发现南京图书馆有收藏，有 2008—2010，2012—2013 年，缺一半。孔夫子旧书网上有 2008，2010—2015 年，缺 3 年。该老师问："南京图书馆的书可以通过馆际互借获取吗？""馆际互借是基于馆际之间资源共享而提供的一种服务方式。对于本馆没有的文献，在本馆读者需要时，根据馆际互借制度、协议、办法和收费标准，向外馆借入；反之，在外馆向本馆提出馆际互借请求时，借出本馆所拥有的文献，满足外馆的文献需求。"我告知，不可以，所谓馆际互借的一个基本原则是互惠互利，可以、不可以通常是人家对方单位说了算。实践中，馆际互借操作起来，还是困难重重的，收费问题是大问题，南京图书馆2009年的该年鉴，自身也只有一册（一个复本），即便提供馆际互借服务，也难免会有所顾虑。年鉴这类资料的获取本身是难度较大的，因为印数很少，且价格比较高。解答该咨询用时一小时。

“根据开卷监测系统统计，从2014年1月至2017年10月，综合实体店、网店及零售三个渠道数据，年销售数量小于5本的图书，占全部图书品种的34.5%；年销售数量小于10本的图书，占全部图书品种的45.19%。也就是说，每年至少有三分之一以上的图书品种可能要面临报废的命运；每年接近有一半的图书品种只能堆在仓库里落灰。”《出版人》杂志记者虞洋分析，“过去4年间年，销售小于5本的图书中，占总品种数量最多的是包括世界各国文化、经济、科学技术、社会历史、哲学等方面的综合类图书，其次是生活休闲类图书，第三是社科类图书，科技类图书是所有图书品种中占比最小的。过去4年间年销售小于10本的图书中，占总品种数量最多的前三名为综合类图书、语言类图书和文艺类图书。”假如有一天读者想找的书属于此类滞销书，滋味大概好受不了。

（2018-1-8）

图谋博客13周年微数据

图谋博客大致分为三阶段：2005年1月28日—2009年2月9日，主要是在博客网写博客；2009年2月9日—2013年1月30日，同时在博客网、科学网写博客（各有侧重，内容不尽相同）；2013年1月30日—现在，主要是在科学网写博客。2014年5月10日圕人堂QQ群建立，设圕人堂专题。

2012年11月14日，图谋博客（http://libseeker.bokee.com/）访问量逾300万人次。2018年1月21日，图谋博客（http://blog.sciencenet.cn/u/libseeker），已有3913213人来访过，科学网博客总排行66。

1. 图谋博客合影

（1）图谋博客 .http://libseeker.bokee.com/ 建立时间2005年1月28日

日志数量：2221 评论数量：3224 历史访问：2999963（2012.11.14.0:09）

日志数量：2223 评论数量：3224 历史访问：3000739（2012.11.15）

（2）图谋博客. http://blog.sciencenet.cn/u/libseeker 建站时间 2009 年 2 月 9 日

已有 610181 人来访过（2012.11.13.23:16）

已有 3913213 人来访过，科学网博客总排行 66。日志数量：1536（其中圕人堂专题为 668）（2018.1.21.22：37）

（3）图谋. http://blog.sina.com.cn/libseeker 建立时间 2006 年 10 月 7 日

博客访问：54，827（2012.11.13.23:16）

（4）图谋. http://a.chinalibs.net/ 建立时间：2004 年 12 月 22 日

访问总数：55602（2012.11.13.23:16）

（5）图谋博客. http://libseeker.blogbus.com/2008 年迁移

访问统计：9680（2012.11.13.23:16）

此外还在网易，Wordpress 上设立过。

2. 图谋博客结集出版的 4 本书

（1）王启云著. 图书馆学随笔——图谋博客精粹. 北京：国家图书馆出版社，2011.12

（2）王启云著. 图书馆学笔记——科学网图谋博客精粹. 北京：知识产权出版社，2013.8

（3）王启云著. 图书馆学散论——科学网图谋博客精粹. 知识产权出版社，2015.12.

（4）王启云著. 图书馆学短论——科学网图谋博客精粹. 知识产权出版社，2017.9.

上述 4 本书，2018 年 1 月 21 日读秀平台显示收藏馆分别为 258（总被引 5）、249（总被引 2）、157、18 家。

3. 图谋博客系列图书序言共七篇

（1）王启云著. 图书馆学短论——科学网图谋博客精粹. 知识产权出版社，2017.9

张怀涛. 聚沙成塔启行云————《图书馆学短论——科学网图谋博客精粹》序. http://blog.sciencenet.cn/blog-213646-1078359.html

袁江. “絮叨”是一种范儿. http://blog.sciencenet.cn/blog-213646-1078364.html

（2）王启云著. 图书馆学散论——科学网图谋博客精粹. 知识产权出版社，2015.12

邱葵.《图书馆学散论》序. http://blog.sciencenet.cn/blog-213646-952858.html

袁江. 图书馆学不需要“高大上”——《图书馆学散论》序. http://blog.sciencenet.cn/blog-213646-952862.html

（3）王启云著. 图书馆学笔记——科学网图谋博客精粹. 北京：知识产权出版社，2013.8

刘磊.《图书馆学笔记——科学网图谋博客精粹》序言. http://blog.sciencenet.cn/blog-213646-725930.html

（4）王启云著. 图书馆学随笔——图谋博客精粹. 北京：国家图书馆出版社，2011.12

王波. 一个图书馆员的思想画卷——《图书馆学随笔——图谋博客精粹》序. http://blog.sina.com.cn/s/blog_542d9f7101012zda.html

又见：http://libseeker.bokee.com/59275874.html

D. 中国知网图谋博客检索情况

中国知网期刊全文中含“图谋博客”文献

模糊搜索 922 条。各年分布情况为：

按发表年度分组

2017（57）、2016（70）、2015（74）、2014（67）、2013（83）、2012（123）、2011（91）、2010（95）、2009（62）、2008（87）、2007（57）、2006（44）、2005（12）。

精确搜索 124 条。按发表年度分组

2017（4）、2016（3）、2015（9）、2014（4）、2013（7）、2012（10）、2011（7）、2010（16）、2009（11）、2008（23）、2007（17）、2006（10）、2005（3）。

中文知网期刊全文中含“libseeker”文献

精确搜索 88 条。按发表年度分组

2017（4）、2016（1）、2015（3）、2014（2）、2013（7）、2012（7）、2011（9）、2010（16）、2009（8）、2008（11）、2007（12）、2006（6）、2005（2）。

中国知网博硕士论文汇总含“图谋博客”文献，精确搜索 14 条。

中国知网博硕士论文汇总含“libseeker”文献，精确搜索 17 条。

（2018–1–21）

退而不休，“三全”研究——王鹤鸣先生与中国家谱研究

图谋按：上海图书馆原党委书记兼历史文献研究所所长王鹤鸣先生，退休之后，以全部时间、全部精力，全力以赴的从事家谱研究工作，已完成两项国家社科基金项目，在研国家社科基金重点项目1项（2017年立项，时年77岁）。王鹤鸣先生是一位了不起的图书馆人、了不起的学者！我敬服不已！因感念时下尤显难能可贵，特此搜集整理相关资料，予以粗略介绍。

王鹤鸣，男，汉族，江苏省江阴人，1940年1月出生，1967年研究生毕业于复旦大学，上海图书馆原党委书记兼历史文献研究所所长，研究员。1968—1983年在安徽省图书馆工作，1983—1991年在安徽省社科院历史所工作，1991—1995年工作于安徽省地方志办公室任副主任。1995年9月—2000年10月任上海图书馆党委书记兼历史文献研究所所长。1992年起享受国务院政府特殊津贴。20多年来（注：1995年9月到任后，王鹤鸣直接负责家谱文献的抢救工作。1996年1月9日，上海图书馆召开抢救历史文献动员会，成立家谱抢救整理小组，正式启动家谱的整理、开发和研究工作），主要从事中国家谱、祠堂文献的整理研究工作。主持多项国家社科基金项目和上海社科重大项目。主编《中国谱牒研究》《中华谱牒研究》《上海图书馆馆藏家谱提要》《中国家谱总目》等多部专集，发表《解冻家谱文化》《中国家谱通论》《中国家谱史图志》（合著）《中国祠堂通论》（合著）等多部专著，发表数十篇论文，荣获多项省部级以上奖项。

王鹤鸣先生主持的国家社科基金项目：（1）中国家谱总目（2001年7月1日立项，2007年11月27日结项，成果为《中国家谱总目》专著，成果等级“优秀”）；中国家谱史（2008年6月4日立项，2010年3月8日结项，成果为《中国家谱通论》专著，成果等级“良好”）；（3）少数民族原始形态口传家谱的抢救与整理（重点项目，2017年11月15日立项）。

王鹤鸣先生自述：“我研究生毕业后，只有一段在安徽省社科院历史所工作时，从事历史研究工作，其他时间因担任一定职务，研究工作只能利用业余时间，零敲碎打地搞一下，称不上系统的研究工作。退休之后，能以全部时间、全部精

力、全力以赴地从事家谱研究工作，感慨万端，十分珍惜。”

（2018-1-26）

关于地方本科院校与*ESI*学科竞争力的思考

近些年，高校图书馆界，学科服务、学科馆员、“双一流”、学科建设、学科竞争力、ESI等词语备受瞩目。关于地方本科院校与ESI学科竞争力，部分是因为工作需要，部分是因为职业情怀，我略有观察与思考。

2010—2013年，江苏省实施了“江苏高校优势学科建设”一期工程，2014年启动了二期工程，对137个立项学科进行重点建设，还有28个重点序列学科同时立项建设。2015年国务院印发《统筹推进世界一流大学和一流学科建设总体方案》。2017年9月教育部、财政部、国家发展改革委联合发布《关于公布世界一流大学和一流学科建设高校及建设学科名单的通知》，正式确认公布世界一流大学和一流学科建设高校及建设学科名单，首批“双一流”建设高校共计137所，其中世界一流大学建设高校42所（A类36所，B类6所），世界一流学科建设高校95所；“双一流”建设学科共计465个。江苏有世界一流大学建设高校（A类）2所，世界一流学科建设高校13所。

ESI是基本科学指标数据库（Essential Science Indicators）的简称，是世界著名的学术信息出版机构美国科技信息所（ISI）于2001年推出的衡量科学研究绩效、跟踪科学发展趋势的基本分析评价工具，是基于Web of Science（SCIE/SSCI）所收录的学术期刊文献记录而建立的计量分析数据库。ESI已成为当今世界范围内普遍用以评价高校、学术机构、国家/地区国际学术水平及影响力的重要评价指标工具之一。

ESI对全球所有高校及科研机构的SCIE、SSCI库中近10年的论文数据进行统计，按被引频次的高低确定出衡量研究绩效的阈值，分别排出居世界前1%的研究机构、科学家、研究论文，居世界前50%的国家/地区和居前0.1%的热点论文。ESI针对22个专业领域，通过论文数、论文被引频次、论文篇均被引频次、高被引论文、热点论文和前沿论文等6大指标，从各个角度对国家/地区科研水平、机构学术声誉、科学家学术影响力以及期刊学术水平进行全面衡量。

ESI揭示新兴科学研究前沿，识别各研究领域中有影响力的个人、机构、论文、期刊和国家的研究分析工具。数据源Web of Science（SCIE/SSCI）的10年滚动数据（10年2个月—10年12个月），划分到22个学科大类，每2个月更新，最近一次更新2018年3月19日，包含高被引论文（同出版年，被引频次排到全球同学科前1%）、热点论文（近2年发表，近2个月被引频次排到全球同学科前千分之一）和研究前沿。ESI仅以被引用次数进行排名，与文章数量无关；仅统计Article/Review，文献被引用次数由所有署名作者/机构共享；ESI学科基于期刊进行划分，不同于“学科门类/一级学科/二级学科”，不直接对应高校的院系、专业设置；将SCIE/SSCI收录的期刊划分到22个学科大类，每种期刊只对应一个学科。和ESI指标相关的评估体系：教育部学位与研究生教育发展中心“学科评估”、上海交通大学高等教育研究院“世界大学学术排名”、武汉大学中国科学评价研究中心“中国一流大学排行”、中国校友会网“中国大学排名榜”、U.S.News & World Report“Best Global Universities Rankings”等。

依据2018年3月15日这一期ESI：江苏23所高校进入ESI，ESI学科数量111，所占比例12.04%，“学科数量/高校数量”为4.8。北京19所高校进入ESI，ESI学科数量136，所占比例14.75%，“学科数量/高校数量”为7.2。中国大陆227所高校进入ESI，ESI学科数量992，“学科数量/高校数量”为4.1。

江苏省有49所本科院校，入选“双一流”的高校有15所。目前，江苏有19家高校购买了ESI数据库（在购买了SCIE数据库的基础之上）。江苏省某地方本科院校相关数据：2015—2017年共有论文411篇，其中Article为358篇，Review为3篇，被引频次超过6次的，总共50篇（最高的为108次）；2017年共发表SCIE论文86篇（第一作者或通讯作者），中国科学院JCR期刊分区1区8篇、2区12篇、3区14篇、4区52篇；目前有高被引论文5篇，其中4篇有“绩效趋势（Essential Science Indicators)”，研究领域分布：2篇为工程学，1篇为环境/生态学，1篇为农业科学。最高被引频次为123次，最低为86次（另一篇为2017年2月发表，被引频次为6次，暂无“绩效趋势”数据）；2018年3月ESI潜力值情况：18个学科有数据，前三位为工程学0.62、农业科学0.376、植物与动物科学0.359，潜力值低于0.04的共12个学科。我的印象是，该地方本科院校距离“提升ESI学科竞争力”尚有一定距离。

地方本科院校多属于研究教学型大学、教学研究型大学、教学型大学、应用型大学等类型，学科之间的发展水平参差不齐，学科建设应“突出重点，提升整体”，重点发展对其他学科发展有支撑作用的基础学科，具有资源优势的特色学科和具有实际需求的应用学科、交叉学科，在人力、物力、财力上给予倾斜和保障，努力提高建设成效，使之真正发挥学科建设方面的引领、示范作用。地方本科院校的学科建设需要立足实际，审时度势，循序渐进。

（2018-4-4）

硕士学位论文再回首

我的硕士学位论文《高校数字图书馆建设评估研究》完成于2008年6月，距今有10年了。早在2008年我曾问过自己：“学位论文仅仅是印刷10本，取得学位就完事了吗？我留意过一些学位论文，在中国知网的学位论文数据库中发表多年，引用次数为零，我这篇也一样吗？我曾参与一些课题的申报、研究目的和意义，研究成果的预计去向及使用范围都是非常重视的。我的研究结束后，能起点实际作用吗？诸如此类的问题一个接一个。”10年间，做了系列努力，且有些举动可能是比较“疯狂”的。

《高校数字图书馆建设评估指标体系研究》是硕士学位论文核心内容之一，2008年4月投稿给《大学图书馆学报》，一月内收到用稿通知，9月出版且该期封面上印有题名、作者。该文的录用，对增强我的学术自信大有帮助。随后3年内，发表了学位论文中的其他4篇论文。学位论文总共发表了5篇论文，其中3篇为CSSCI来源刊，1篇为CSSCI来源刊扩展版，1篇为会议论文（第四届上海国际图书馆论坛论文集）。

2009年，将学位论文撰写博客日志（49篇）作为附录，我“斗胆”将学位论文正式出版了。学术要面对受众，学术要面对历史，这是需要勇气与力量的。将博士学位论文出版不稀奇，但将硕士学位论文出版并不多见。方允璋《图书馆与非物质文化遗产》（北京图书馆出版社，2006）是我学习的榜样。书是自费出版的，总共印了1000册，我自己得了500册样书，赠出了400多册，大部分是我一本一本通过邮局寄赠给师友。2011年，该书先后获所在市第十届哲学社会科学优秀成果奖二等奖、江苏省第三届图书馆学情报学学术成果评奖（著作类）三等奖。2012

年该书获得了修订再版机会，2015 年“第 2 次印刷（精装）”。

据百度学术搜索，学位论文系列论文总被引 60 次，学位论文被引 16 次；据中国知网，学位论文系列论文总被引 57 次（最高为 35 次），学位论文被引 8 次。据读秀学术搜索，《高校数字图书馆建设评估研究》（现代教育出版社，2009.9）“收藏馆：16；总被引：10；被图书引：4”；《高校数字图书馆建设评估研究》（修订版）（中国书籍出版社，2012.9）“收藏馆：602；总被引：3；被图书引：1”。

如果以发表第一篇论文作为学术生涯的起点，如今快 20 年了。也许《高校数字图书馆建设评估指标体系研究》算是我的代表作性论文，《高校数字图书馆建设评估研究》（中国书籍出版社，2012.9）则算我的代表性图书。天资平平、身无长物如我，相信“苦心人，天不负”“天道酬勤”，自认为几近“心想事成”“天遂人愿”。经历是一种财富，由衷感谢所有给予我帮助与支持的人！

再回首，背影已远走；再回首，温馨又从容。忆往昔，思来者，也许我成不了“大事”或“大器”，那就做点“小事”。不管明天要面对多少伤痛和迷惑，不疯魔，不成活。“大风起兮云飞扬”，豪气干云，“行到水穷处，坐看云起时”。不亦快哉！

（2018-4-7）

理论联系实践，模式搭建桥梁

刘磊先生著《社会网络环境下用户参与的图书馆数字信息资源建设模式研究》[1]一书，肖希明先生认为，“该著作是一部深入探究社会网络环境下用户参与图书馆数字信息资源建设理论与实践的力作，它系统阐释了社会网络环境下用户参与图书馆数字资源规划、生产、评选、组织与整合等环节的模式、问题及对策，其体系完整、推理严谨、观点新颖、论证充分，对推动用户参与图书馆资源建设的理论研究与推广实践具有开拓和引领价值。”[2]

[1] 刘磊等. 社会网络环境下用户参与的图书馆数字信息资源建设模式研究［M］. 中国社会科学出版社，2016.4.

[2] 肖希明. 用户参与图书馆资源建设研究的开拓与引领——评《社会网络环境下用户参与的图书馆数字信息资源建设模式研究》［J］. 新世纪图书馆，2016（5）：95-96.

近年来，基于 Web2.0 的社会网络环境下用户参与图书馆信息服务的研究成果日益增多，其中也包括用户参与的图书馆数字资源建设方面的成果。但研究内容仍存在不足：一是对用户参与图书馆数字资源建设缺乏全面、深入的研究；二是尚未提出用户参与图书馆数字资源建设全过程的系统模式。为此，该书从社会网络环境下用户参与的图书馆数字资源建设的理论入手进行研究。刘磊先生研究团队在此基础上，对社会网络环境下用户参与图书馆数字资源建设的规划、生产、评选、组织与整合各环节的模式构建进行了较为系统、全面的研究，形成有关模式的理论假说。同时就社会网络环境下高校开展用户参与图书馆数字资源建设提出了较为全面的建议，与同类成果相比较，本成果在研究内容的广度和深度上均具有一定程度开拓性。在研究方法上，该书根据提出的假说，不仅开展用户参与图书馆数字资源建设各个环节的用户需求和认知调查，同时还开展相对应的馆员和专家调查，使收集的信息更加全面。而课题组根据提出的模式假说进行实际系统开发应用，则可以更好地检验和完善模式，有利于构建既具有理论科学性，又具有实践可行性的系统模式，使研究结论更有说服力。

我国图书馆学理论长期以来受到“理论脱离实践”的指责，其重要原因是图书馆学理论体系中尚未形成有效且可靠的中层应用理论。用户参与图书馆数字资源建设模式的研究，属于从图书馆学基础理论过渡到实践经验的应用研究，而模式则是联接基础理论与实践经验的桥梁。该书在社会网络环境下用户参与图书馆数字资源建设理论、模式上的探讨和实证研究，对于拓展我国图书馆学应用理论体系具有重要价值。社会网络环境下以用户为中心的数字资源服务体系正在形成。开展社会网络环境下用户参与图书馆数字资源建设的系统模式研究，在应用上，有利于图书馆更加深入、全面地了解用户的信息需求，发现其中的问题，指导数字馆藏的发展，缓解图书馆数字资源及服务供需不对口的矛盾，从而更好地满足用户的信息需求。

《社会网络环境下用户参与的图书馆数字信息资源建设模式研究》一书为刘磊先生承担的国家社会科学基金项目（编号：11BTQ043）研究成果。项目 2011 年 7 月立项，2015 年 9 月结项（成果等级“良好”）。该项目为研究部门和实际工作部门联合申报，南京农业大学信息管理系与南京农业大学图书馆曾进行过有关课题的合作研究，有很好的合作基础。另外吸收上海、北京、厦门等地图书馆 2.0 基础较好的高校图书馆业务骨干参加。项目共发表论文 14 篇，其中 CSSCI

来源期刊8篇（包括《中国图书馆学报》《大学图书馆学报》《图书情报知识》等）、CSSCI来源期刊扩展版4篇。2018年4月27日检索中国知网累计被引122次（单篇最高为37次）；检索中文社会科学引文索引累计被引21次（单篇最高6次）。

据读秀学术搜索，截至2018年5月27日，共有227家图书馆收藏《社会网络环境下用户参与的图书馆数字信息资源建设模式研究》一书。

刘磊先生，武汉大学信息管理学院博士研究生毕业，南京农业大学信息科学技术学院信息管理系教授，博士生导师。曾任南昌大学图书馆馆长、全国高等院校图书情报工作指导委员会委员，江苏省图书馆学会学术委员会委员。研究方向为数字信息资源建设、网络信息资源组织与管理。出版学术著作《信息资源共享评估研究》（曾获江苏省哲学社会科学优秀成果三等奖）及教材等10余部。刘磊先生发表专业学术论文100余篇，其中在《中国图书馆学报》等CSSCI刊发表的论文约占70%，有20余篇被人大复印报刊资料全文转载，并有多篇获奖。中国人民大学徐亚男在《情报资料工作》（1999）撰文将刘磊列为90年代我国图书馆学情报学高产作者。武汉大学信息管理学院邱均平教授在《信息资源管理研究进展》（2008）中撰文，将刘磊列入国内信息资源管理领域高产作者。刘磊先生主持或参与完成课题10余项，其中主持完成国家社科基金课题3项、参与完成国家哲学社会科学“九五”规划重点课题1项、主持完成省社科规划办课题2项。

理论联系实践，模式搭建桥梁。在移动互联网和大数据环境下，社会网络的发展对用户参与图书馆数字资源建设提出了新问题。期待刘磊先生《社会网络环境下用户参与的图书馆数字信息资源建设模式研究》一书得到学界与业界进一步关注，令其更好地发挥“开拓与引领”作用。

（2018–4–27）

成果报奖有感

偶数年来为各级各类成果报奖时而有之。我参与过一些报奖，有所感想。

我参与的是哲学社会科学类，其实自然科学类几乎也在同步进行。大致有教育部的、省教育厅的，省社科联（代表省政府）、市社科联（代表市政府），还有省文化厅的。教育部的和省教育厅的是限项申报，我均参与过，但只有一次出校门了。省社科联的，我参与过数回，今年不打算凑热闹了，因为通过这些年的观察，大致可以判断所在领域，什么样的机构什么样的成果才可能获奖。市社科联的、省文化厅的，会积极参与，但只得过一次二等奖，其余为三等奖，期待有更好的表现。

报奖有"套路"，通常要求提供"成果原件 1 份，副本 1 份（其中论文复印件须包括刊物封面、版权页、目录及正文；国际期刊论文提供 SSCI/SCI 检索证明）和有关该项成果的评价、应用、证明材料 2 份"，需要填写的内容大同小异。尽管如此，需要下功夫准备材料、组织材料。选送什么成果报什么奖，还需要认真思量。有些奖，实际是存在"冲突"的。比如有的成果同时报了省社科联的和市社科联的，获奖的等次不一样，甚至有可能省社科联得了奖项，市社科联的没有得奖项。

成果评奖工作，是一项较为重要工作，有关部门颇为重视。

对于我来讲，更多的也许是重在参与。热心参与的另一个收获是，有助于整理与回顾自己的所做所为，一定程度上还有助于"知己知彼""见贤思齐"。对于部分获奖成果，可以说是因为其获奖了才进一步关注，有的著作类成果，还有可能有意识地加以收藏。

（2018-5-6）

重庆图书馆参观记

2018 年 5 月 14—19 日，我参加"双一流"背景下数字资源发展暨 CALIS 第十六届引进数据库培训周活动。5 月 17 日 8：38 给重庆图书馆任竞馆长发短信，告知："有幸通过《图书馆报》与您及贵馆结缘。我这周在重庆大学开会，上午想去贵馆参观，请问是否方便派工作人员带领一下？"下午 2：32 发短信："已在贵馆参观，贵馆很棒，方便、通透，自行参观就好。"5 月 20 日晚上才注意到，因手机号码是通过间接渠道要来的，我输错了一位，也就是任馆长根本就没有收到我的短信。

2017年《图书馆报》编委会上，任竞馆长率先发言，我认为任馆长的发言很有水平，言简意赅，敢于担当。从《图书馆报》知悉2017年为重庆图书馆70周年馆庆，2017年11月3日《图书馆报》刊发过专访《固本强基，引领示范》。导语为，“重庆图书馆作为中国十大综合性图书馆之一，多年来致力于打造一流的馆舍、一流的设施、一流的管理、一流的读者服务，取得了令业界瞩目的成绩。”近年，我实际参观10余所省级公共图书馆，我去过的多在东部，中部只参观过两家，西部尚未参观过。因此，特别好奇，颇为期待。

一同参会的上海财经大学图书馆黄煜老师与我同行，我们先参观了重庆大学沙坪坝校区总馆。午餐后，因天气看似要下雨，我们直接打车到重庆市图书馆。一到门口，出乎我的意料，外观颇有气势，感觉有几分与国家图书馆相似，迫不及待地拍了几张照片。进馆之后，可谓赏心悦目。用身份证办了读者证（一卡通阅览证，免费），随后存了包，存包柜是用读者证刷卡存的，安全便捷。刷读者卡过门禁，则可以畅游全馆。各个楼层均参观，不时驻足，导览清晰，环境温馨，可谓移步换景。“一流的馆舍、一流的设施、一流的服务”，可谓名副其实。我和黄老师在重庆市图书馆逗留两小时左右，拍了不少照片，下一站原打算参观三峡博物馆，离开时依依不舍。

出门叫了一部快车，快车司机是位尚未满30岁的青年人，快言快语、热心肠。从言谈中获悉，其文化程度不高，家住重庆市图书馆附近，但从未进去过。他比较关心图书馆是否收费？图书馆有什么？怎么利用？我和黄老师做起了重庆图书馆推广志愿者，介绍了重庆图书馆的设施、资源与服务。快车司机表示很意外，很惊喜，打算近期抽空利用重庆图书馆。

我参观过首都图书馆（2014年参观）、上海图书馆（多次参观，2017年为最近一次）、天津图书馆（2016年参观）、重庆图书馆，这4所直辖市图书馆，重庆图书馆给我留下的印象最美好。2018年4月参观过南京图书馆，南京图书馆新馆也是2007年建成开馆的，与重庆图书馆建成开馆时间为同一年，整体印象，我认为重庆图书馆更胜一筹。我还进一步浏览了重庆图书馆网站，资源的揭示，服务的展示，总体效果很好。据悉，一卡通阅览证可在参与重庆市通借通还的各成员馆内一卡通阅览室（区）及重庆图书馆内各阅览室（区）阅览，再找工作人员要张网上读书卡的申请单，填上自己的信息和阅读卡的卡号就可以当场申领一个，利用网上读书卡可以远程利用重庆数字图书馆。

李国新、张勇认为“公共图书馆事业发展的整体态势变为东部最好、西部次之、中部最低”。公共图书馆事业发展是不均衡的，这是实际情况是整体态势。我实际参观过的省级公共图书馆，让我有了新认识。从个体看，西部的重庆图书馆、中部的河北省图书馆（2017 年参观）表现不凡，诸多方面值得学习与借鉴。以重庆图书馆为例：图书馆领导集体共 4 名，其中 3 名任期为 2009 年至今；重庆图书馆馆藏文献 460 多万册（件），员工 240 余人；重庆图书馆提供期刊自助外借服务。

重庆图书馆网站“重图概况”最后一段：“重庆图书馆以收集保存文献典籍，促进社会经济文化发展；倡导全民阅读，推动知识获取；收藏抗战史料，开展对外文化交流为使命。以‘一流的馆舍、一流的设施、一流的管理、一流的服务，一流的读者’，建设‘西部领先、全国一流’的现代化省级中心图书馆。”我的观后感是苦心人，天不负；有志者，事竟成！

（2018–5–20）

你提供了信息服务，我该如何谢谢你

我作为一名学科馆员，在学科服务工作中发生了一个小故事。故事虽小，但对我个人也算是离奇曲折，有所触动。

故事的梗概：我作为学科馆员，“自然而然”地为教师提供了信息服务，教师“自然而然”地感谢我，送礼物上门，我“想方设法”地将礼物物归原主。

故事的拓展版，叙述的分寸不大好把握，比如涉嫌泄密之类，担心将简单的事情复杂化。尽管如此，似乎仍有必要稍作拓展。4 月 8 日，有位教师，急切地咨询一个问题，我算是运用自身的职业能力，积极响应。因为要用到自身所在学校没有购买的数据库，得借助 VPN 远程服务账号解决，搞不清是远程服务问题，还是自身网络环境问题，用了数小时才解决。解决之后，为了将结果快速精准传递给用户，我还想法子通过“中间人”传递信息。4 月 13 日，这位教师专门登门致谢，还带来老家的土特产。工作场所，我不便“声张”。随即通过办公网发了一个邮件，题名为“心意已领，不必多礼”，内容有：“您好！首先感谢您的好意！

为我校师生提供服务是我们的工作职责所在。我们的服务能对您有所帮助，我们由衷地高兴。礼品我非常希望能送还给您，因为这对我来说会有不利影响。如果我收下，我今后可能会因此受纪律处分。恳请谅解！”邮件中提供了自己的手机号以便联系。大约 7 个小时之后收到回信：“纯属一点小小心意。如果会给您带来不利影响，不是我本意，我向您表示歉意。”种种原因，礼物最终取走是 5 月 25 日，我送至图书馆门口，有如释重负之感。中间我曾多次给对方发信息希望尽快取走。礼物取走之时，互道“对不起”，彼此非常诚恳。

我从事信息服务工作有些年头了。“你提供了信息服务，我该如何谢谢你？”这是一个问题，涉及多个方面，如职业能力、职业道德、服务规范、服务标准、收费许可、收费标准、绩效考核、利益分配……尤其是深层次信息服务，其可持续发展，需要做到输入与输出平衡。若干“深层次服务”，原本应该是具备与之相适应的“有偿服务”。但实践中缺乏服务标准与收费标准，很难实施，即便实施了，也很难持续。

（2018-5-30）

关于图书授权及其引发的思考

有家数字化图书公司问我：“您的著作中还有没授权给出版社的吗？我们公司现在需要一些著作的授权，我们提供永久有效的读书卡。”还问我是否可以帮忙，让更多的老师授权给他们公司。

我自身出版的几本书，只有 1 本与数字化图书公司正式签过授权协议。其余的几本，按照与出版社签订的协议条款，作为作者的我，不具备完整版权。许可使用的权利中有“在本合同有效期内，甲方授予乙方以图书形式、数字形式、电子光盘形式、多媒体形式、在线 / 无线信息网络传播（包括各种移动终端）形式、影视改编形式、游戏改编形式在国内外出版上述作品的各种文字及各种版本的专有使用权。”合同有效期有的是 5 年，有的是 10 年，甚至 30 年。由于种种原因，作者方面是比较弱势的，面对格式合同文本，话语权非常有限。

从 4 月份开始，因参与编写某地级市部门志，我开始接触地方志，尤其是对地方志文献的查找与获取有所体会。通过数字化文献获取的信息零碎且信息较为陈旧，主要是与版权问题密切相关。比如，某省的数字化方志馆，品种较多，委托数据库商进行了加工并设置了镜像服务；数据库商公开提供服务的只是部分品种，因为未能获得授权。省方志馆的馆藏并不全，某地级市的近10余年出版的地方志缺了许多，孔夫子旧书网上的地方志文献信息相比之下更为丰富。

当前的著作权及其相关问题是比较混乱的。比如，我曾将图书授权给一家公司，该公司承诺提供的永久账号，事实上只是短期内可用；2000年年初，还曾有一家公司，让提供各类著作权信息授权，承诺收益分成，事实上“理想很丰满，现实很骨感”，无法兑现。作为个体的作者，主张权益，基本上是得不偿失的。论文发表、图书出版等需要签协议，协议多为“格式合同”，通常选择“逆来顺受”；数据库商有的本身是出版商，有的是集成商，有的是代理商，还有其他各种商家，与数据库商签订的一些产品与服务购买合同，涉及著作权这块，许多内容也是“难得糊涂”的。

作为作者，更多时候的角色是“文献利用者”。从“文献利用者”的角度，希望“免费”或“经济实惠”且便利获取。程焕文、潘燕桃在2004年出版的《信息资源共享》一书这样概括信息资源共享的最终目标：任何用户在任何时候、任何地点，均可以获得任何图书馆拥有的任何信息资源。从“文献利用者”角度或许可以精简概括：任何用户在任何时候、任何地点获取任何文献。至少在目前看来，尚很遥远。

（2018-6-2）

这本书让我如获至宝

9月17日读到国家图书馆社微信公众号邓咏秋女士写的《图书馆员论文撰写与投稿指南》[1]书讯，这篇图文信息深深吸引了我。首句是“五大核心期刊主编

[1]《中国图书馆学报》编辑部编. 图书馆员论文撰写与投稿指南［M］. 北京：国家图书馆出版社，2018.

传授图书馆员论文写作及投稿攻略”，有书模、内容简介、责编札记、内页书影、目录等信息，堪称“全息式”导读，书里书外的故事引人注目。要知道，9月16日我还发了篇博文《有一种折磨叫投稿》（http://blog.sciencenet.cn/blog-213646-1135121.html），中心思想是“有一种折磨叫投稿，多一点了解，多一份理解。可以自我‘疗伤’，也可以宽慰他人。”我几乎是粗略浏览完上述书讯信息之后，立即按微信中“点击文末阅读原文即可8折购买！”指引购买了图书。9月21日晚上收到图书。收到书之后，我迫不及待地将全书通读一遍，感觉有必要写点读后感。

该书责任编辑邓咏秋女士责编札记题名为《这本书令我眼睛一亮》，开篇一段有“不论是为了做科研、总结工作，还是为了评职称，图书馆这一行都要写论文并发表。可这不是一件容易的事情。每年在与各图书馆交流时，我们都感觉到，大家迫切需要有关提高论文写作水平的交流、指导与培训。”“从案头的待编书稿中发现了这部书稿，它令我眼睛一亮。这本书正可以帮助成千上万的图书馆从业人士。我马上着手这本书的责编工作。”我这篇读后感则模仿邓女士的责编札记题名，取名为《这本书让我如获至宝》。

同类题材的内容，对我来说并不算陌生。印象深刻的论文有王波《图书馆学论文写作与投稿全攻略》（图书馆工作与研究，2008年第1、2期）和王景发《图书馆学论文常见问题举要及其成因辨析》（大学图书馆学报，2009年第4期）。图书收藏有王福，周文学编《图书情报专业学术论文写作》（内蒙古大学出版社，2013.10）、叶继元等著《图书馆学学术规范与方法论研究》（科学出版社，2014.1）、谭理《图书馆学情报学档案学编辑出版学投稿指南》（湖北科学技术出版社，2016.4）。上述论文和图书各有所长，令我受益，但《图书馆员论文撰写与投稿指南》更让我有如获至宝的喜悦。

我是一名图书馆员，1999年参加工作，2000年开始论文撰写与投稿。也许我算是一名比较勤奋的图书馆员，至今笔耕不辍，与“论文撰写与投稿”有着不解情缘。近20年的经历，原本天资平平、身无长物的我，得益于许多期刊编辑的指导、帮助、鼓励与提携，在科研旅途像一只不知疲倦的蜗牛一步一步往前爬。学习，永远在路上。

我与《图书馆员论文撰写与投稿指南》一书的作者，大多是有缘的。王宗义、王景发二位先生是我敬重的长辈，也是我结识的贵人，王宗义先生的理性、机敏，王景发先生的温厚、谦和，润物无声。魏志鹏、刘洪二位先生是我的同辈，可谓志同道合，至今尚缘铿一面，但他们的专业、敬业与乐业，令我敬服不已。吴澍时女士是在徐建华教授组织的第六届“图书馆学实证研究”学术会议上见识过的，肖红凌女士更多的是在通过文字（比如顾晓光《我与〈图书馆建设〉二三事》略有感知。这样一群图林编辑，用王波先生的话说“全国有学术追求的图书馆员们对我们还是衷心爱戴的”，我算是其中的一分子，“衷心爱戴”源于他们的所作所为。《图书馆员论文撰写与投稿指南》一书，可谓名师亲炙，值得信赖！

《图书馆员论文撰写与投稿指南》一书，回答了写什么、怎样写、如何写得更好、如何规范写作、如何投稿，还提供文献著作样例、图情期刊投稿信息一览表，全书只有 14 万字。我认为这本书的选题很好、结构清新、内容精炼、雅俗共赏。我自身是一名普通作者，同时，还是图情学术期刊及图情图书的审稿人。该书对当前的我有特别的用处，对我自身申报科研项目、撰写科研论文、同行评审等均可以学习借鉴，是一本为我量身定制的参考书、工具书。

该书定位为“图书馆员培训丛书”，因为“图书馆员是图书馆事业发展的基石。图书馆员在长期的实践工作中积累了丰富的经验，这些既是事业发展的宝贵财富，也是图书馆学研究的基础和源泉”。该书值得图书馆员阅读与收藏，同时值得图书情报学界与业界学习与借鉴，可兼作图书情报研究生教育“必读书目”之一。假以时日，我相信该书将会是图书情报领域的一本畅销书，乃至长销书。

（2018-9-22）

激扬智慧，图界盛会——第九届上海国际图书馆论坛参会记

我与上海国际图书馆论坛结缘，得益于 Keven 先生的关爱与提携。第四届（2008 年）投了稿，会议文集出版；第六届（2012 年）投稿，会议文集出版，并且被安排做会议交流发言。第九届（2018 年），我并没有投稿，原来也没打算参会，只因知悉加州河滨大学邱葵先生参会，7 月份便报名参会了。参会的初衷是会一会神交多时的网友，但后来发现有更多意外的惊喜。比如，先后知悉华盛顿中央

大学傅平先生、加州伯克利大学林海青先生、《图书馆论坛》刘洪先生、《图书与情报》魏志鹏先生等参会。参加学术会议的重要功能之一是“交朋结友”。此后，对会议内容和日程安排等进行了进一步的关注，试图提前做些准备工作，期待有更多收获。

由于交通不甚方便，我10月16日17：30出发，次日到上海，上午9点多就报到了。报到结束后，参观了一下会展中心的书画展，出门时偶遇了检查会前准备情况的Keven先生（检查之后，Keven先生朋友圈中分享了一条图文信息“图界Gala，智慧包容，有条不紊，整装待发”）。随后，到宾馆办理入住手续并休息一会，下午重点参观了上海图书馆。从2006年开始至今的12年间，我到上海图书馆参会的次数估计不下10次，每次来我都会找时间参观一下。上一次到上海图书馆是2016年11月，更新了读者证，这次也带着。这次在馆内停留的时间较以往任何一次要长，更多的是以读者身份感受上海图书馆的服务。我认为上海图书馆是一所现代化的图书馆，在管理与服务等诸多方面处于引领地位。它有着许多与众不同之处。比如它是图书情报一体化的（上海市图书馆与上海科学技术情报研究所融合），是“综合性研究型公共图书馆和行业情报中心”；它是中共上海市委宣传部直属的全额拨款事业单位；它在现代信息技术研发与应用方面硕果累累。10月17日（周二）下午馆内实时显示屏显示5300多人到馆，馆内上座率很高，都是成年人，而且有不少年龄较大的读者（据我观察多为研究型阅读，非一般娱乐消遣型）。我获悉上海图书馆原书记王鹤鸣先生，虽年近八旬，但依然经常到图书馆做研究。馆内配备有许多数字资源自助检索终端（每天可以使用120分钟），检索免费，但文献输出是有偿服务（数字型0.2元/页、打印0.5元/页）。我以为，相适应的有偿服务是非常有必要的，由于种种原因，这方面做得好的图书馆并不多见。

10月18日是主旨报告、大会报告，10月19日是分论坛。会议的信息量很大，加上语言因素（英语听力很一般，但我试图不借助同声传译设备），我获取的信息非常有限。会间与新朋旧友不同程度的交流，让我受益匪浅。10月18日晚宴期间，上海图书馆职工奉献了一场文艺晚会，展示了诸多才艺，令人难忘。

会议结束后的文化参观，安排的是参观上海杨浦区图书馆（新馆），让人感到很意外、很惊喜。这次参观可以描述为跟随国际图联主席格洛莉亚·佩雷斯－萨尔梅隆的脚步；杨浦图书馆新馆的前身是1930年代上海市城市建设史上“大上海计划”中的旧上海市图书馆，1936年开放。新馆的主体部分是老建筑，两边是新建部分。门楼、琉璃瓦、装饰斗拱、彩绘、石栏杆等是保护修缮的重点。该馆是

10月1日开始试运行的，目前仍处于试运行阶段（18 : 00闭馆）。我们是在闭馆前的一段时间参观的。读者服务区分布在一楼、二楼，一楼设有人文书房、报刊阅览区、展厅、自然科学借阅区、社会科学阅览区（一）、旅游及国学专题馆；二楼设有报告厅、互动交流区、多功能厅、上海市政文献主题馆、阅览区、影视厅、欧洲文学专题区、参考咨询室、地方文献阅览区、青少年借阅区、社会科学借阅区（二）。该馆采用了“书界”O2O图书网借平台，运用“图书馆＋互联网＋信用”相结合的运营模式，通过第三方物流系统，实现线上免费借、线下免费取的网购式公共图书馆文化服务。“芝麻信用”达到550分，即可享受免押金、免办卡的借阅体验。当前，已在杨浦区设有16个自助服务点。该馆采用的门禁系统，可以刷读者证或身份证进馆。

上海国际图书馆论坛通过近二十年的不懈努力，已发展成为备受海内外图情界关注、影响深远的国际性专业学术论坛，为促进上海乃至中国图书馆事业的发展提供了一个切磋交流的平台。我认为这难能可贵，期待它再接再厉，再创辉煌！

（2018-10-20）

忆“网络图苑”网友聚会

圕人堂QQ群（群号：311173426）是图书馆及图书馆学相关人员的交流群，其愿景（Vision）是圕结就是力量！其定位（Mission）是专业讨论、行业交流、信息共享、资源、人脉。圕人堂圕结一切可以圕聚的力量。圕人堂堂风：贴近现实，关照现实，联系理论，旨在实践。圕人堂群自2014年5月10日建立，自5月16日开始发布《圕人堂周讯》，目前已发布230余期，现有成员2000余名。

圕人堂的交流，有明线与暗线。明线是大窗交流，暗线是成员间小窗交流及其他形式的交流。两条线均很重要。表面上是以明线为主，实际上是以暗线为主，重视的是成员切切实实的获得感、成就感。圕人堂还有两个“面”：一“面”是圕人堂群中的成员，另一“面”是群成员之外的圕人。圕人堂这样的网络社群，主要就是发挥“微价值”或者说“长尾价值”。圕人堂的灵魂是“圕”这个字，意在圕结一切可以圕聚的力量，凝心聚力谋发展。期待的是圕人切实受益！

建群4年多来，许多群成员对网友线下聚会很是期待，曾提过许多意见和建议。图谋亦曾做过一些“微努力”，效果较好的有2015年7月第12届数字图书馆前沿问题研讨班暨“ Lib2.15”会议期间的小聚。这是圕人堂建群一年之后首次在学术会议高调亮相。在与群成员的交流过程中，我提及“我自身最难忘的是2004年中图学会年会期间的一次网友聚会，有近20人聚一块喝茶，年龄最大是李明华先生（68岁），最小的是顾烨青（那会儿还是本科生）。厦门大学苏海潮、黄国凡老师等秀茶道。热心人的组织与策划，似乎未留痕迹，比如我不知道是谁买单的。”之后我进一步搜寻有关这次聚会的信息。

“网络图苑”网友2004年7月25日苏州长城大厦聚会。那次聚会的大致背景：中国图书馆学会年会在苏州召开，“网络图苑”（ http://libforum.yeah.net）部分成员参加了会议，并在会议期间组织了聚会。那阵子，我的网名是“ a”，是《大学图书馆学报》读者沙龙，E线图情的活跃成员。“网络图苑”一定意义上可以说是读者沙龙的升级版，读者沙龙的交流是线性的，已觉得不过瘾了，厦门大学图书馆黄国凡老师等利用所在馆的资源（服务器、技术人员）建起了“网络图苑”。当时真是集思广益，比如域名是采纳了我的建议，叫“ libforum”。我电脑上保存的网页信息记录着“2003年6月17日，论坛共有603位注册会员，主题总数：1444，帖子总数：6546”，表明“网络图苑”是在2013年建立的。此次会议，我算是东道主方网友，承担了一些联络工作。

我是率先报道的，之后陆续见了一些成员，比如一问（梁灿兴）、Fandog（黄国凡）、王小石（朱金德）等。那会儿一问老师好像与我一样为高校馆助理馆员，且均在图书馆技术部工作，不过“一问”堪称“意见领袖”，收获图林粉丝无数，因此“网络图苑”还有个别名叫“一网”，虽然“ a”也有“一”的意思，但基本没我什么事。黄国凡老师也是在技术部，风尘仆仆地从厦门赶过来，与他的作家妹妹一起到我入住的房间聊了一会儿。印象中，聊了他们兄妹间的特别情谊。他妹妹出版了一本关于滇缅公路的书，黄老师很自豪。朱金德老师是南京师范大学的，还有“大鲨鱼”等网名，意气风发。会议开始后，我们有成员通过各种方式扩散信息，还用粉笔在会场外写小广告，通知聚会的时间和地点。我们有几分神秘，也有点小紧张。

当晚的聚会，陆陆续续有近20人参加。厦门大学苏海潮老师，其时为厦门大学图书馆办公室主任，专门从厦门带来了茶具，给我们泡功夫茶，讲茶文化。李明华老师来得比较晚，年龄最大，还戴着助听器。聚会期间，他给多位网友赠送了其新近出版的关于图书馆建筑的书。依据当时留下的“网友通讯录”，通讯录上记录着姓名、网上大名、工作单位、电子信箱、联系电话信息。通讯录上信息不全，且存在不准确之处，估计是依据手写信息转入时出错，通讯录上记录了的有9人。

聚会中，年龄最长者是李明华先生，北京大学图书馆学系1956级学生，1988—1996年任杭州图书馆副馆长，1997年1月退休，2000年起任杭州时代图书馆建筑咨询有限公司经理。顾烨青（Tufeinazi），聚会时为苏州大学大二学生（那阵还没有手机），现已成长为“双一流”大学业务骨干、《大学图书馆学报》编委。一问老师早就是研究馆员了，钱万里（Wanliy）老师现为苏州大学图书馆党委书记。会议期间，多名网友曾与老槐（范并思教授）等合影留恋。

回忆图林的博客“前”时期网友聚会往事，图谋有所“图谋”：一方面算是分享一段“图林记忆”；一方面希望圕人堂的明天会更好！

（2018-10-24）

忙解释，解释忙

身为一名普通高校馆馆员的我，似乎一直很忙碌，甚至忙得令人难以置信。忙解释，解释忙，身不由己。有些解释或许是徒劳的，只因为不尽如人意。

家庭忙，小孩小，妻子有妻子的事情，长辈健康有大状况；工作忙，说不清楚的忙，或许只因为希望能尽可能地做到专业、敬业、乐业；业余忙，我的业余时间，基本都献给了“图谋”：先是图谋博客，之后衍生出圕人堂QQ群，圕人堂微信公众号……不仅如此，还有《图书馆报》专栏作者、学术期刊审稿人、学术图书审稿人等诸多临时角色。

科研方面，或许是为了不辜负诸多师友的期望，自身算是不懈努力，希望能够不断进步。所有的“图谋”，应该在科研成果方面有所体现，需要有所作为。先天不足，后天勤补。

瓜无滚圆，人无十全。凡事有得有失，有取有舍。自身需要不断调适，面对

“忙解释，解释忙”的尴尬局面，一方面尽可能地与人为善；另一方面逐渐由“解释不？”明确为少解释，甚至不解释。

（2018-10-26）

这些年，那些书

我自2009年开始出版第一本书，10年来，围绕图书下过一些功夫。自身出版了数本书，还曾参与了图书的策划及营销。科研成果报奖也参与过数次。此外，学术图书的审稿，也已参与审过数本。

外出开会，时不时会有人告诉我读过我的书。当《中国图书馆学报》吴澍时主编告诉我读过我写的书时，我感觉很意外，同时有几分欣喜。大主编这么繁忙，居然还有空看“草根”写的东西，荣幸之至。

圕人堂有成员咨询我：“我们馆目前有一笔钱，可以给馆员买图情方面的专著，领导让我列一个书单，我不知道怎么快速搜集到近年来出版的经典著作，您有什么建议吗？”我的答复是，可以看图谋博客科学网圕人堂专题近期博文（比如，图书馆学百年优秀著作辑录（http://blog.sciencenet.cn/blog-213646-1134529.htm.）我认为这个书单的信息量不小。此外，“新书速递”推荐了近期出版的几本书，《图书馆员论文撰写与投稿指南》《学术型大数据知识组织与服务模式研究》等）。其实，我还真没有推销我自己出的书的意思。对方告诉我，“这次把您的书全买了”，并实际进行了一番检索。还问到“博客精粹”系列内容是否一样？我说“完全不同”，因为是不同时间点写的，内容上有传承有发展。《高校数字图书馆建设评估研究》后出版的是修订再版的。《书海一生击楫忙——图书馆学家张厚生纪念文集》，那本书我作为副主编之一，是个人比较满意的一本书。

友人通过微信给我爆料，其所在馆购买了我的博客书，其同事有段时间天天看，还不时向友人咨询业界情况。友人进一步告诉我：“你的书可读性很强，身边事，有阅读市场。王波当年序里提及的一部分生活史，若干年后会体现独特价值。”但愿如此。我以为，能坚持做，或多或少会有些价值。关于博客书，自身的打算是《图书馆学短论——科学网图谋博客精粹》（知识产权出版社，2017）为最后一本。2018 年，丘东江先生希望我再出一本，我没敢答应。因为我感觉还没有那么多料，而且单单是整理书稿也挺费功夫的，没那么多精力。书稿审稿来回折腾，一般来说，从书稿到出版得有个一年半载，确实是需要花较长时间后，赶出来的效果好不了（这是有切身体会的）。个人本意是希望“下一本更好”，往往需要下更多功夫。

时不时有人问：“什么时候又出新书？”我追问是指“博客书”吗？对方告诉我：“都包括，是你出版的就行。”关于“博客书”，接二连三地做，坦白说，我也不大清楚做这样的工作是否有意义（是否值得）。我的第一本博客书，时间跨度是 2005—2011 年，其后 3 本的出版频率为两年出一本。我知道，不能满足于“博客书”，应该有更高的目标与追求。我计划 2019 年出版《新业态环境下高校图书馆专业馆员职业能力研究》一书，这本书是在我所承担的教育部人文社会科学研究青年基金项目成果基础上成书的，已与知识产权出版社签署出版合同。

我出版的书，经费可以说均是自筹的，比如争取“学术著作出版基金”经费资助，将自己的各种科研奖励、稿费等几乎悉数再投入。除了自身一些“无价”的劳动之外，并没有特别“破费”。某种意义上，学术出版于我个人基本算是“无利可图”（好在“天下万物生于有，有生于无”，多这样想想，就什么都有了），但我知道，我算幸运者，总体说来也并未特别破费。

我高度赞同“书是为了用的”“为人找书，为书找人”并为之做过系列努力。比如每一本书，我会尽可能地通过博客、平面媒体等做一些宣传推广工作；我出版的所有书，均有赠书环节（所赠出的书，累计会超过 1000 册，有一定比例有赠书对象的大名及作者签名，且这样的工作均是自己亲力亲为的），书赠有缘人，我的赠书动机很简单——“为人找书，为书找人”，怀着一颗感恩的心，且抱着学习的态度。

这些年，那些书。图谋，为图书馆学情报学谋，为图书情报事业谋。路漫漫其修远兮，吾将不懈求索。特别的经历，特别的回忆，特别的感谢给特别的你——感谢所有帮助过我、给予我支持的人！（注：基本上我的每一本书中均有这句，是朴素的，但是是发自内心的。）

（2018-10-28）

如何获取图书馆界学术会议与培训信息

圕人堂有成员咨询，[1]12月的会议到哪里查？我的答复：抱歉！我没查过。如果是考试，我可能会回答："上网查。"图书情报领域，主要关注相关学（协）会网站。因为大部分都是以学（协）会及其分支机构名义办的，通常网站上会有相关信息。图谋试图在推动的是较为重要的圕会议信息，圕人堂有痕迹，痕迹是圕人堂成员留下的。

图书馆界学术会议与培训信息，关注者甚众，原因多种多样：（1）从业人员职称晋升通常有"继续教育学时"要求，学术会议与培训是主要途径；（2）完成各级各类科研项目，有学术交流的经费与需求；（3）从业人员业务交流与职业能力提升需求；（4）馆际合作与协作需求；（5）其他需求，包括"世界那么大，我想去看看"。

如何获取图书馆界学术会议与培训信息？由于种种原因，获取国内的相关信息是比较困难的。时下，鲜有个人或机构愿意花时间做这方面的整理。学术会议与培训信息本身有规模控制及其他约束（时间、地点、参加人员等），不少是有特定范围的；更多的是半开放式的，部分人员是逐一邀请的，另提供一定名额自由报名。信息获取渠道除本文开头介绍的途径之外，图情学术期刊及报纸、数据库商、软硬件设备商、书商（馆配商）主办或协办的会议有不少，也会宣传或报道会议与培训信息，也是重要的信息源。

依据图谋自身的关注情况，简单列举数条信息源：

（1）中国图书馆学会通知公告 http://www.lsc.org.cn/cns/channels/1129.html；

（2）教育部高等学校图书情报工作指导委员会 http://www.scal.edu.cn/；

（3）中国高等教育文献保障系统 http://www.calis.edu.cn/；

（4）《图书情报工作》网站 http://www.lis.ac.cn/CN/model/index.shtml 右上角有"学术会议与培训"信息；

（5）E线图情（国内会议）http://www.chinalibs.net/ArtLister.aspx?code=060；

---

[1] 编者按：该书已于2019.4出版．

（6）E 线图情（国际会议）http://www.chinalibs.net/ArtLister.aspx?code=2206000；

（7）江苏省高校图书情报工作委员会通知公告 https://jstgw.nju.edu.cn/news-list.html?id=5c5308cd6e8b48099e856cd17b3f7390 各个省份均有类似的机构。

有的人关注希望参加学术会议与培训，有的人关注是希望获取相关资料。当前会议资料分享的气氛不比从前，有主观因素也有客观因素。比如文献复制比检测的影响，内容一旦公开，报告人自己再用会有麻烦的，如果是被别人“捷足先登”，那麻烦更大；内容一旦公开，可能有人会就学术规范方面找问题，引发一些不愉快的事情……尽管如此，时下还是有些会议会积极分享相关会议资料的，可以留意会议网站及相关学（协）会网站并合理利用。

（2018-11-1）

关于“图谋（*a Libseeker*）”

圕人堂有成员说：圕人堂已被圈内主流人员认可，各种大会点赞群主及圕人堂。我以为，我想大家认可的是“图谋”，不是群主。群主只是一个图谋（a Libseeker）。

我了解到圕人堂已作为研究对象受到一定程度关注，正如一段时期图谋博客曾是研究对象之一较为频繁的出现在已发表文献中。特此就“图谋（a Libseeker)”作一简略回顾。

《大学图书馆学报》读者沙龙：活跃期大约为 1999—2003 年，网名：a。

厦门大学“网络图苑”论坛：活跃期 2003—2006？，网名：a。

E 线图情图情博客：活跃期 2004—2006？，博客名称：图谋，网名：a。

博客网：活跃期：2005.1.28—2014.3.18，博客名称，图谋博客（http://libseeker.bokee.com/)，网名：a。(注：浏览博客网图谋博客时发现，2013 年 2 月 28 日之前的博文均显示“作者：a”。) 博客注册时用“libseeker”为用户名。

新浪网：活跃期：2006.10.7—2015.12，博客名称：图谋的博客，后被系统改为 libseeker 的博客。博客注册时用“libseeker”为用户名。

科学网：活跃期：2009.2.9 至今，博客名称：图谋博客，实名博客。博客注册时用“libseeker”为用户名。

圕人堂 QQ 群：活跃期：2004.5.10 至今，群名片：图谋。

纸媒上最早出现的“图谋”署名：报纸：图谋 . 图书馆的 2.0 生存 . 新华书目报图书馆专刊 .2006.6.18: B8（CN11-0126）；期刊：图谋，王启云 . 图书馆 2.0 简明问答［J］. 数字图书馆论坛，2007，(第 4 期). 25—29，47.

（2018–11–3）

改革创新发展模式，转型升级服务功能——江苏大学图书馆参观有感

2018 年 11 月 9 日，趁参加江苏省高校图书馆文献资源建设专业委员会 2018 年会暨工作研讨会的机遇，承蒙江苏大学图书馆刘桂锋老师的热情接待及该馆同仁的悉心讲解，我有幸深度参观江苏大学图书馆。

刘桂锋老师现为江苏大学科技信息研究所所长、硕士生导师、《图书情报研究》执行主编。2010 年以中科院“优秀毕业生（化学博士）身份入职，8 年时间，工作、科研均取得了骄人成绩（参见：刘桂锋学术名片 http://id.sciencenet.cn/index.php?s=/Index/index/user/terahertz）。我与刘老师结缘始于科学网，我们同在 2009 年于科学网博客写博；2014 年，我建立圕人堂 QQ 群并进行第一次筹资，刘桂锋老师慷慨捐资 2000 元，鼎力支持。

此次，刘桂锋所长领我参观了该馆，某种意义上算是图书馆“十三五”规划“中期检查”。图谋 2015 年曾到该馆参加了高校图书馆“十三五”规划会议，学习了该馆的规划也实地参观了该馆。2015 年的参观学习是由上一任所长刘竟（现为江苏大学副馆长）领着参观。且我在 2002 年亦曾以图书馆技术部主任的身份参观过江苏大学图书馆，其时重点关注数字图书馆建设情况。我自认为 2015 年的学习是比较认真的，第一时间向卢章平馆长索要了该馆的规划，进行了深度学习，结合实地参观，会有更深层的思考，因此记忆也更深刻。参观过程中，有意无意

“对标”当时制定的“十三五”规划，图谋以为规划若干项目已落到实处，成效显著。结合该馆的“十三五”规划、图书馆网站、实地考察，会是一种可以信赖的中期评估。

图书馆门前的文献资源利用服务月活动宣传给了我一种震撼，20场一小时讲座主题不寻常，包括“图书馆实战密码”“统计分析软件SPSS应用”“思维导图”“论文写作与投稿指南”“文献管理高级进阶”等。随后，刘桂锋所长进一步介绍了该馆信息素养课的开展情况，该馆围绕本科专业认证需求改革信息检索教学模式及提升研究生信息素养方面进行了有益的实践与探索，我的观感是教学队伍阵容强，受益学生面广，教学方法、教学效果等诸多方面卓有成效❶。

江苏大学图书馆建设了信息行为分析实验室，总面积达160余平方米，设有总控室、基础行为实验室、视觉科学实验室、移动设备视觉实验室、生理实验室、访谈室等独立分室。有两名专职实验员，据介绍已投入两百多万元，已取得一批成果，杨老师还为我进行了现场展示。据该馆规划，“以信息行为实验室为依托，加强用户信息行为理论与应用研究，为学科建设注入新活力”，规划制定时实验室是初具规模，如今已见成效，未来大有可为。信息行为分析实验室是开展社会服务的，感兴趣者可以进一步关注❷。

江大文库、文心书屋、赛珍珠文献资源中心等，做得很出彩。收集、分类与展示做得非常扎实，具有很高水平，比若干大型博物馆做得更精彩。文心书屋是该校杰出校友李岚清先生的专题馆，包括李先生藏书7000余册，有其本人专著、各界知名人士签名本（包括金庸先生等）、精品文献等，有篆刻作品若干，还展示了李先生自1993年起先后7次到该校视察的图片。赛珍珠文献中心自2015年筹建，较为全面地收集了国内外相关资源，已成为有关赛珍珠文献资源品种最多、内容最丰富的文献资源中心。该馆研究人员及部分研究生已利用相关文献资源，取得了较为丰硕的成果。

江苏大学图书馆开展社会服务方面成效显著。“十二五”期间，科技查新工作年均完成科技查新报告近4000份，据悉近年查新量有大幅提升，取得了丰硕成果。《图书情报研究》办刊10年，刊物质量在学界与业界已取得良好声誉。已于“十二五”

❶ 江苏大学图书馆信息检索与利用网站［EB/OL］.［2018-11-10］. http://lib.ujs.edu.cn/xxjsyly/index.jsp?urltype=tree.TreeTempUrl&wbtreeid=1071.

❷ 江苏大学图书馆信息行为分析实验室［EB/OL］.［2018-11-10］. http://lib.ujs.edu.cn/xxxwfx/jj_yhdl.jsp?urltype=tree.TreeTempUrl&wbtreeid=1151.

期间获批国际刊号，暂未取得国内刊号，但该刊坚持学术性，为学科建设、人才培养和科学研究提供强有力的支撑，难能可贵。2016 年曾刊发 7 所高校的“十三五”发展规划，我认为这对高校图书馆建设与发展具有重要理论意义与现实意义。

我不清楚《大学图书馆学报》《图书馆论坛》《图书馆建设》等的封面有没有刊登过江苏大学图书馆的照片，假如还没有，我认为可以考虑刊发。江苏大学校本部新图书馆于 2010 年 9 月进入试运行。建筑面积达 43969 平方米，阅览座位达 4000 个，学习环境优美、舒适，设施完备、先进，实现了集“藏、借、阅、查、咨、育”六种功能为一体的开放式服务。8 年过去了，它依然那么美，里里外外都很美。这很难得。

江苏大学图书馆“十三五”规是发展目标为“未来 5 年，在办馆条件、文献资源、技术保障、读者服务和科学管理等方面，进一步加强内涵建设，以先进的办馆理念为指导，改革创新发展模式，转型升级服务功能，奋力实现‘国内领先、省内一流’的服务研究型图书馆发展目标。”假如让我下个“期中考查”评语，会是发展目标明确、可行；“主要任务和措施”言之有据，行之有效；“保障条件”机制健全，管理与领导有方；完美达成发展目标可期！

（2018-11-10）

您的科研成果有什么用

据国际科学技术和医学（Scientific，Technical and Medical，STM）出版商协会发布的报告（简称“STM 报告”），“中国目前的论文发表量已超过美国，占全球总量的 19%。中国强势的科研投入同时也影响着美国和欧盟过去的主导地位。”“2017 年，来自中国的高引作者比例增加了 40%。中国作者论文的引用率也从 1999 年的 5.2% 增至 2017 年的 9.4%。这些数据都是中国科研影响力的有力证明。”[1]中南大学吴超教授认为：“如果我们的科研管理制度能够更多的鼓励科研人员‘研发让别人去用的成果’的政策，且科研人员‘从研发东西让别人去用’作为科研选题或选择研究方向，则科研的产出与投入之比将可能有更大的提升，科

[1] Editage 意得辑. 今年全球论文发表量已达 300 万篇，中国占 19%［EB/OL］.［2018-11-25］. http://blog.sciencenet.cn/blog-769813-1147601.html.

研的效益将更加显著。”[1] 读了上述信息，引发我思考：您的成果有什么用？

我是一名高校图书馆工作者，由于工作关系，对高校科研有一定关注。比如，学科服务工作、职称论文检索服务工作、科技查新工作、查收查引工作、学科评估服务等，给我的印象是，关注的焦点：（1）与科研奖励相关。是否属于科研奖励范畴？金额多少？（2）与职称晋升相关。是否算数？具有多大份量？（3）与其他功利性需求相关。比如要申报某级别项目、某级别“帽子”、某级别奖项，是否可以提供一些有利且有力的支撑？“研发让别人去用的成果”也许是部分科研人员的初心，种种原因，似乎“理想很丰满，现实很骨感”。许许多多科研成果停留在纸面上，尤其是论文类成果，很大比例的作用或许仅仅是停留在提供“可被引文献”，“可被引文献”中不小比例可能是永久的“零被引文献”。

作为高校图书馆工作者，尤其作为学科馆员，应提供一系列服务，以支持和增强教师、研究人员和学生的研究、教学和学习活动。高校图书馆应有一定比例的专业馆员从事相关科学研究，为图书馆事业发展提供理论资源，更好地服务相关实践。具体到图书情报领域，我认为科研成果可以说是“琳琅满目”，中国知网中在“期刊”范围内“篇名”中：含“学科馆员”有 2352 条结果；含“学科服务”有 1386 条结果；含“智慧图书馆”535 条结果。（2018 年 11 月 25 日检索）如此，丰硕的成果，有什么用？别人用了吗？用得怎么样？

我作为草根一方面在反思自己的科研，千百次地问自己：您的科研成果有什么用？一方面在试图为图书情报领域的科研成果的科学普及尽绵薄之力，比如试图借助圕人堂平台，期待更多人做摘编类工作等。我认为多问问，并且试图做些微努力是有益的。

（2018–11–25）

再话学术图书出版

我 2013 年出版的一本书，责任编辑告知还有 575 册存货，因为库房租赁费涨

[1] 吴超. 高校科研的五个典型误解［EB/OL］.［2018-11-25］. http://blog.sciencenet.cn/blog-532981-1147995.html.

价，出版社的对策是“报废或捐献”。责任编辑与我交流，主要的目的是看看是否能帮出出主意再销一点，不然就“准备捐赠了，也许还能给一些偏远地区的读者带来点收获”。图书营销这块，我外行，使不上劲。我近年的观察是，学术类图书不大好卖，因为高校图书馆普遍在压缩纸本采购经费（一是经费紧张；二是空间紧张）。同时，提供了一条参考消息：“馆配商有做‘特价书’生意，因为很多高校馆，平时都挺抠门，到了应付评估的时候，突击购书。”

我作为高校图书馆馆员作者，围绕“书是为了用的”“为人找书”“为书找人”还真做过一些努力。据了解，拙作 2013 年 8 月 28 日出版，9 月 13 日首次入库，印刷 2000 册，2017 年 11 月 29 日社存数量 600 册，2018 年 11 月 30 日存货数量 575 册。截至 2018 年 11 月 30 日，在读秀学术搜索平台中，“收藏馆：271，总被引：2”。从读秀检索的结果看，采购的馆算比较多，只是现在复本量普遍买得很少。读秀整合图书馆馆藏数据大约为 1000 家左右，27% 收藏了。我还了解到，同时出版的另一种同类图书，存货数量为 656 册，该书“收藏馆：196，总被引：4，被图书引：1”。此外，留意到一本该社 2011 年 7 月出版的书存货数量为 6558 册，该书“收藏馆：116，总被引：0”。据悉，这些书也都走了馆配的，不过一般都是带当年新书，旧书一般发行都不带去馆配会的。

2018 年 1 月 20 日我曾写过《尴尬的学术图书出版》[1]，文中有“根据开卷监测系统统计，从 2014 年 1 月至 2017 年 10 月，综合实体店、网店及零售三个渠道数据，年销售数量小于 5 本的图书，占全部图书品种的 34.5%；年销售数量小于 10 本的图书，占全部图书品种的 45.19%。这些‘滞销书’估计有部分会作为‘特价书’进入部分高校图书馆或公共图书馆，火速‘充实馆藏’之用，更多的可能会是面临报废或化纸浆”。有位出版社编辑留言“这个数据太吓人了”，我的回应是，“当时，也吓到我了。我自身近年有些观察，与君分享。一是我自己出的书，印数越来越少，3000，2000，1000，800……二是通过读秀搜索平台，观察图书馆对图情领域图书的收藏情况，也确实是越来越少（收藏馆的数量减少，复本量减少）；三是，馆配‘特价书’似乎需求挺旺。”另一位出版社编辑留言：“作为从事学术著作出版工作的资深编辑（请允许我这样自吹自擂），我认为您对学术专著的出版现状理解有些片面，其实我觉得在这一行业工作不满 10 年的，都不太可能对这一行业有全面而又深入的理解。我只能说，学术图书出版既没有您说的这样悲观，

---

[1] 王启云. 尴尬的学术图书出版［EB/OL］.［2018-11-30］. http://blog.sciencenet.cn/blog-213646-1095957.html.

也没有20世纪80年代那样乐观，还在平台期。”我回应：“文中表露的仅是个人的一点感知，从图书馆工作者角度及作者角度。期待明天会更好！”北京大学图书馆王波《一篇报告全面解读我国高校图书馆资源建设概况及走向》认为“出版社出版的纸质图书目前仍占绝大部分，只发行电子版或同时发行电子版的比例很小，图书出版尚未进入数字出版时代。”“数字资源商提供的数字图书，量少质低，仅采购电子图书，无法完成大学图书馆的使命。”

我祈求自身那575本滞销书有个好的归宿。学术图书出版之路，仍将继续，期待下一本做得更好。

（2018-11-30）

闲话视野

“视野”一词，百度百科的释义为“空间范围或见识”，稍作拓展为“物理意义是指人眼固定地注视某一点或某一片区域时（或通过仪器）所能看见的空间范围，即通过眼睛所能看到的事物，同时也指人思想或知识的领域。”

物理意义上的视野与视力相关，对于我来说，视力一年不如一年。当前的视力，左眼0.5，右眼0.4。1999年刚参加工作时视力应该是正常的，2005年上研究生时，上课看黑板（或PPT）已感觉费劲，跑去配了副眼镜，度数好像是150度。没戴多长时间，也没戴几次，弄丢了。之后再也没戴过，因为平时的工作与学习似乎不碍事，也许习惯了。要不是体检检查视力，还不了解自己的视力如此糟糕，我为我的视力还是感觉到有几分欣慰的。我生长在较为贫困的山村，15岁之前，家里没有装电灯，用的是煤油灯，上高中的几年在县城上，与人合租人家的房子，用的是25瓦的白炽灯泡。高中阶段，我算是比较勤奋的，每天晚上的睡觉时间不会超过6小时，其余时间基本却是在学习、在用眼。上大学几年，也没用过台灯。我大哥在高中阶段就近视了，近视度数还比较高。如今看来，我大学毕业时没近视，算是“奇迹”。视力如此这般，视野大概也会是比较糟糕的，只是还不自知。

视野还指人的思想或知识层面上的视野。虽然年龄已逾不惑，但“视野”还是稀里糊涂。2011 年有位老师对我的批评是，“内心是十分坚硬的，这是一颗核心为自尊、主体是自负而外表带有些许自卑的内心，热爱思考和内省的性格让这颗心具有了极强的自适应性，任何思想、学说、观点、方法都可以纳入他已经成型的体系中来，以至于他学到的，可能并不是本来的，很像各类‘中国特色’。”“很舍不得‘倒空自己’，而是尽最大可能‘解释自己’，以至于他难以学到新的东西。”一方面我很珍惜这样的批评，另一方面亦试图省思自身。然而，八年来我并未参透，认为这说对也对，说不对也不对。

刚参加工作时，因为长时间安排在书库，我曾向校领导写信“吐槽”，大意是要么让我留下来干点更适合我的工作，要么让我离职。后来，分管图书馆的校领导找我了，具体说什么，我已记不起来。她除了告诉我学校马上要建设新馆之外，还对我说高校图书馆大有可为，需要拓宽视野。1999 年年底，我参观了徐州师范大学敬文图书馆（其时为新馆刚建好），据介绍投入为 3500 万元，是其时现代化程度很高的图书馆，较为有效地提高了我对高校图书馆的认识。老领导的话，对我的触动还是比较大的。近 20 年，我一直在努力拓宽视野，更好地走进 / 走近图书馆，国内各级各类图书馆大约早已超过 100 家，有的还去过多次。参观学习是一种方式，了解馆史亦是一种重要方式，近年淘了数十本与图书馆史相关的图书。

研究生学习阶段，我选择了脱产三年，那个阶段我特别希望多读点哲学书。很遗憾，我发现西方哲学书我根本读不进去，后来重点选《道德经》诵读。还被一位对儒释道均有较深见解的亦师亦友的黄建年先生“逮”到了，向其他老师推介说我对《道德经》有研究，令我惭愧不已。那段时光，与黄建年先生及其他几位攻读博士的老师晚饭后在南京农业大学操场内边散步边聊天，聊思想、聊治学、聊历史……我多是“倾听者”，给我留下了美好的回忆。

“些许自卑的内心”很客观，与我的成长环境、学习经历、工作经历等密切相关，而且可能会伴随一生。“兼收并蓄但保持独立思考”，也许是适合我的。对《道德经》的一些思想似乎略有感悟，追求进步或更好地进步，见贤思齐也是我所努力的。

（2018–12–2）

有志者，事竟成——盐淮两地四所本科院校图书馆考察学习有感

2018年12月6—7日，我所在馆赴盐淮两地四所本科院校图书馆考察学习，交流主题为图书馆党组织建设、图书馆行政业务学习交流。我作为参考咨询部负责人随行。为期两天的考察学习，承蒙到访馆热情接待，进行了较为深入的实地考察与访问。

第一站是盐城工学院图书馆。该馆成立于1996年，馆舍建筑总面积4.7万平方米，馆藏印刷型文献180余万册，35个中外文数据库，3个自建数据库。现有工作人员80余名，其中党员25名，分两个支部。科技查新工作最为出彩。1999年启动，2012年筹建教育部科技查新工作站，2015年正式获批（第七批，同时为最后一批）。科技查新工作站（与参考咨询部合署），现有工作人员13名，2018年已完成科技查新项目600多项。文献检索课1名专职教师，10余名兼职教师，课程类型为通识教育选修课。2016—2018年文献资源建设经费分别为：548万元，624.4万元，634万元。每年有120万元左右是科技查新专项经费抽出用于资源建设。该馆承办了江苏省2018年科技查新年会。

第二站是盐城师范学院图书馆。该馆于1999年合并组建而成，馆舍建筑总面积4.35万平方米，其中新长校区馆建筑面积3.2万平方米，2007年建成，馆藏印刷型文献190万册，古籍1.6万册，中外文数据库50多个。现有工作人员在编44人，编外10人，其中20名党员，分3个支部。参考咨询工作2人专职，技术保障工作4人。馆长为三级教授，档案馆、校史馆建设为亮点。2018年为该校办学60周年校庆，图书馆花了2年时间建成校史馆。2016—2018年文献资源建设经费分别为540万元、540万元、550万元。每年有100多万元是从中央财政、学科建设等费用支出，用于购买外文数据库。

第三站是淮阴工学院图书馆。该馆馆舍总面积3.78万平方米，馆藏印刷型文献160余万册，中外文数据库41个。现有工作人员65人（在编47人），其中博士学位4人、硕士学位16人，其中党员20名，分3个支部。该馆新馆2007年建成，2014年获得960万元中央财政经费用于空间改造，历时两年完成，信息共享

空间建设等很是出彩。用时两年完成校史馆建设，方案调研 30 余家。该馆阅读推广工作、学科服务工作均很出色。文献检索课开展较为扎实。2016—2018 年文献资源建设经费分别为 380 万元、500 万元、550 万元。

第四站是淮阴师范学院图书馆。该馆馆舍建筑面积 3.9 万平方米，王营校区主馆 2005 年建成，3.2 万平方米，馆藏印刷型文献 218 万册，古籍 2 万册件，中外文数据库 35 个。现有工作人员 81 人（其中在编 68 人，保安 8 人），其中党员 35 名，分 3 个支部。该馆古籍工作最为出彩。13 部古籍入选国家、省级珍贵古籍名录，拓片 474 种。特藏文献工作扎实。采编部 6 人（其中编目 2 人，典藏 2 人）。该馆倡导"以工作推动学术，以学术促进工作"，建立月度学术沙龙制度。该馆有博硕士学位 / 学历馆员 28 人，目前有 3 名博士在读。2016—2018 年文献资源建设经费分别为 580 万元、580 万元、600 万元。

四所高校图书馆存在一些共性问题，突出的是编制紧缩，在编人员平均年龄为 45 ～ 50 岁。四所高校图书馆 2017 年均为所在高校年度考核先进单位，这是难能可贵的！各个馆长均属于特别能吃苦、特别能奉献的。我与淮阴工学院图书馆薛建明馆长是在 2015 年 12 月教育部高校图工委战略规划研究组及江苏省高校图工委战略规划委员会主办的"高校图书馆'十三五'规划经验交流会"会议期间相识的。其时，薛馆长刚到图书馆不久，与我交流了其想法与做法，宏观的、微观的，意气风发、雄心勃勃。及至实地听完薛馆长的汇报之后，我由衷地表达了我的"震撼"，参观之后，更是敬服不已。淮阴工学院图书馆的情况，我之前有所了解，且实地参观过数次，此次变化确实很大，取得了飞速发展，真正较好地做到了"内塑内涵，外塑形象"。2017 年，该馆年度考核被评为先进单位，馆长为年度考核先进个人，图书馆完成了该校"十件大事"之一。

考察学习过程中了解到，盐城工学院已成为学术硕士学位建设单位，淮阴工学院正在为之进一步努力（已为专业硕士学位培养单位）。四所高校图书馆为所在学校的建设与发展均做出了骄人业绩，得到了所在学校师生的赞扬与认可。

苦心人，天不负；有志者，事竟成。我由衷为这样一批积极进取，奋发有为的地方本科院校图书馆的又好又快发展点赞！

（2018-12-9）

图谋的 2018 年

一如既往的忙碌，依“惯例”稍事总结。

（1）作为参考咨询部负责人，主持完成所在部门承担的数字资源采访，学科服务、数字资源用户培训、数据库运行使用和更新升级、部门岗位聘任、部门总结材料撰写等各项工作。2018 年 3 月完成“2018 年文献资源采购方案”；2018 年 10 月完成参考咨询部“工作量统计表”等工作。

（2）负责完成中外文数据库采购工作、数字资源经费预算、数据库运行使用和更新升级相关工作。完成了 20 种中外文数字资源的谈判与采购任务，开通了 14 种数字资源使用。

（3）负责数据库试用、测试、网络信息发布及相关宣传，跟踪用户使用情况，撰写年度图书馆数字资源采购及其利用概况，参加数据库采购相关会议。

（4）负责第五届读书节数字资源利用系列讲座的组织、策划、协调，共举办讲座 17 场次，我校师生累计逾 1000 人次参加，主讲其中 3 场。

（5）开展省部级以上科研项目学科服务工作。积极开展深层次嵌入式服务模式的探索与实践，积极与科研处、院系及相关教师沟通与交流，开展省部级以上科研项目学科服务工作试点。完成 1 项定题服务。

（6）依托淮工学科服务 QQ 群助力参考咨询服务。常年推广图书馆资源与服务，解答各类咨询，分享文件 123 个，涉及试用资源通知、数据库使用方法、研究参考资料等，具有较高的参考价值。

（7）主编《学科服务速递》10 期，通过办公网邮箱、学科服务 QQ 群向全体教职工推送，此外，通过图书馆网站向全校学生提供下载服务。受到用户好评。

（8）为科研处、人事处、二级学院等职能部门的职称评审、人才引进、学科评估、专业评估、科研成果统计等提供信息服务与决策支持，协助完成各种需求的统计资料填报。

（9）完成教育部青年项目“新业态环境下高校图书馆专业馆员职业能力研究”

（项目编号：15YJC870020）结题工作；发表学术论文 4 篇（2 篇独立作者，2 篇第二作者）。

（10）先后参加数图新服务应用研讨班、CALIS 第十六届引进数据库培训周、中国图书馆事业发展高层论坛、第九届上海国际图书馆论坛、江苏省高校图书馆文献资源建设研讨会。此外，参加盐淮两地四所本科院校图书馆考察学习，进行了较为深入的实地考察与访问。

此外，做了以下工作：作为圕人堂 QQ 群群主，承担相关管理与服务工作，发布《圕人堂周讯》52 期，此外于 2018 年 6 月开通圕人堂微信公众号，发布 91 篇原创图文信息，现有关注用户 1700 余人；作为《图书馆报》专栏作者，刊发随笔 11 篇；完成《中国出版传媒商报》约稿 1 篇，科学网博文被《中国科学报》选刊 1 篇；完成《高校图书馆工作》约稿 1 篇。作为两家学术期刊审稿人，完成审稿数篇；作为学术图书外审审稿人，完成两部书稿的审稿工作。

2018 年最为欣慰的事是家中老人安康（有老人经历大状况，心始终是悬着的）；有几分遗憾的事是有本地方志编修工作对我寄予过高期望，心有余而力不足，中途退出。

2018 年是忙碌的一年，收获的一年。衷心感谢所有给予我关心与帮助的人！

（2018–12–21）

图谋的稿费及其支出

2018 年，图谋先后收到几笔稿费，总金额为 3592 元。稿费构成有三部分：报纸的、期刊的、出版社的（审稿费）。据悉，还有一点未结算，将在 2019 年发放。

当前，稿费对图谋来说是意外之财，给稿费算是意外的收获。图谋算比较勤劳的，单单是科学网圕人堂专题发布的原创博文，会有 100 篇以上，几乎均为无稿费（或者说“零稿酬”）的。图谋能理解“家家有本难念的经”，都需要精打细算过日子。有家报纸的友人遗憾地告诉我，2018 年 9 月份之后不再发放稿酬，我说没有关系，如有需要，乐意继续效力。学术期刊不收版面费且给稿酬的，或许可以说屈指可数了。学术图书出版能拿到稿酬的，大概可以说是凤毛麟角。稿酬和审稿费都是劳务报酬所得，审稿费或许不算严格意义的稿酬，更多的属于劳务报酬。

曾有友人调侃，稿酬所得增添几个买青菜的钱，或者可以“加鸡腿”。图谋的稿酬基本被挪用为广义的“以文养文”了，具体操作方面还需灵活有度，比如适度“提前消费”，因为稿酬多是年底结算的。图谋 2018 年的稿酬，基本是花在圕人堂的。

共买了 30 本书赠出（还需承担快递费）。《圕人堂周讯》大事记中记录，“2018 年 1 月 28 日为图谋博客 13 周年。图谋面向圕人堂成员赠《图书馆学短论——科学网图谋博客》（知识产权出版社，2017.9）20 册，所有赠书一律题签：图谋博客 13 周年纪念（签名 / 签印）。图谋 2018 年 1 月 27 日赠书信息发出之后，共收到 44 人的请求。为图谋博客 13 周年只准备了 15 册，根据需求提交情况追加赠书 5 册（另行签赠）。2018 年 1 月 28 日通过快递寄出，截至 2 月 2 日，14 人已反馈收到。”“2018 年 5 月 10 日为圕人堂建群 4 周年。图谋寄赠 10 册《图书馆学短论——科学网图谋博客精粹》，先到先得。所有赠书题签（附印）：‘圕人堂四周年纪念。图谋赠 2018 年 5 月 10 日’。”（注：对于发出请求但未能满足的需求，提供了该书电子书。）

2018 年 12 月 29 日收到稿酬汇款单，两笔共 1224 元，率先以个人名义支付圕人堂微信公众号劳务补助 800 元（因为 2018 年没有这块的预算，不好从“圕人堂发展经费”支出，但图谋认为应象征性地意思一下），另在圕人堂发放红包 100 个（金额 100 元，主题“欢迎关注圕人堂新年献词”）。

圕人堂至建群以来，大窗活跃度基本保持在 20% ～ 30% 范围。假如低于 20%，会采取干预措施：比如“制造”话题或发红包。目的是“保鲜”。发红包的意义：一是活跃氛围；二是略表心意。圕人堂建群以来，一直在探索“红包文化”。不时下会儿红包雨，气氛也许更活跃。圕人堂的规矩是，在群中发红包 50 元以上算是捐助圕人堂发展基金，大事记中予以记录，以此致谢。图谋时不时做“示范”，经费来源主要是来自个人稿酬所得。

（2018-12-31）

为什么“渴研”

回首2018年，似乎许多精力都在忙科研。从年头忙到年尾，一环扣一环，马不停蹄。忙完这一阵，该考虑忙下一阵……

图谋的忙，似乎忙得让人不可思议，或者令人难以置信，当然也有人认为图书馆员有啥好忙的？图谋的各种忙，说来也简单，为了图谋而图谋。原本“图谋，为图书馆学情报学谋，为图书情报事业谋。”到如今，有些场合简略为“为图书馆学谋，为图书馆事业谋。”我的初衷是希望为情报学及情报事业也出份力，但愈来愈觉得力不从心，可谓心有余而力不足。到什么山上唱什么歌，我所有的“图谋”，皆是因地制宜、因时制宜，且尽可能地立足现实，又高于现实。做不成大事，就努力做点小事，最好是于人于己均有益的事。

学然后知不足。真的是学无止境。我在努力尽可能地多学一点，再多学一点，同时，也在思考着做“减法”，有所为有所不为，量力而行，适可而止。做的方面也是，细水长流，透支健康得不偿失，据说“45岁是中年人身体机能发生变化的一个分水岭”，需要“悠着点”。

图谋自认为“我是如此平凡，却又如此幸运”。得益于诸多师友的提携与关爱，家庭成员的理解与支持，我能以饱满的热情，持之以恒地图谋着。我希望可以更好地图谋，更好地回馈所有给予自己帮助的人们。

莫等闲，白了少年头，空悲切。昔日少年早生华发，老夫聊发少年狂，鬓微霜，又何妨？为伊消得人憔悴。

（2019–1–16）

闲话人文社科科研成果评价

2018年12月19日，我留意到中国知网“一键获取学者科研成果统计报告”；2019年1月9日留意到“高校人文社科学者期刊论文排行榜（2006—2018）”。他们的统计数据均来自中国知网《中国高校科研成果统计分析数据库》，由中国科学文献计量评价研究中心发布。部分原因是工作需要，因为作为学科馆员，需要关注学科分析与评价；部分原因是作为人文社科学者之一，与自身密切相关。有所关注，有所体验，有些琐碎的观感。

人文社科科研成果评价是非常复杂的，中国科学文献计量评价研究中心的探索是有益的，但能取得多大程度认可，尚为未知数。评价结果是定性分析与定量分析相结合计算出来的，恰到好处几乎是不可能的。

以我自己的情况为例。中国知网“学者科研成果统计报告自动导出工具”生成的“王启云－学术成果证明”中：“数据来源于《中国高校科研成果统计分析数据库》，统计日期截至2018年11月。学者王启云在2006—2018年：发表期刊论文24篇，论文被引频次为178次，论文他引频次为162次，论文下载频次为9159次，核心期刊17篇，基金论文14篇；其中，第一作者期刊论文17篇，被引频次为129次，他引频次为117次，下载频次为6282次，第一作者核心期刊12篇，第一作者基金论文8篇，作者H指数为8，综合指数为44.39；国家级基金0项，部委级基金1项，省部级基金0项；报纸发文6。其中，地方级报纸发文0，中央级报纸发文6。”

生成的证明中，有的信息是错误的，有的信息是不够全面的，有的信息不准确。时间范围为2006—2018年11月5日，为什么是这个时间范围？以我个人的情况，2001—2005的表现或许比2006—2018好得多，“综合指数”或许会高不少。期刊信息并不全面，比如《数字图书馆论坛》等是没在统计源数据之中的。中文期刊论文只是“学术成果”的一个重要组成部分，我自身尚未在国外期刊发表论文，但在学术图书方面、科研成果评奖方面下了些功夫，无法体现。此外，若干指标的权重怎么分配，对结果的影响是非常大的，比如合作者成果与独立成果、某级别的科研项目、某种索引收录的源刊……引用的类型有多种，观点的引用，研究方法的引用，材料的引用，权重通常是有所区别的。是被权威期刊引用还是学位论文引用？是被知名学者引用还是被普通学者引用？也是有所不同的。当前的科研评价的导向是高水平期刊，一篇被认定为高水平的期刊论文，可以秒杀多篇非高水平论文。有的学者的研究领域涉及多个一级学科，有的学者在一定时间范围内涉及多个机构（可能是因为攻读学位或工作单位变动）。

人文社科成果评价与自然科学成果评价是有所不同的。当前的人文社科科研成果评价中，将专利也列入其中似乎不怎么靠谱。当然，试图进行一些探索，让可量化、可测度的成分一目了然，这是有积极意义的。学者科研成果统计报告自动导出工具“基于《中国高校科研成果统计分析数据库》中 500 余万名学者科研大数据；帮助学者了解学术产出、管理科研成果、生成成果统计报告；为学者评定职称、申报奖励、申请项目提供客观作证材料。”当前存在前述种种不足或缺陷，但瑕不掩瑜。

（2019–1–20）

图谋博客 14 周年

2019 年 1 月 28 日为图谋博客 14 周年，起算点是我在博客网开始写博客的时间（2019 年 2 月 9 日为科学网图谋博客 10 周年）。每逢周年，写几行文字，既算回顾总结，又算宣传推广。

自 2004 年 3 月“ Web 2.0”的概念被明确提出，Web 2.0 具有参与性、开放性、协同性、集成性、整合性、持续性等特性，“互动、共享与协作”为显著特点，其影响力迅速渗透到图书馆领域，有了“图书馆 2.0”，图林学术博客兴起。图谋作为草根，积极参与交流与共享，且有幸得到了 Keven、老槐、竹帛斋主、书骨精等诸多师长的关爱与提携。图谋从“ a”进化到“图谋”（准确表述是“一个图谋”或“ a libseeker”）。图谋博客公开宣示：“图谋，为图书馆学情报学谋，为图书情报事业谋。”这个转变是有故事的。《大学图书馆学报》读者沙龙，活跃期大约为 1999—2003 年，网名：a ；厦门大学“网络图苑”论坛，活跃期 2003—

2006，网名：a。上述两个平台曾留下痕迹，“a”曾经历困惑与迷茫，经图林师友的感化，得以进化成“图谋”。

图谋博客应该归属于“学术博客”。“学术博客由学术人员撰写，以学术为主题，具有传播学术信息、表达学术见解、维护更新、保存记忆、写作、交互、建立联系等功能，能够揭示博客作者潜在的主题偏好。”[1] 甘春梅在其《学术博客用户行为——理论模型与实证研究》书中有更为通俗化的表述：“由科研人员（如高校教师、科研院所研究人员、高校学生等）撰写的，以学术为主题的，旨在发表学术思想、传播与交流学术观点（成果）以及共享学术知识的博客。通过撰写学术博客，科研人员可随时发布自身拥有的知识或信息，与他人就某一问题进行互动交流；同时能够共享他人的知识，及时获取科研领域的最新动态或成果；进一步能够寻求志同道合的学术伙伴，进行合作等。通过学术博客，科研人员撰写并更新博客，评论他人的博文，反馈他人的评论，与其他博客或相关学术站点进行链接等。随着博客用户的发展，有着相同兴趣与爱好或相同专业背景的用户自发形成一个社区，构成学术博客社区这一特殊环境。”[2] 该书中还总结了学术博客的好处与坏处代表性观点，好处是“给科研人员带来的好处，包括加速发表、自发性、发表正在进展中的工作且获得反馈的能力、增加个人声音、避开编辑过程、增加分布式同行评审以及支持科研人员与他人建立联系等。”“提供了提高写作技能的机会，通过链接来创建兴趣社区，支持科研人员对不同的新闻（尤其是他们不认同的新闻）作出快速的反应，并通过更强的资源来支撑其观点。”坏处是“学术博客的使用也使得科研人员承担一定风险，如在成果正式发表之前共享的信息和想法被盗取或受到攻击、对可信度的影响以及对传统研究活动时间的占用等。”“其弊端体现在需要大量的时间去管理，如学习新技术的时间、与读者交互的时间和撰写博文的时间，且博客通常认为不专业。”

知识传播、知识交流与知识共享环境，与知识产权、学术规范、利益均衡等密切相关，学术博客的发展受到制约。微观角度，作为学术博客，逐渐淡出人们视线，原因之一是学术博客不仅“没有地位”，而且来势汹涌的“学术不端检测系统”将学术博客（网络资源之一）作为信息检测源之一，于人于己似乎弊多利少。2014 年 5 月 10 日，圕人堂 QQ 群创立，建群目的为试图推动做点有益于图书馆界

[1] 甘春梅，王伟军，田鹏. 学术博客知识交流与共享心理诱因研究［J］. 中国图书馆学报，2012，38（3）：91-98.

[2] 甘春梅著. 学术博客用户行为理论模型与实证研究［M］. 北京：科学出版社，2016：26-27.

的事。“圕人”指图书馆及图书馆学相关人员，它包括图书馆员、图书情报专业教师和学生、图书馆利益相关者（包括政府主管部门、相关资源商、硬件商、平面媒体等等）。这样的拓展并非毫无边界，是基于图书馆事业现状所做的调适。《圕人堂周讯》综述圕人堂 QQ 群一周交流信息，对圕人堂全体成员公开（通过 QQ 群邮件推送），同时亦对社会公开（当前主要通过科学网图谋博客圕人堂专题公开）。因此，可以视作图谋博客是圕人堂提供服务的辅助平台或补充平台。同时，图谋博客本身可以视作圕人堂的“内容服务”之一。图谋博客可以视作一个人在奋斗；圕人堂可以视作一群人在奋斗（图谋搭台，圕人唱戏）。圕人堂 QQ 群与图谋博客，花开两朵，各表一枝。

期待图谋博客及圕人堂更好地受到关注与支持，期待更多圕人一道更好地图谋下去。图谋只是作为一个图谋（a libseeker）身单力薄，更多的图谋（libseekers），方有可能让圕及圕学更加有趣、有味、有力量！

（2019–1–27）

科学网图谋博客 10 周年

2007 年的 1 月 18 日科学网正式上线。图谋博客 2009 年 2 月 9 日“入驻”科学网。

正式入驻后写了篇博文，文中提及“选择实名制的科学网博客，需要很大的勇气。”“鄙人选择科学网，有若干个胆怯的理由。”“鄙人对科学网是十二分敬畏的。科学网高人云集，俺一正宗‘草根’，是否不利和谐？”“有道是海纳百川，有容乃大。我算不上‘学者’，充其量一‘学习者’。轻轻地我来了，我不是来’打酱油’的，我是来学习的。”[1]

科学网图谋博客 10 周年，分别于 2013 年、2015 年、2017 年，结集出版了 3 本博客书。从读秀学术搜索（图书）呈现出来的检索结果（图书馆收藏情况）及出版社反馈的图书销售情况看，我自认为在当下算是较为满意的，一定程度上应

[1] 王启云. 科学网，轻轻地我来了［EB/OL］.［2019-2-12］. http://blog.sciencenet.cn/blog-213646-213880.html.

该是借了科学网的光。古往今来，读书、教书、评书、编书、著书大概是多数书生们的追求与梦想。2009 年 6 月 14 日，我《从博客到博客书》博文最后一句为："从博客到博客书，我依然在为之努力。我坚信所付出的是值得的。期待师友们的一如既往的提携与帮助，期待能够梦想成真。"我作为"草根"，有机会接二连三出版博客书，算是梦想照进了现实。

科学网图谋博客 10 周年，科学网待我不薄，先后有近百篇博文被精选，甚至有的上过"头条"，有的曾被《科学报》选刊。我因为科学网博文，还曾拥有若干意想不到的收获，比如曾两次接受《中国教育报》的采访，时不时可以发现我的科学网博文在学术期刊或学术图书中被引用（被列为参考文献或注释）。

与科学网相依相伴 10 周年，科学网为"大树"，图谋博客或许可视作一"青藤"，大树、青藤不了情。由衷地感谢科学网，感谢科学网博友及读者！科学网图谋博客 10 周年，对我的工作、学习、生活等各个方面有着或深或浅的影响，受益匪浅。

（2019-2-12）

该出多少成果

某次交项目申报材料时，科研管理人员对预期最终成果的填写提出质疑："能完成吗？"我回答说："应该可以。"未料到对方来了句："数量不代表质量……"我也只好点头称是。其实，我还算是比较保守的，我拜读过多份申报成功者的申请材料，也与承担过同类项目的师友有过交流，经过权衡，我选择略高于基本要求的目标，过高过低都是不合适的。科研管理人员的意思是让我修改，但我觉得需要坚持己见，也引发我思考：该出多少成果？

我的学术启蒙阶段，于鸣镝先生对我有一定影响。于先生格外高产，图书馆界流传着关于他的"传说"。大意是学历起点并不高，但特别勤奋，特别善于做笔记（做了许多小卡片），笔头特别勤快。人们议论他的时候，我隐约能感觉一丝"羡慕嫉妒恨"的情绪。于鸣镝先生 1939 年 12 月生，2006 年 10 月 16 日病逝。中国图书馆学会唁电称："于先生在大连轻工业学院图书馆工作及担任馆长期间，兢兢业业，恪尽职守，不仅在管理上多有改革和建树，在学术研究方面也硕果累累。于先生著作之多，实属罕见，由于他的勤奋和严谨治学，使他在图书馆学理论研究方面做出了突出的成绩和贡献。今天我们在这里缅怀他，纪念他，我们要学习他孜孜不倦的研究与创新精神，学习他奉献图书馆事业的精神，并在这种精神的激励下为中国图书馆事业的发展做出我们应有的贡献。”大连轻工业学院悼词中说：“于鸣镝先生一生严谨治学，著述颇丰，一生共正式发表专业论文 439 篇，撰写和参与编写的学术专著 17 部，其著作文字总量近 500 万字。于先生在中国图书馆学界著作之多，实在罕有，影响之广，少人能及。”实际上，于先生故去之后还有数篇论文发表，还出版了两本书《图书馆学实用研究法》《读书治学十二环》。据于先生 1998 年 4 月 26 日发表在《图书馆论坛》的从业抒怀：“我自 1964 年发表第一篇文章至今（其中十年‘文革’空白）总共发表论文 278 篇，出版专著、编著、译著十余部，命中率在 98%！”于先生是 1999 年 12 月退休的，在病逝前 8 年多时间里发表了 161 篇论文！这是一位令我深为敬服的图书馆人！

图书情报领域成果丰硕者有许多位，有的还比较熟悉。我不敢说他们是我学习的榜样，因为还算有些自知之明，深知自身身无长物、资质平平，但我尊敬他们，读他们的成果（甚至收藏他们写的书），试图学点皮毛，不见得学到了什么，就算是一种礼赞吧。

有位敬重的师长向我索书：“你出那么多书，不妨寄几本给我学习学习。”真是受宠若惊，不是我小气，关于拙作，尚很稚嫩，有所顾虑。贻笑大方也是需要勇气的。我近年出版的书，赠阅的面越来越窄，部分原因是因为脸皮越来越薄。

我对我的“成果”谈不上满意。笔耕不辍，适时出版或适时发表，是我努力践行的。该出多少成果这类问题也许是没有标准答案的，其实也并不需要答案的。“学中做，做中学”，且尽可能的有所成、有所乐，对于我来说或许是最合适的。吾生也有涯，而知也无涯。

（2019-2-26）

做与自己水平相称的事情

周末较为完整地聆听了中国社会科学院学部委员、中国社会科学院文学研究所研究员杨义先生2010年元旦在国家图书馆“文津讲坛”作的“中国文学与人文地理”演讲。演讲过程中，表露了需要做与自己水平相称的事情，不浪费时间在写小文章赚稿费这样的事情上。这几句话的原话我无法准确复述，但对我有较大的触动。

我之前对杨先生一无所知，但听了一场演讲之后，对其“在学术研究中既注重对具体文学、文化现象的深入探研，更强调对中华文明的总体把握，以还原其应有的深度、广度与厚度”有进一步的感知，深表敬服。论年龄，杨先生与我的父亲属于同龄人，演讲时杨先生63岁（1946年生）；论学识，杨先生已于2006年被评为中国社科院学部委员（首批47人之一），学部委员为中国社会科学院最高学术职务和荣誉称号。杨先生著述丰富，利用时间方面有其心得。

回顾自身，确实是非常欠缺的。年龄上已逾不惑多年，实际上仍是糊涂虫。我做了许多无用功，比如撰写“学术博客”（图谋博客）已有14年之久，结集出版的博客书已有4本。《中国引文数据库》是目前中国最大最全的引文数据库，来源于CNKI收录的源数据库的参考文献，主要包括期刊（中外文）、图书、学位论文、会议论文、专利、标准、报纸和年鉴等文献类型的引文数据。其来源文献宣传为“全面覆盖国内科技与人文社科文献资源；客观揭示各对象的科研产出和学术影响力；多维度、深层次呈现统计与分析结果”。2019年3月，我进行了一番较为细致的检索，发现我所做工作基本是“无痕”的、“无用”的。

我的所做所为，总的来说算是形散神未散，神在“图谋”二字。自身的较为完整的诠释为“图谋，为图书馆学情报学谋，为图书情报事业谋。”是否是自己该做的事？是否是“做与自己水平相称的事情”？我无法确知。

“图谋”的源动力是得益诸多师友的提携与鼓励，我是幸运的、幸福的。其实早有师长希望我能多做点“与自己水平相称的事情”，有的属于直言不讳，有的属于旁敲侧击，有的甚至还表达过惋惜与遗憾。过去，或许可以说“少不更事”；今天，多少有些惭愧，只因自己的“碌碌无为”。

岁月催人老，且行且珍惜。

（2019-3-17）

第九届全国情报学博士生学术论坛参会略记

第九届全国情报学博士生学术论坛于2019年4月26—28日在南京农业大学召开，论坛主题为“智能、智慧、智库——新时代的情报学发展与实践”。我报名参会有三方面原因：一是希望进一步了解情报学研究及情报学教育动态；二是所在机构招聘图情档博士，领导委托“主动出击”招揽人才；三是希望回母校看看。

我1999年参加工作后，最初是希望报考情报学研究生的，还曾专门到南京大学买过情报学考研参考书，拜访过邹志仁先生。由于担任图书馆技术部负责人，且正逢新馆建设，工作较忙，工作之余学习考研数学感觉很吃力，后来放弃了。2000年11月与张厚生老师结识后，受张老师的影响，我转向了图书馆学。种种原因，图书馆学与情报学关系密切，相互影响，相互促进。依据全国高等学校学生信息咨询与就业指导中心2019年硕士专业目录查询，学术学位招生单位：图书馆学28家；情报学36家；档案学22家；图书情报与档案管理16家；信息资源管理4家。专业学位招生单位：图书情报49家。总体来说，近年，情报学的发展势头较图书馆学的发展势头要好一些。

我国目前共有12个图书情报与档案管理一级学科博士学位授予单位，分别是北京大学、中国人民大学、吉林大学、南京大学、武汉大学、中国科学院大学、南开大学、华中师范大学、中山大学、河北大学、南京农业大学、湘潭大学。据马费成先生介绍，2018年河北大学、南京农业大学、湘潭大学取得一级学科博士学位授予单位的机遇是来之不易的。2017年3月，国务院学位委员会发布《博士硕士学位授权审核办法》(学位〔2017〕09号)、《关于开展2017年博士硕士学位授权审核工作的通知》(学位〔2017〕12号)，授权审核工作正式启动，其间经历了学科点撰写申报材料、学校论证并申请、省学位委员会审核、国务院学位委员会审核、审核结果公示等多个阶段，2018年3月22日公布结果。

全国情报学博士生学术论坛由赖茂生、靖继鹏、马费成等2011年发起，每年一届，今年为第九届。第十届全国情报学博士生学术论坛将由中山大学主办。

此行有幸结识许多师友，有的算是神交已久，进一步开拓了视野，获得了启迪。参会人员中，年长的年逾七旬，年轻的二十来岁，1990年代出生的青年博士生近半数。这是一群富有情怀（专业情怀）、激扬智慧的情报人，新时代、新作为，期待明天会更好！

（2019-4-29）

闲话图书馆员论文撰写与投稿

我是一名普通图书馆员，1999年参加工作，2000年开始论文撰写与投稿。如今，我自身是一名普通作者，同时还是图情学术期刊及图情图书的审稿人。除了学术期刊及出版社给我的审稿任务，还时不时有熟悉、不熟悉，甚至完全陌生的图书馆员找我提意见和建议。因囿于自身的精力和能力，我很难做到令所有人满意，甚至可能因为“词不达意”“言不尽意”“话说三分”等原因得罪人。

也许我算是一名比较勤奋的图书馆员，至今笔耕不辍，与“论文撰写与投稿”有着不解情缘。近20年的经历，原本天资平平、身无长物的我，得益于许多期刊编辑的指导、帮助、鼓励与提携，在科研旅途上像一只不知疲倦的蜗牛一步一步往前爬。学习，永远在路上。

许多人感受到，论文越来越难写了，包括许多高职称、高学历、高水平人员在内。这是为什么呢？也许我可以进行简单的数说，将更加直观、更加生动。

期刊版面资源更加稀缺了。以某图情期刊的变迁为例：2007—2011年为旬刊，每年36期，每期228页，某期载文92篇，年载文约3312篇；2012—2015年为半月刊，每年24期，每期160页，2015年第11期载文63篇，年载文约1512篇；2016年改为月刊，每年12期，每期160页，某期载文41篇，年载文约492篇；2017年期刊更名至今，月刊，每期80页，某期载文12篇，年载文约144篇。2019年《农业图书情报学刊》更名为《农业图书情报》(http://nytsqb.caas.cn)，改版之后，变化较大。2019年第2期载文9篇，共67页；2019年第1期载文8

篇，共 73 页；2018 年第 12 期载文 24 篇，共 129 页；2018 年第 11 期载文 31 篇，共 169 页；2018 年第 10 期载文 33 篇，共 169 页。这是两种图情期刊的简况，可以看到，发文量大幅降低，单篇论文的篇幅长了，2 ～ 3 页纸的论文少了。

论文学术规范方面的要求发生了变化。有一家图情 CSSCI 来源刊要求必须通过指定的学术不端检测平台检测报告，且"'总文字复制比'小于 7%，'去除引用文献复制比'接近 0，如未达到上述要求，请重新修改。"体验过的人知道，那样的要求其实是非常苛刻的，也并不见得有多科学。我认为，过低的文字复制比很可能因未能正常引用而涉嫌学术不端，比如引用的观点或素材严重变形或扭曲。

作者队伍发生了变化。《图书馆论坛》副主编刘洪在圕人堂 QQ 群分享了《图书馆论坛》2019 年 1 ～ 5 期作者学历结构、职业结构概况，并得出简短结论。学历结构：博士占 54%，硕士占 40%，本科占 6%；职业结构：高校和科研机构 57%，在读硕士 20%，在读博士 17%，在读本科 4%，公共图书馆 2%。结论："全民科研并不具有现实基础；要具有较高的科研能力，一条路径是通过攻读较高的学位，进行学术训练。当然这并不是唯一路径，在这个时代，只要愿意学习，加倍努力，完全可以成为科研达人。"

面对上述形势，图书馆员如何随机应变、积极进取？这些年，相关讲座、相关参考书有不少，其中《图书馆员论文撰写与投稿指南》一书让我如获至宝。该书回答了写什么、怎样写、如何写得更好、如何规范写作、如何投稿，还提供文献著作样例、图情期刊投稿信息一览表，全书只有 14 万字。我认为这本书的选题很好、结构清新、内容精炼、雅俗共赏。该书对当前的我有特别的功用，对我自身申报科研项目、撰写科研论文、同行评审等均可以学习借鉴，是一本为我量身定制的参考书、工具书。

（2019-5-1）

连云港市图书馆参观记

2019 年 5 月 4 日上午，我参观连云港市图书馆，先去建设中的新馆（科苑北路 9 号新世界文化城东南侧），再去现馆舍（连云港市海州区苍梧路 56 号）。参观前后进行了信息检索及进一步的延伸阅读，稍做梳理。

作为参观者视角，建设中的新馆，当前内装修似乎并未启动，仅仅发现一个柜子上有醒目的“连云港市图书馆安全柜”字样。据悉，连云港新世界文化城活动中心占地 102 亩，总建筑面积 10 万平方米，工程项目总投资 9.8 亿元。由图书馆，大、小剧院和音乐厅组成的四大球体建筑物，2013 年 10 月开工建设，2016 年 12 月主体完工并开始进行外部装修。文化活动中心以“碧波云水”为设计理念，取连云港“云水之城”之意，寓意优雅清澈、欣欣向荣的城市美好发展前景。水的波纹带有向心的特质，暗示文化建筑在城市中的重要作用，以一片祥云状的外衣包裹着“四个水滴”，使祥云的美好和水的灵动完美结合。图书馆（含影院）建筑面积约 2.9 万平方米，地上 6 层，地下 1 层。其中，一层为电影院，二层为书店，三至六层为图书馆及图书馆内部办公室。整个图书馆建筑高度为 31.21 米，建筑最高点 34.2 米。电影观众厅 8 个，电影院能同时容纳 846 位观众。继 2019 年 1 月连云港大剧院首演后，市图书馆新馆建设也将启动。2 月 20 日，市政府召开市长办公会议，专题研究市图书馆新馆建设事宜，会议明晰了建设思路，明确了时间节点，力争 2020 年下半年对外开放。图书馆新馆将采用现代智慧图书馆管理系统，设有外借阅览、少儿活动、少儿借阅、电子阅览、参考咨询、学术交流、展厅、报告厅等服务场所，咖啡书吧、文创中心、影院等文化体验区，西游记文献馆、地方名人典籍馆等特色馆，以满足读者多元化需求。预计新馆将于 2020 年 10 月 1 日正式对外开放，为广大市民读者带来更好的文化服务。

现馆舍总建筑面积 1.6 万平方米，据图书馆网站介绍，被江苏省一副省长誉为“最用心用力用情的图书馆”。连云港市图书馆我近年时不时进去看看，最近一次是 4 月 25 日下午，我作为市图书馆学会会员代表参加了连云港市图书馆理事会监事会成立大会，会议结束之后稍微转了转。也许因为今天上午的天气晴朗，且较为悠闲，可以较为充分地领略。连云港市图书馆确实给了我一种震撼，“最用心用力用情的图书馆”之誉是我准备梳理本篇文字时检索到的，我认为言之有理，颇为赞同。馆舍并不大，我从一楼到三楼逐层转，处处赏心悦目。其特色：一是充分利用馆舍资源，精心打造了学术报告厅、书画摄影展厅、少儿借阅中心、图书漂流区、读者俱乐部、婴幼儿活动室、蓝光影院、朗读驿站等服务窗口；二是创新办馆思路，引进社会资源，秉持“图书馆 +”的办馆理念，引进新华书店、非洲艺术馆、山山林美术馆、生活美学馆、英文绘本馆、科学实验室、心理教育中心等项目；三是开展贴近读者丰富多彩的阅读活动，包括“全城共读经典”“大型图书漂流”“我读书我选择”“苍梧讲坛”“连图童阅会”“淘宝小市场”“七色梦想园”等等。我拍了数十张照片，馆舍空间的里里外外（楼梯、走廊、墙壁、空调、配电箱、露台、桌椅），几乎每一个角落都花了心思做各种装点，有大量绿植，也有现代广告艺术装饰各种应用，现代信息技术设备应用。图书馆标识系统，别具一格，变化多端，创意无限。

我实地参观过大大小小的公共图书馆数十所，省级公共馆居多，地市级图书馆也有多所。毋庸讳言，连云港市图书馆在经济投入、资源与服务等诸多方面与发达地区相比尚存在一定差距。倘若予以综合考量，连云港市图书馆积极进取、奋发有为，所取得的进步是难能可贵、令人敬服的！

连云港市图书馆参观的总体印象是，这些年在“为读者提供更加全面、周到、温馨、贴心的服务”方面确实下了不少功夫，且已见成效。当前的所作所为，或许是为新馆建设做“热身运动”，让人对新馆充满期待。

（2019–5–4）

图谋图什么

《新业态环境下高校图书馆专业馆员职业能力研究》一书出版了。书是为了用的，为书找人随即成了我近期的重点工作之一。我是 5 月 17 日收到责任编辑发来的 2 本样书，随后于 5 月 19 日收到通过物流发来的 50 册样书。5 月 19 日寄出 42 册，5 月 20 日开始陆续收到反馈。5 月 19 日向出版社付款另买 50 册书，据悉，5 月 20 日已发货。

在收集赠书对象快递信息时，有位老师问我：“你写书怎么这么快，效率太高了，有什么经验呀？”我回答：“或许可以说该书凝聚 5 年（2014 年 12 月 23 日至今）心血。2018 年 10 月签定出版合同，2019 年 1 月 2 日提交书稿，2019 年 4 月底完成三审三校，下印厂。2019 年 5 月 14 日图书入库，2019 年 5 月 18 日看到样书。”

此次赠书，一律没有签名。有师友还特别交代要签名，我说很抱歉，因为批量寄赠工作量非常之大，且容易出错。2017 年闹过一次笑话，赠阅数 10 本书，我一一编号，快递地址信息序号与图书封面上编号一致。虽然一再交代需要一一对应，但最终还是混装了，挨个去追回。为了签赠，我曾专门请人治印一方，对自个的字还是有些自知之明的。这次干脆原封不动寄（每本书有塑封），直接寄走。一是节约时间，二是避免尴尬。

5 月 20 日浏览快递单时发现，因快递员使用的是语音识别录入地址，多个快递收件人的名字用了同音字，比如丘同邱、青同清、炜同伟……个别有机会解释，有的没机会解释。

图谋近期参加了两个会议。其一为 4 月 26—28 日在南京农业大学举办的第九届全国情报学博士生学术论坛，其二为 5 月 13—17 日在吉林大学举办的数字资源规范化 / 标准化建设研讨会暨 CALIS 第十七届引进数据库培训周。两个会议均是规模比较大的会议，会议期间与许多师友有或深或浅的交流，参观了多所图书馆（公共馆、高校馆），尤其是图书馆 2.0 时代结识的诸多师友，是弥足珍贵的财富。去长春参加 DRAA 培训周，期间重点去了图林丫枝（刘青华先生）那里，与他聊了 6 个小时左右，主要是听他讲工作、读书与人生，受益匪浅。会议中获取了大量信息，尚未来得及消化吸收。我突出感受是，需要进一步思考——图谋图什么？尽可能地做到自知、自珍、自励，有利、有益、有恒。

图谋赠书理由有多条，简而要之仅一条：不揣浅陋奉上拙作，期待方家批评指正，以利进步。不当、不足、不周之处，期盼师友海涵。

（2019-5-21）

我是一个图谋

我这些年试图做点接地气的工作，思考一些相对较为贴近现实的问题。不揣浅陋寄赠拙作，主要的用意还是期待大家不吝教正，以利进步。我自身的认识，研究水平不怎么样，但态度或许还算及格。我算是在边实践边探索，期待循序渐进。

关于《新业态环境下高校图书馆专业馆员职业能力研究》（知识产权出版社，2019.4），近期陆续收到圕人堂 QQ 群成员小窗索书或者咨询如何购买。特此答复如下：（1）关于索书。样书数量毕竟有限，且早已分配完，我自己也是从出版社购买，我买了再送，实际不如个人买经济、快捷。我不大可能一一去寄赠，一是经济条件不允许，二是精力也不允许。（2）该书“由各大网上书店、新华书店及相关专业书店”经销。目前，当当网、京东网已上架。图书馆购买可以通过新华书店、人天书店（馆配商）等渠道购买。感谢关注与支持，不当、不周之处，敬请海涵！

学术性图书出版从功利性角度或许是得不偿失的，因为它是比较小众的，比较辛苦的，图情档学科可能更为窘迫（因为受众面更窄，市场较小）。图谋的“为书找人，为人找书”举动，或许许多人觉得怪异或者不可思议。图谋图什么？尽可能的自知、自珍、自励，有利、有益、有恒，且行且珍惜。

在圕人堂QQ群的“告白”之后，河北师范大学刘绍荣评述：“你的行为影响了很多人，在一个行业内能有这样的影响已经说明了你‘图什么’，名利早已是身外之物。”图书馆论坛刘洪补充道：“图谋注定青史留名，仅仅这个群，每周的资料整理保存，就是宝贵的文书，积累十年，很多现在的数字或纸本的行业信息，基本流散干净，它就成为最原生态的完整的资料，供后世研究思考。至于学术科研，图谋产量高，视野宽，更是绕不过的行业人物。致敬！”图谋由衷感谢鼓励与支持！

5月23日，刘洪先生收到拙作之后评述：“出书和出论文不一样，论文有套路，有规范，没有多少人是非常认真阅读论文的，太枯燥了。但出书就不一样，严谨是肯定要的，但可以更活泼一些，更接地气一些。因此，您的书一定会好看，接地气的书，都是好书。”关于出书的观点，我深表赞同，但评价拙作为好书，当属于抬爱。

5月24日，已与知识产权出版社正式签定《图书馆学漫笔——科学网图谋博客精粹》出版合同，这将是我的第5本博客书。这本书的出版，原本属于计划外，承蒙师友抬爱，促使我做出于我颇有些艰难的决定。一方面，笔耕不辍，适时出版或适时发表，是我努力践行的；另一方面，需要努力超越自我，争取下一本会更好，于人于己均过得去。

从2005年1月28日“图谋博客”“开张”算起，14年来，有幸结识了许多师友，有长辈、同辈，也有年轻一辈，文笔、学养、智慧等诸多方面远远胜过我者大有人在，我能够捡漏做点事情或许纯属机缘巧合。

“图谋”不易。关于中国图书馆学教育的现状，近期略有关注，正巧读到程焕文，潘燕桃，张靖等著的《新时代中国图书馆学教育的发展方向》一文，可谓百感交集。"我国每年培养的图书馆学本科生和硕士生人数大约为2200人左右"，这个数字是比较尴尬的。当前的表象是"中国图书馆事业正处在大发展大繁荣时期"，可能主要体现在馆舍风貌及软硬件设施投入方面。在人力资源方面似乎每况愈下，应引起相关部门及利益相关者必要的重视。5月6日国务院学位委员会公布了《关于下达2018年动态调整撤销和增列的学位授权点名单的通知》。就图情档学科，共6个学位点撤销，1个学位点增列。南京工业大学增列"图书情报与档案管理"（硕士学位授权一级学科）。北京航空航天大学、中国农业科学院、南京航空航天大学、青岛科技大学撤销情报学（硕士学位授权二级学科），西安交通大学撤销图书馆学（硕士学位授权二级学科），重庆大学撤销图书情报与档案管理（硕士学位授权一级学科）[1]。

"图谋"是" libseeker"。对于我个人来说加一个合适的"帽子"是" a"。也就是" a libseeker"。图谋一个堂（圕人堂），堂是更大家。图谋有你，有我，还有他/她……

（2019-5-26）

出书为哪般

从2009年开始，我与学术图书出版结缘。出书频率，始料未及。笔耕不辍，适时出版或适时发表，是我努力践行的。

这一定程度上得益于学生时代高校校报学生记者/学生编辑经历（1996—1999年），写作与发表成为一种习惯。我从2000年开始发表学术性文字，至今算是未曾间断。活跃的阵地包括学术期刊、报纸、学术图书，早期活跃于网络图林论坛，2005年1月28日开始写图谋博客至今（几乎天天更新）。

出书为哪般？简单说出书为"图谋"。我当前所出的书书名中均含有"图书馆"或"图书馆学"。这意味着，我关注的领域比较小众，视域较窄。何谓"图谋"，图谋博客中诠释或宣示为"图谋，为图书馆学情报学谋，为图书情报事业

[1] 国务院学位委员会关于下达2018年动态调整撤销和增列的学位授权点名单的通知［EB/OL］.［2019-5-26］. http://www.moe.gov.cn/s78/A22/A22_gggs/A22_sjhj/201905/t20190524_383151.html.

谋。”这些年，实际上似乎我只做了一半“为图书馆学谋，为图书馆事业谋”“为情报学谋，为情报事业谋”似乎无暇顾及。

出书为哪般？我见识过的一种代表性需求是“职称书”。为了评职称而出的书，有的书并没有进入市场，甚至有的书出版后，作者有意秘不示人。我出书之后，不藏拙，希望读者多多益善，基本上每一本书均尽可能的“为人找书，为书找人”，“斗胆”或“莫名其妙”她向熟悉的不熟悉的甚至完全陌生的人赠阅数十乃至数百册。所赠图书中，样书仅占其中小部分，更多的是自身掏钱买了再送。连出版社责任编辑都有些“心疼”我这种操作，因为原本我并没有包销若干册的任务，且自身远远算不上富裕。我的想法是，我亲手赠阅的部分，如果有 20% 的赠书对象读了，也就值了。不仅如此，此举对图书营销也是有一定帮助的，偶尔还会有意外的收获，比如有的赠书对象为拙作提出批评指正，有的回赠他们自己的著作给我，真是抛砖引玉，意外的收获。

出书为哪般？其实我挺心虚的。我很担心自身是在浪费资源。特别在意图书出版后的去向，比如关注哪些图书馆收藏了？哪些人读了？是否有书评？我的书半衰期是几年？ 5 年？ 10 年？ 50 年？如果可以，实不相瞒，我内心是期盼 500 年后还有人读并且读得下去。也恰恰是因为心存如此奢望，深知自身修行尚浅，仍需努力努力再努力。

出书是需要勇气的。作为作者，为了减轻自己的“负罪感”，需要努力争取做到“下一本更好”，一方面需要不断提升自我超越自我，一方面还需要与时俱进满足读者日益增长的精神需求。未来需要尽可能地拓宽视野，思想更有深度，文字更有灵性，拥有更多读者且让读者切实受益。

（2019-6-2）

| 第三辑 |

闲情偶记

——学习、工作、生活等方面的随笔

闲话教师节礼物

读曹广福先生《教师节随想》，“记得有一次参加某个大会，领导亲临现场亲切问候、座谈，不痛不痒地问候了几句。座谈结束后，我和一位故人准备走出去，没成想被一位小领导拦住了，她很亲切地对我们说：‘让领导先走。’我们老老实实站在一旁等领导先走，可领导谈兴正浓，与另一位专家一直亲切交谈着，压根没有走的意思。无奈之下，我们俩只好找个座位坐下也彼此亲切交谈了起来。这就是文化，一种深入国人骨髓的传统文化。在这样的场合，你真的能找到主人翁的感觉吗？”画面感很强，余味无穷。进而想起上午与小孩关于教师节礼物的对话。

上午领着刚上小学一年级的儿子到博物馆转了转。回来的路上，儿子告诉我，晚上要准备礼物。我以为是家庭作业之一，明天是教师节，星期一再送给老师。我还有点犯愁该准备啥呢？我明知故问，为什么要准备礼物呢？儿子告诉我，明天是教师节。我问：“是给Q老师、S老师（儿子的老师）准备礼物，周一送给老师，对吗？”儿子说不是，老师不让送礼物。我问：“那你的礼物给谁？”儿子说：“给妈妈呀，妈妈是老师。”我说这样的话，爸爸也要一份，因为爸爸也算是大学老师，爸爸在大学图书馆工作。其实，我说这话不那么理直气壮，因为我是高校教辅人员，似乎有点牵强。儿子倒挺给面子，问我需要啥礼物呢？我说给我画幅画或写写新学的字就可以了。至于他要给妈妈准备啥礼物，我也没多问。

我生长在教师家庭，但对教师节确实没什么感觉。自己参加工作近20年，早些年，教师节、中秋节、国庆节，三节合一，学校发点福利（发点钱或发点东西）。这几年好像教师节不发东西了。今年是学校开了个表彰会，与我无缘。图书馆有名同事获得了“三育人”先进个人荣誉，参加了表彰会，获得了一捧鲜花，领回来后与女同事们分享，挨个分发。

教师节前夕，还听说了一个故事。亲戚家有名小孩也上小学一年级，家长微信群，有的家长给老师发专享红包，据说数额还比较大，老师没要，有的家长误领了，其他家长也挺不自在。遇上这种类型的家长，老师也很无奈。同样作为家长，似乎也能理解其用心良苦，出发点是给老师意思一下，以便老师给自己的小孩也“意思”“意思”。

学生时代，多以班集体名义被代表了，多是用班费送花与贺卡这种形式。自己到高校工作后，刚参加工作的几年，因为同两名辅导员合住，偶尔有机灵的班干部，顺便给我也送上一份教师节礼物。

自己的成长过程中，遇到过许多老师。说来惭愧，自 1985 年设立教师节起，这么多年，我从未对任何老师在教师节单独表示过，我这个人也挺没意思的。特采取最经济实惠的方式，向自己的以及他人的老师们诚挚道一声：教师节快乐！

（2017-9-9）

太累了，也该歇歇了

新学期才开始，感觉已经到了年尾，还有很多事情没做完、没做好，牵肠挂肚，有时还着急上火。

上半年经历的事情比较多。家庭生活因老人健康出了状况，“南征北战”“共度时艰”，在担惊受怕中忙乱了好长时间。工作上，没打折，有点拼命的意思。业余精力经营的圕人堂 QQ 群，曾经渴望能够淡出一段时间，经过探索，得到了一些成员的帮助，有成员承担了周讯整理任务协调工作，有两位成员加入圕人堂周讯编辑团队，有成员热心资助圕人堂做活动。一方面很欣慰，一方面觉得应更加努力，予以回馈。因此策划了圕人堂三周年纪念系列活动。每个活动，无论大小，需要用心组织，周密安排。

整个暑假，几乎一天也未闲着。6 月份参加项目中检，我有一种强烈的紧迫感。项目进展远远低于自己的预期，于心不安，是该撸起袖子加油干了，可以说是好不容易，才争取到一段大块时间操心科研方面的事情。这段时间确实做了很多事情，基本达成了假期目标，但完成了一些任务后，会发现有更多任务。

一开学，工作上的事情，紧锣密鼓。近期“互联网群组”管理规定流传，“谁建群谁负责”“谁管理谁负责”……我作为群主，经营了两个大群。一个是圕人堂

QQ 群，2014 年 5 月建立，现有成员 1978 名，已发布周讯 174 期；另一个是校内学科服务 QQ 群，主要是面向教师，2015 年 5 月建立，现有成员 250 名，已发布“学科服务速递”36 期（大约半月出一期，假期暂停）。我对这方面的规定比较敏感，时不时还有热心的群成员提醒我关注，平添几许凝重。

“图谋”一年又一年，有耕耘，有收获。种种原因，获得感、成就感似乎是寡淡的。太累了，也该歇歇了。

（2017-9-13）

如何做出令人瞧得起的成绩

经历了一些事情，有一些零零碎碎的反思，欲将其言说，然而每每半途而废，迟迟未付诸行动。曾闪过很多题目，如“探索者言”“为学要如金字塔，要能广大要能高”……还曾出现过“每逢佳节倍思亲”。

今天是中秋节，昨天下午特意同母亲通了个电话。我是游子，离家两千里之外。小外甥乖巧，前天从县城回乡下与外公外婆一起过中秋节，还帮外公的手机装上了 QQ。父亲关心我刚出的一本随笔集，我立即将电子稿发过去，让父亲先睹为快。随后，我还与父亲、母亲进行了较为短暂的视频聊天，虽然信号不是很稳定，但图像是清晰的。我看到了父亲、母亲的白发苍苍，父亲的牙套、母亲稀疏的白发，令我心生愧疚。我同父亲的通话频率很高，同母亲的通话很少，通常通话时他们在一起，母亲偶尔插几句。父亲与我聊的多属于“高大上”的话题，母亲与我聊的多属于贴近生活、贴近现实、家长里短的话题。我还是乐意“听妈妈的话”，有些话虽然不那么中听，但能促进思考。从母亲的话中，我能感受到故乡人的“务实”，欲让人瞧得起大概：官要做得尽可能大，且尽可能能给故乡人带来实惠；钱要赚得尽可能多，且尽可能在故乡建有标志性建筑。我这个类型的，属于比较边缘的。虽然我和妻子都算是大学老师，但是什么也没有或者没看出来有什么。曾经有亲戚家的孩子，希望可以来我们学校上学，但远未达到分数线，怨我“没出力”。实际上，我还是做了一些努力，但确实是鞭长莫及。父母住的房子，大约是 2013 年才改造出一个卫生间，用上了洗衣机，可以说这是我“坚持”

与“努力”的结果。父母此前，一是怕花钱，二是怕麻烦人（毕竟父母年龄大了，有些体力活儿干不了）。

关于如何做出令人瞧得起的成绩，我为之努力了将近20年。如今依旧乏善可陈。学术史可以较为全面地反映一个学科或一个研究领域的来龙去脉、前因后果，只有对一个学科或领域的历史有深刻而全面的掌握，才能把握学科或领域的现状或未来。我对图书馆学学术史略有关注，做出了令人瞧得起的成绩之人，似乎并不多见。或许是我的眼光有问题，但可以肯定的是不全是个人眼光问题。图书馆学领域，乃至图书情报领域，时不时盘点原创性学术贡献，似乎也是不尽人意的。

作为个体研究者或学习者，我的观感是，欲做出点令人瞧得起的成绩，何其艰难。我联想起一个段子：“伦敦的同一条街上，住着三个裁缝。一天，一个裁缝挂出了一块招牌，上面写着：伦敦最好的裁缝。另一个看到了，同一天也挂出了一块招牌，上面写：英国最好的裁缝。第三个裁缝看到后，也挂出一块招牌：本街最好的裁缝。”那是裁缝视角，假如是换作顾客视角，三种评价可能均真实地存在。

作为世界摔角娱乐（WWE）的一名观众，我的感悟是，没有常胜将军，也并非常胜将军就是令人瞧得起的。胜也好败也罢，那是职业摔角，那是体育娱乐。

令人瞧得起与否，似乎并不用过于在意。理想境界是心安理得，悠然自得。

（2017-10-4）

等闲识得专家面

“图谋，为图书馆学情报学谋，为图书情报事业谋。”或许是因为打着“图谋”的旗号在图林江湖行走有些年头，有友人对我说：“我看你简直是图情百科全书。”我说不是“全书”，“全输”还差不多。后来想想，“全输”貌似有歧义，输有输赢，还有输送。我想表达的意思是，样样疏松、样样输掉了，那就采用“图情百科全疏”，不知道是否差不多？

不时有人向我咨询是否了解哪个专家、学者在图书馆××方面有研究的？提出这个问题，往往是有进一步的诉求，比如有的是希望进一步切磋，有的是希望帮助邀请专家作报告，有的也许只是考考我。这些问题需要谨慎作答。

当前，“识专家”，借助各种学术类数据库似乎不难。为什么还会是常问问题呢？其实是有原因的。简单说或许是因为“纸上得来终觉浅”，对已成“Paper”类成果并不是那么信得过。以图情领域为例，近年研究热点令人眼花缭乱，就某个热点大都为蜻蜓点水，相关研究者打一枪换一个地方，要找出个广泛认可或较为广泛认可的专家不易。

如果是学术会议邀请专家作主题报告，会议主办方会有更多的考量，比如对被邀请对象的学术地位、职务、职称、学历等等会有所期待。对于辨识度较高的“大牛”，其出场费、档期安排等等会有较多顾虑。通常希望邀请到性价比最高的，比如能让主办方有面子、让听众认可（学术水平、演讲水平）、让受邀者满意……

等闲识得专家面，万水千山只等闲。

（2017-10-9）

科研生活感悟

我是敬畏科研的，参与科研，体会科研，一直在路上。

我算不上科研工作者，因为我是一名高校图书馆馆员，高校图书馆的重点工作内容是为教学与科研服务，“智慧与服务”是图书馆精神。我赞同“服务立馆，科研强馆”，所以我选择做一名“科研粉丝”，目的是为了更快乐地工作，过更有意义的生活。

凭着自身多年的观感，我得到的认识是，承担重要科研项目是科研能力与科研水平的观测点。科研奖励政策、绩效分配政策、职称晋升政策等文本中，导向性显而易见。因此，积极参与各级各类科研项目的申报，努力了很多年，有幸抓住了“青春的尾巴”，2015 年获得了一项教育部人文社科青年基金项目。我个人将该机遇看得很重。其一，2015 年我 40 岁了，于我是最后一次申报机会，因为我只是硕士研究生，且只是中级职称；其二，如果我没能抓住这个机会，很大程度上意味着职称晋升希望渺茫；其三，在科研路上摸爬滚打 15 年之后，我期待能有所突破，取得更大进步。上述原因貌似是吊诡的，但确是现实的。

做科研，原本以为自己是“老司机”，其实只是“小菜鸟”，而且很有可能永远是“想要飞，却怎么样也飞不高”。这两年的经历颇为丰富，可谓：理想很丰满，现实很骨感。研究计划“很美好”“很宏大”，且似乎“很可行”，但太多的现实问题需要面对。虽然“渴研”，但“可研”时间有限。2016 年 6 月学校科研处通知参加中期检查，我觉得不必那么着急，没有参加，但给了我一种紧迫感。2017 年 6 月学校科研处再次通知中期检查，这次我参加了，因为接连遇到了一些突发状况（我家中亲人健康出大问题，课题组成员也遇到一些状况），项目的实施远未达到自身预期，项目经费的使用偏少，有些着急了。

高校假期，于我是最为忙碌的时候。有过两次，挤出了 10 多天时间，真的是除了基本的吃喝拉撒睡，全部心思用于撰写论文。人到中年，此等机会，来之不易。在平时，很多时候是心系科研的，因为“汝果欲学诗，工夫在诗外。”其中滋味，甘苦自知。

科研生活中有太多的“变数”或“变量”。以投稿为例，当前图情领域的期刊有不少变化。审稿平台、审稿周期、刊发周期、用稿取向等，基本上各刊有各刊的个性。写好论文之后，理想的状态是：合适的期刊尽可能及时录用且尽可能及时地刊出来。相中的合适的期刊，稿源通常是格外丰富的。我了解到某刊为双月刊，年载文量 120 篇左右，而投稿量每月 1000 多篇，真的是百里挑一。在年中的时候，很多刊物当年版面已安排满了，甚至下一年的版面也用掉了不少。各种需求需要发表论文，且有不少希望尽快发表出来，比如项目结项是有时间约束的，通常是事不宜迟。

享受科研，享受生活，我在遥望。

（2017–10–25）

莫为浮云遮望眼，风物长宜放眼量

2017 年 10 月 28 日晨起之后，发现有圕人堂成员 0：30 给我小窗发来“酒后乱言也是肺腑之言”，全文长达 400 多字，其中有 6 个问号，且多为反问。言辞中对圕人堂寄予了厚望，有所期待。

如果说10月27日晚是拷问图谋之夜（@图谋的部分内容："图谋老师请说话？请胡乱交流一下！图书馆人对待职业真实的想法！你的想法？……你现在不年轻了吗？请你说一下你对图书馆和高校或社会的意义。……您好！你觉得我们现在该做点什么吗？能做点什么吗？如果没人支持怎么办？……混吃等死，是你的答复吗？"），28日凌晨则属"爆烤"，幸好我那会已经休息了。由于原文存在较为情绪化言辞，不便贴出。

图谋读到之后，给予了答复。且顺手"复制"了一下，转帖至圕人堂群中。因为它代表了一种声音，道出了青年圕人的迷惘与期待，圕人堂应给予重视。全文如下。

"首先谢谢您的肺腑之言。您的系列问题，我来简答一下。

（1）圕人堂只能算'草根'群，如果加修饰词，便是有点梦想且有点行动的'草根'群。因为种种原因，尚无法形成有效的激励机制，促进互助互惠良好氛围的形成。我自身的态度是尽力而为，量力而行。

（2）关于昨晚的讨论，'遭遇多次禁言'，我觉得应尊重管理员采取的管理措施。管理员需要顾及更多成员的感受，尤其是需要虑及圕人堂的安全问题，圕人堂这样的平台是非常脆弱的，需要成员自觉遵守群规范（http://blog.sciencenet.cn/blog-213646-847582.html），共同呵护。

（3）圕人堂的图书馆人，可以说是图书馆人中的进步力量。有些言论，更多地属于自嘲，自警自励。圕人堂这样的空间，主要就是发挥'微价值'或者说长尾价值。'圕人堂'的灵魂是'圕'这个字，意在圕结一切可以圕聚的力量，凝心聚力谋发展。

莫为浮云遮望眼，风物长宜放眼量。境由心造，心想事成，且行且珍惜。"

圕人堂这样的平台，有点"草船借箭"的意思，冷的热的都是箭，谢谢大家的"箭"！有些状况的转变，不可能一蹴而就，微努力微转变，不努力可能更糟糕。这些年，图书馆人有许多振奋人心的举措。未来，期待有更多分享。

（2017-10-28）

操闲心的人

也许我算是一个爱操心、操闲心的人。

2016 年 11 月参加西交利物浦大学图书馆承办的江苏省高校图工委情报咨询年会之后，我曾写了篇博文《图书馆天堂，神一般的存在——西浦图书馆印象》[1]，该博文后来还在《图书馆报》发表。不仅如此，我觉得该馆很美，先后推荐《图书馆报》《大学图书馆学报》刊登该馆照片。《图书馆报》不久后刊发了。《大学图书馆学报》则经历了一些波折，我作为“中间人”，前前后后，以各种形式与多人联系做了若干工作。今天下午西交利物浦大学图书馆毕馆长告知：“照片的事已经弄好啦。”我的回复是：“很好，谢谢！可谓好事多磨。”

拙作《图书馆学短论——科学网图谋博客精粹》出版之后，围绕“为书找人”，积极贡献绵薄之力，《中国出版传媒商报》《图书馆报》《人天书目报》等均刊发过推广信息，微信、豆瓣等也做了些工作。这类图书是比较小众的，我希望所做的努力，更有意义。一方面是珍视自己的付出；另一方面是是希望物尽其用，以此回馈关注者、支持者。出版社方给我的反馈是，所做的努力有一定效果，出版不到两个月，发货 350 余册。

顾晓光《旅行之阅　阅读之美》一书的营销非常成功，短短几个月，据说首印 4000 册卖完了。顾晓光《旅行之阅　阅读之美》与刘欣《书香英伦——英国图书馆之旅》，诸多方面有异曲同工之妙。如果要加一组“标签”，我会联想到：旅行、阅读、摄影、阅读推广、全民阅读、图书馆员、图书馆精神……在图书营销方面，我觉得刘欣那本书，还有较大潜力可挖。可以搭阅读推广的便车，书的质量本身挺不错的。刘欣馆长这两年在阅读推广方面做了不少工作，比较出彩。我实际与刘欣馆长、出版社责任编辑等进行过沟通，建议在推广方面，稍微留心一下，寻找机遇。

近期有同仁在积极准备申报科研课题，希望听取我的意见和建议。我算是尽

---

[1] 王启云. 图书馆天堂，神一般的存在——西浦图书馆印象［EB/OL］.［2017-11-26］. http://blog.sciencenet.cn/blog-213646-1014583.html.

心尽力，积极提供力所能及的帮助。学校科研处同事告知，我校是国家级科技工作者调查站点，需要定期上报站点信息，内容涉及科技工作者的生活、科研、工作方面的问题，发现问题，提供建议对策，让我结合本职工作，完成1～2篇千字以上稿件。我在规定内容、规定时间完成规定任务。因为这期间有3天出差，原本打算用近期博文稍作整理“交差”没能过关，告知须“围绕科技工作者身边的某个具体问题展开，提出对策”，后来重写了《关于提升地方本科院校科研水平的思考》。

（2017-11-26）

科研与健康

妻子与我商量说给我买个重大疾病险。岳母生病，妻子忙前忙后，有一个体会是岳母退休时买的保险帮了大忙。我是觉得自个儿年龄不算大，且有医疗保险，暂时不用考虑。或许因为推销保险的是小孩同学的家长，妻子坚持还是“趁机”买，要了我8月份的体检报告作为申报材料。当天晚上，那位家长告知，我的甘油三脂偏高，需要引起重视，且反复强调。着实比较紧张，自己也认真浏览了几遍体检报告。年年体检，总有那么几项指标存在问题，原以为人到中年，在所难免，没太在意。

我认为提醒的还是比较及时。我算是一个比较简单的人，不抽烟，也很少喝酒，饮食方面也无大毛病，最大的问题或许在于“爱好科研”。学习与思考方面投入的时间与精力较多，锻炼较少。需要操心的事情，千头万绪，还得想办法为科研挤一点时间、匀一点时间，甚至“偷”一点时间（比如原本应该在小孩教育方面多花点时间）。在科研方面，有忙不完的事情，如影相随，剪不断理还乱。久坐，屁股不适；久看，眼睛不适；久琢磨，脑子不够用。

近年，耳闻目睹了若干人和事。我敬重的老师走了，他是多么的热爱科研，积累了大量研究素材，年逾六旬却有着若干研究计划，尚未完成；我看好的科研苗子走了，年仅32岁，他是多么的通情达理、才思敏捷……均因为健康出了大状况，无论他们如何的坚强，无论亲友们如何的努力相助，顽强地抗争之后还是走了，给自己、给亲友留下了或有形或无形的伤与痛，何其伤？何其痛？部分场景，看在眼里，痛在心上。

生命是短暂的，且人是社会的人，很多时候，每个人的生命并不仅仅属于自己一个人。科研是只是生命中的一部分，尽可能地以健康的躯体从事科研，有助于学术生命更持久、更出彩。科研诚可贵，健康价更高。

（2017–11–26）

诗歌情结

儿子刚上小学一年级，要求背《三字经》及若干古诗词。许多内容，对我来说是陌生的，有些虽然识得字，但并不知其义。有几分惭愧。

回首自己从小学到高中，语文学习花的时间少，其中一大块又是与诗歌密切相关。也许一定程度上是受父亲影响，我上小学一年级时，父亲从中学调到中心小学任教导主任。父亲是1962年高中毕业的，那一届全县只有36人参加高考，且全未考上，父亲毕业后“顶编代课”成了一名乡村教师。父亲的语文功底是比较扎实的，喜欢诗歌，会背不少且会用，我很羡慕。家里有一本《唐诗三百首》，我从二年级的时候，父亲鼓励我背一些，之后朗诵。今非昔比，我那会根本不知道幼儿园是咋回事，虚岁7岁直接上小学一年级。因此，比起儿子来，不知道差多远，因为儿子上了三年幼儿园，已经认得很多字，古诗词也会背很多了。要比背古诗词，同小孩没法比，比如我接触《三字经》大概是在30岁之后，我已不大可能背诵全文。一年级的小孩到第二学期，绝大部分都能熟练背诵。

大约是上高一、高二的时候，我因琢磨写诗花过不少时间。当年的日记倒是还在，估计会有一些诗歌，有新诗，也有律诗，只是不知道字迹是否仍能看得清。水平非常有限，因为所处的环境、生活的阅历，均乏善可陈。可贵的大概就是——精神可嘉。我曾“斗胆”请语文老师批评指正，语文老师邱老师给予了中肯的建议，建议我多写写随笔。我听进去了，且自以为因此受益。诗歌方面，作为一种兴趣爱好，也还是偶尔会投入一些时间和精力。比如我在做高校校报学生编辑的时候，在副刊选刊过一些诗歌，自身也曾发表过为数不多的几首。

曾有数年，家中的对联，父亲让我来拟好，他来写，然后我协助粘贴。几幢老屋是清晚期的建筑，是家族多户共有的，父亲是家族中读书最多的，因此每年除夕贴春联是由父亲主动承担起来的，还是有些工作量的，对联有长有短，还有斗方。虽然农历历书等有对联可参考，但是我会努力标新立异，父子俩还会或斟酌或推敲。2005 年 8 月，应家父之命为自己的婚宴作了一副对联：积极进取而立年喜结良缘喜登金榜洋洋喜气，饮水思源孟秋月笑迎亲朋笑邀师友盈盈笑语。横批：喜笑颜开。原本我是希望父亲来写字，父亲告诉我写毛笔字会抖，另请其同事帮忙。

我已经有很多年不写诗歌了。原因是“没时间”“没心情”，较为“残酷”的是，我结识的师友中，偏偏有多位诗人，其中数位出版过诗集并获签赠，令我好生羡慕。近段时间，有位新近任高校馆馆长的好友，在 QQ 空间中几乎天天都有诗作，事事皆成诗歌（有不少是词作），其功力令我“七分羡慕两分嫉妒一分恨”，咋就那么有才还那么有闲呢？

老陆说：“汝果欲学诗，工夫在诗外。”不知道是否可以借他老人家的“中年始少悟，渐若窥宏大”稍安勿躁？

（2017-12-13）

驿动的科研心

作别有几分心慌意乱的 2017 年，迎来有几许心神不定的 2018 年，只因为有那么一颗驿动的科研心。

2017 年写多篇名字含“科研”的博文。6 月有《非典型性科研爱好者》(http://blog.sciencenet.cn/blog-213646-1061475.html)，7 月有《关于科研成绩的思考》（http://blog.sciencenet.cn/blog-213646-1065284.html)，8 月有《关于图书馆员科研价值观的思考》（http://blog.sciencenet.cn/blog-213646-1070197.html)，10 月有《科研生活感悟》（http://blog.sciencenet.cn/blog-213646-1082379.html)，11 月有《科研与健康》（http://blog.sciencenet.cn/blog-213646-1086976.html)。1—5 月基本顾不上科

研，由于亲人的健康出了大问题，全家“南征北战”，身心俱疲。境况稍有好转，便“心系科研”，为之做了若干努力。系列博文传递的信息也许并不是闲得慌，而是自我按摩，抚慰心灵，祈盼渐入佳境。

科研梦想，科研追求……原本高大上的词汇，离自身似乎特别遥远，我也不知从何年何月何日起，似乎早已“附体”，才下眉头，却上心头。我从2005年1月写博客至今，从2014年5月办圕人堂QQ群至今，片言只行，可见一斑。有一种莫名的责任感与使命感，期望略尽绵薄之力，添砖加瓦。

种种原因，有着种种不如意、不完美。“半吊子研究”是常态，有的虎头蛇尾，有的畏首畏尾，有的半途而废，有的飘忽一念间……如何咬定青山不放松，任尔东西南北风？一切的努力，似乎总是来也匆匆，去也匆匆。

这样飘荡多少天，这样孤独多少年，终点又回到起点。吾生也有涯，而知也无涯。唯愿：经过的事随风而去，驿动的心渐渐平息。

（2018-1-1）

2017年书缘盘点

我与书是有缘的，年年会新购若干，稍事盘点。

新增图书来源大致为：作者赠书、出版社编辑赠书、网络购书（当当网、亚马逊网、孔夫子旧书网等）、会议资料及自身出版的图书。

此外，《大学图书馆学报》《图书与情报》全年赠阅，《图书馆报》全年赠阅。

我是比较惜缘的，新增书、刊、报等均作为藏书。2017年还请擅长书法的同事帮刻了一方藏书印（石印）。藏书是为了用的，努力尽可能地善待。囿于种种局限，当年利用的层次较浅，甚为遗憾。

作者赠书：

（1）陈安. 樱花残：灾难视角下的日本文化［M］. 中国科学技术出版社，2017.4.

（2）陈安等编著. 应急管理知识体系指南［M］. 中国科学技术出版社，2017.11.

（3）郑锦怀. 中国现代图书馆先驱戴志骞研究［M］. 中国海洋大学出版社，2017.12.

（4）杨思洛等著. 中外图书情报学科知识图谱比较研究［M］. 科学出版社，2015.10.

（5）刘桂锋. 高校科研数据管理理论与实践［M］. 江苏大学出版社，2017.8.

（6）张怀涛. 读书有方［M］. 郑州大学出版社，2015.7.

（7）张怀涛.《涛声集》(3). 天马图书有限公司，2014.1.

（8）张怀涛.《涛声集》(4). 天马图书有限公司，2016.12.

（9）王波. 中外图书馆阅读推广活动研究［M］. 海洋出版社，2017.11.

（10）顾晓光. 旅行之阅阅读之美［M］. 清华大学出版社，2017.9.

出版社责任编辑赠书：

（11）傅荣贤. 中国古代目录学研究［M］. 知识产权出版社，2017.5.

（12）国家知识产权局专利局自动化部，国家知识产权局专利局初审及流程管理部组织编写. 专利申请在线业务办理平台实用指南. 知识产权出版社，2017.9.

（13）（美）布尔金著，王恒君，嵇立安，王宏勇译. 信息论：本质. 多样性. 统一. 知识产权出版社，2015.4

网络购书：

（14）钱亚新钱亮钱唐. 杜定友先生遗稿文选（初集）［M］. 江苏省图书馆学会出版，1987.4

（15）钱亚新白国应编. 杜定友图书馆学论文选集［M］. 书目文献出版社，1988.

（16）王余光，徐雁主编. 中国读书大辞典［M］. 南京大学出版社，1993.5

（17）刘竞. 国外图书馆学教育发展［M］. 江苏大学出版社，2017.5.

（18）李健. 高校图书馆服务标准体系研究［M］. 科学出版社，2017.6.

（19）尹培丽. 图书馆口述资料收藏研究［M］. 国家图书馆出版社，2017.6

（20）韩永进. 中国图书馆史（套装共4册）［M］. 国家图书馆出版社，2017.10.

（21）凯文・凯利（Kevin Kelly）（作者），周峰（译者），董理（译者），金阳（译者）. 必然［M］. 电子工业出版社，2016.1.

（22）凯文・凯利（Kevin Kelly）（作者），张行舟（译者），陈新武（译者），王钦（译者）. 失控：全人类的最终命运和结局［M］. 电子工业出版社，2016.1.

（23）凯文·凯利（Kevin Kelly）(作者)，严丽娟（译者）. 科技想要什么［M］. 电子工业出版社，2016.1.

会议资料：

（24）段雪香主编. 信息检索与利用［M］. 中国矿业大学出版社，2017.9.

自身出版：

（25）王启云. 图书馆学短论——科学网图谋博客精粹. 知识产权出版社，2017.9. 该书累计已赠出 60 余册。

（2018-1-11）

闲话家谱

家谱是记述血缘集团世系的载体。家谱、族谱类，记载一个家族或宗族世系、人物、事迹的历史图籍，在家谱书籍中占了绝大多数。家谱有文物价值、资料价值、道德价值、寻根价值、文化价值。家谱体例：谱名、祖先像赞、目录、修谱名目、谱序、凡例、恩荣录、谱论、姓氏源流、世系。家谱内容：传记、家法、风俗礼仪、祠堂、坟茔、族产、契约、艺文、字辈排行、领谱字号。“在清代及民国时期，江南各省几乎村村修家谱、族族修家谱，家家修家谱，而且一修再修，编修家谱成了江南地区全民性的一项民间文化活动。(《中国家谱通论》P184）家谱涉及历史学、经济学、社会学、人口学、民俗学、民族学、遗传学等众多学科。

抚州市乐安县湖坪乡湖坪村为住房城乡建设部、文化部、财政部三部门第一批列入中国传统村落名录的村落（2012 年 12 月批），同时为江西省历史文化名村（2012 年 1 月公布）。此外，该村有省级文物保护单位 1 处（2006 年公布）、县级文物保护单位 9 处（2009 年公布）。湖坪村是江西省最大王姓古村，至今湖坪村多处保留了许多明清古建筑群，接临具有“千古第一村”之称的流坑村。我生在湖坪村，长在湖坪村。虽身为游子，但心系湖坪村。我自 2005 年开始写博客至今，发布过数十篇关于家乡和家谱的博文。这一方面呈现了一种游子情怀，一方面为宣传家乡的历史文化略尽绵薄之力。

我与家谱结缘，与家父密切相关。家父1942年生，1962年高中毕业，之后从事乡村中小学教育42年。家父1987年被评为小学语文高级教师。先后担任过教导主任、辅导站站长、工会主席、书记等职务。在42年的教育经历中，父亲曾两次被评为抚州地区模范教师（1977年、1987年），被评为县模范教师则有数十次。2004年退休，退休前后，为修族谱、家谱投入了大量精力，20世纪90年代参与了《湖坪王氏子奇公家谱》的编修，之后是《湖坪王氏大兴公家谱》编修的骨干之一，同时热心祠堂修缮等公益活动。

《湖坪王氏大兴公家谱》2001年8月修，大兴（1726年农历九月十日—1791年农历正月二十五日），清雍正四年出生。修大兴公谱撰联：（1）大恩大德流芳百世，兴义兴仁鼎盛千秋。（2）大歌大颂扬美德，兴礼兴乐树仁风。（3）腾云蛟龙海中出，五彩凤凰天上飞。（注：腾五为排行）“历史在发展，修谱也要革新。本届合纂大兴公谱，选编了唐、宋、元、明、清五朝的七篇谱序及相关的名联、像赞、墓志铭，改去旧族中座主附祀等迷信记事，对近代发生的大事作了记载。为了方便查考，新编了世系表，生殁时间在皇历干支前加公元纪年。高中以上学历和国家机关企业事业单位干部职工经历及职称，书在生辰之后，配偶和女儿加书学历和经历，女婿是干部职工也作了简介。”“由于群策群力，一部忠实反映大兴公历史全貌的乡土教材，历时不久就用电脑打印成册，为过去写下了光辉的一帙。”（摘自王富康序，1928年生，抚州函授师范毕业。）我大概是2006年暑假开始接触该谱（并用数码相机拍了一份），此后十余年中，若有闲暇我会翻阅并进行延伸阅读，时不时与家父进行一些交流与探讨，受益匪浅。这本家谱编修具有较高水平，较为全面、较为忠实、详略得当、编校认真，难能可贵！据悉，当时负责电脑打印成册的是湖坪中心小学董春生老师，董老师第一次做这方面工作，对此事很感兴趣，很用心。

接触家谱的初期，我是边学习、边质疑。家谱中有许多知识，对于我来说很陌生，我高中学的是理科，本科学的是工科。因探寻家谱中一世祖王寿安及其父亲王初身份，2006年与王义林先生结缘。王义林系中华王氏文化研究中心理事、《中华王氏大成总谱》编委、太原王氏后裔。我与其“神交”已久，有过若干交流。王义林先生退休后潜心中华王氏文化研究，真可谓“上穷碧落下黄泉，动手动脚找东西”，孜孜不倦，乐此不疲，深表敬服。

2018年1月25日，我从家父那了解到《太原王氏总谱》已编撰完成，且得知王义林先生为该谱副主编。次日进一步联系，并咨询购买事宜。1月30日收到浙江湖州王听兰先生寄来的《中华王氏大成总谱·太原王氏总谱》，一套10册，544.1万字，354.25印张。这部谱格外厚重，估计在30斤左右。在收到这部家谱之前，我1月25日在连云港市图书馆翻阅了十余部家谱。据《中华王氏大成总谱·太原王氏总谱》王大良2014年7月写的总序："根据我国公安部门按户籍资料进行统计的最新结果表明，王家人口已经接近1亿，位居全国大姓之首。"其中，太原王氏是一支大族。民间力量，一群热心人（退休人员为骨干），集10余年精力（自2003年中华王氏研究中心成立起算）编撰这样一部家谱，确实是"庞大的文化工程"。其最为突出的成就是通过扎实的调研，收集了大量一手资料，并进行了艰苦卓绝的考证与梳理。不足之处是，谱中所载资料稍显简略，若干重要史料（祠堂、寺庙、坟茔、传记等）被删减。我所在世系，个人家谱中第十五世贤甫（1267—1352）在《太原王氏总谱》中为七十七世（总谱中的最后一世），第十六世同初1306年生（距今700多年），其后已繁衍近30代人。湖坪村这一支在总谱中只有33页篇幅，显得过于简略，且欠缺现实意义，我以为若能修到1949年也许更可取。《太原王氏总谱》中内容节录自《乐安湖坪王氏宗谱》，有删改，且存在错误（很可能是录入时出错，比如"天福丁酉"误作"天复丁酉"）。

据家父告知，《乐安湖坪王氏宗谱》正在编修之中。《湖坪王氏大兴公家谱》选编了《乐安湖坪王氏宗谱》清代的两篇谱序，其中一篇为1716年王应拔（我29世祖先）撰，另一篇为1762年（清乾隆二十七年）撰。之后，《湖坪王氏宗谱》重修过一次，距今有100余年未重修。修谱是个大工程，湖坪王氏宗谱修至现在，如果修成，估计篇幅不小。王延年（955—1055，六世祖）北宋至道乙未（995年）十月由吉水带源王岗徙居乐安湖坪开基。延年公后人，在瑞金、吉水、宁都、于都等县开枝散叶。《湖坪王氏大兴公家谱》有170页，单单是湖坪村与之规模相当的估计还会有数十支。待宗谱修成之时，希望有机会收藏一部。

（2018–2–1）

呵护双眼，亮丽人生

儿子才小学一年级，眼睛有点近视且有点斜视，马上就要戴眼镜矫正了。幼儿园大班体检时，被告知需要去医院进一步检查视力。去过两家医院检查，2 月 4 日去了本地一家私人开的眼镜店，店主为眼科主治医师、一级验光技师，有一定声誉。眼镜店的生意很好，都是中小学生，我家是年龄最小的。配了副眼镜 2130 元，一个星期后去取。

小孩的妈妈是上高中时开始戴眼镜的，我刚参加工作头几年还没有近视，目前也近视了。也许是习惯了，觉得日常生活不受影响，也就没戴眼镜。小孩的眼睛为何这么早出问题？小孩他妈妈认为给他买 iPad 买早了，还有就是手机上玩游戏玩早了。这确实是可能的影响因素。眼科医生建议每天户外活动 3 小时，多晒太阳，少吃糖。孩子每天的户外活动时间太少了，1 小时都不一定有。虽然是一年级，但作业不少，还要上几种课外兴趣班。每天很忙碌。

这么小的孩子眼睛不好，作为家长特别烦心。现在小学一年级上课就用投影仪播放 PPT，而且投影仪的效果本身还很朦胧，小孩坐第一排都说看不清。很担心情况进一步变糟。另一六年级小孩也去看眼睛，其家长说小孩所在的班里三分之二的孩子已戴上眼镜了。目前，我的小孩所在的班，只有一个小同学戴眼镜，对戴眼镜这事还颇为排斥，还进行了一番说服教育，很可能“一番”还不够。

从医院回家的路上，小孩问爸爸妈妈的眼睛情况，现在怎么样，小时候怎么样。小孩妈妈戴 600 度的近视眼镜。我也想了想自己的眼睛情况。我的眼睛虽然小，但还算幸运，或许部分得益于我大哥的“警示”作用。我大哥比我大 6 岁，眼睛近视的比较早，可能是自我感觉遭遇若干困扰，告诫我要保护好眼睛。我所在的村子，戴眼镜的人很少。有位中学老师是高度近视，其妻子及子女们均为农业户口，也需要种地。村子里的人们关于那位老师流传了一些故事，语带嘲讽、调侃，笑话其干农活时，眼镜掉了找不到的窘境，还有就是议论其镜片的厚度……可能这对我来说，多少也是一种隐形的教育。我上小学、初中时，家里均使用煤油灯；上县城高中时，两人合租一个房间，共用一个 15 瓦白炽灯泡（为了省电），租的时间长了被允许用 25 瓦白炽灯泡。我在大学毕业前夕，也与人在校外合租过房间做毕业设计，也是 25 瓦白炽灯泡。在煤油灯或昏暗的灯泡下看书、写作业的那些年，眼睛或许受了不少委屈。庆幸的是，我亲近大自然的机会很多，故乡的青山、故乡的绿水均养眼。中小学期间，每天户外活动 3 小时估计是不成问题的，高中期间每天户外活动估计在 2 小时左右。我近年视力变糟糕，同用眼过度有一定关系，每天户外活动时间估计还不到 2 小时。

现在很多人缺乏用眼卫生知识，忽视对眼睛的保护和关爱。呵护眼睛，需要从小做起。我已经不小了，年逾不惑，从现在开始，不管晚不晚，都认为很有必要。

（2018–2–5）

您的科研会休息吗

读到一篇小品文《会休息的苹果树》，大致内容：树木有其生长规律，在追求生长和适可而止之间保持平衡。苹果、石榴、柿子、梨子、枣等育龄果树，并非每年都硕果累累，总是一年多一年少，一张一弛，有一个缓冲阶段。头一年丰收了，下一年要歇枝，即便仍繁花满枝，实乃虚张声势捧个场而已。

我 15 岁之前是在农村生活与成长的，更容易理解上述道理。很多农作物的生长，均有类似平衡之法，经常可以听到大人们谈论某种农作物的大年、小年。不仅如此，庄稼地似乎也懂得休养，对于太“吃肥”的作物会无声地反抗。有经验的农民，善于及时调整种植的品种或者不同的作物，以期获得更好的收益。

科研亦需要休养生息，科研有科研的规律。道理似乎很明白，但问题是您的科研会休息吗？

我算是与科研有缘。我做科研近 20 年，一直在不断地学习、探索与感悟之中。做科研有许多因变量和自变量，许多时候可能真的身不由己。科研人的健康、勤奋、灵性（情商与智商），“可研”时间，生活环境，科研软硬件设施条件，协作者与竞争者状况，相关的政策（科研政策、人事政策）等均是重要的影响因素。绝大多数科研人无法“随心所欲，为所欲为”。先得谋生存、求发展，尽可能地寻求利益最大化，又好又快发展；随后便是这山望着那山高，追求无止境。或主动或被动，不少科研人跟着感觉走，跟着潮流走，跟着“胡萝卜”走……甚至，很多时候，还很可能是被赶着走，用进废退，适者生存。

科研，有一千个和一万个无法休息的理由。至于会不会休息，更多的是人为的。学会休息不易。倘若觉得累了、倦了，不妨试着休息，休息一会儿，也许会柳暗花明、事半功倍。

（2018–2–8）

记忆中舌尖上的中国年

春节的脚步越来越近了，我所在的城市似乎在努力营造“中国年”的气氛，张灯结彩。但除此之外，人们却并不需要备年货，也没有什么民俗活动（倒是博物馆、美术馆会搞一些主题展览，通过展示年画、特色民俗活动等回忆日渐遥远的“中国年”）。人们感慨，过年越来越没有年味了。我不由得回忆起故乡那舌尖上的中国年。

我的故乡湖坪村是位于江西省中部腹地的小山村，有着一千多年的历史文化沉淀。湖坪村是江西省最大的王姓古村，至今湖坪村多处保留了许多明清古建筑群。我家厨房是清代建筑，睡觉的地方在临近的另一幢明代建筑。我回忆的时间为1990年前后。

记忆中的中国年，其中一大主题是忙吃的。人们围绕过年，年前年后，要忙很长一段时间。

腊月里，几乎家家户户会做霉豆腐（又叫“红豆腐”），一种有地方特色的腐乳。自家的豆子自家磨好、自家做“黄豆腐”、自家制作，一做做几大罐，可以吃很长时间。这道菜也算是春节期间的辅菜。家家户户会做的还有霉鱼（又叫“红鱼”），将大花鲢或大草鱼腌制好，蘸辣椒用陶罐储藏，过年的时候会拿出来煎熟或蒸熟上桌。除霉鱼之外，还有霉鸡、霉鸭等。腌制再晒干的有一大系列，包括腊肉、香肠、腊鸡、腊鸭、腊猪头、腊猪肝、腊猪心、腊猪腰子、腊猪耳朵等。临近年底，家家会炒制各种年货，最常见的有薯片、花生、黄豆等，需要用到河沙，炒熟之后筛好去沙。此外，许多人家会自制水酒，糯米蒸熟冷却后混入酒曲发酵，充分发酵后，混入一定比例的水再装入酒瓮，用稻草将酒瓮围紧混入谷壳点火煮熟，煮熟后将酒瓮放阴凉处，要喝时或舀或筛一壶出来，温一温。有些人家会打麻糍，将糯米蒸熟后，三五青壮年一起在石臼里捣烂。一部分直接弄成小团，蘸点薯片粉，很美味；另一部分平摊开冷却分成若干块存放，需要时再煎熟，蘸点白糖。有些人家会做麻糖，主要原料为大米制作的爆米花与红薯熬制的糖稀，混合冷却切片而成。

大年三十那一天，人们格外忙碌。从早忙到晚，大部分时间是在弄吃的。煮一大锅肉，里边有提前腌制过的肉、新宰杀的年鸡等一块煮，这一步算粗加工。这一锅中，要切一块肉出来贴上红纸插上一双筷子、煮熟的年鸡贴上红纸做供品。中午的时候家族成员有个祭祀仪式，给列祖列宗上供，供品还有一系列，比如煮熟的加了黄豆的大米饭，煮熟后手撕成长条的春不老青菜等，祭祀结束之后年鸡再加工成各种美味，分而食之。那一天的菜样数多，且多有寓意。比如，煮熟后手撕成长条的春不老青菜叫长菜，寓意为生命长青，可以凉拌吃，也可以再开锅加工一下；芋头、鱼均表示年年有余。笋干切成小薄片再加工，春笋炒肉等算是地方特色美食。藏辣椒（秋天腌制储藏的红辣椒或青辣椒）可以与许多种菜一块炒，成为地方特色的美味，如藏辣椒炒肥肠、藏辣椒炒白菜茎等。

大年初一，我们家是吃素的。那一天，不用荤油，荤菜全部收好。素食也可以弄出一大桌，包括前边说的长菜、芋头、笋，还有圆萝卜、自制的黄豆腐、香菇、木耳、莲藕、茨菇、菠菜等。大年初二，吃过早饭，就开始拜年。我基本年年是我们家的“特派员”，去给外公外婆、舅舅舅妈等拜年，要带拜年果子、烟、酒。我有 7 个舅舅（外公有 4 个儿子，外公的弟弟有 3 个儿子），他们家住距离我家十华里地的罗陂乡罗田村（刘姓聚居的比较大的村庄），每一年基本上每家至少吃一餐饭。这一餐饭同时招待很些亲戚，且有约定俗成的标准。比如，要求一桌（八仙桌）最少要有 12 个菜，还有时得同时备好几桌菜。故乡还有一个特别有意思的民俗，就是拜年时需要煮汤招待客人，煮汤的原料为红薯粉丝和鸡蛋（早期要求放 4 个，后来改放 2 个），情谊要到位，人家煮来了要吃，但不能全吃光，鸡蛋最好吃一个（其他的可以循环利用）。我的印象中，最多的一天吃过 7 个鸡蛋！各家煮的汤各有各的味道，各有用心。各家准备一大桌菜更是提前准备，精心谋划，会推出主打菜、特色菜。比如，我大舅擅长捉泥鳅，过年的时候上道泥鳅；二舅有路子弄来野味，如野兔……

作为游子，我自 1995 年上大学之后，离家两千里之外，回家的次数很少，在家过年的次数更是屈指可数。舌尖上的中国年似乎已成了遥远的回忆，甜蜜而温馨，若隐若现，相依相随。

（2018-2-11）

闲话唱歌

2017 年 12 月 31 日妻子买了个小话筒，并在手机上装了个“全民 K 歌”应用软件。之前，我根本不知道有这种操作，很惊喜。这一个多月来，我唱了几十首歌，感觉有点渐入佳境的意思。

小时候，我喜欢唱歌，但条件很有限。我生长在小山村，自己家里用电灯是在 1992 年之后。家里的唯一电器大概是手电筒了。没有收音机，倒是村子里装有高音喇叭。小时候的音乐启蒙，或许算是年前年后的花鼓戏。因为湖坪村较大，有数个村中村，多的时候有三四台戏班子同时上演。汉上村的演出地点就在家门口的晒谷场。我虽然不懂戏，但对那些乐器及演员们的演唱有一种特别的好感。上小学及上初中阶段，音乐课大多形同虚设，只有在 5 年级的时候，遇上了刘春香老师，他有音乐特长，还是班主任，教语文还教音乐。刘老师教过的好几首民歌，比如《采蘑菇的小姑娘》《又是一年三月三》《歌唱二小放牛郎》等，我很喜欢，不知道唱过多少回。上山砍柴时唱、插秧或割禾时唱、课间甚至早读时哼唱……

1990 年我到县城上高中，租住在县城一户人家。房东是县交通局的工作人员，有两个儿子，比我小几岁。他们家有三用机、电视机，可以沾点光。他们家的房子算在半山腰，阴面的房间真的是开门见山，甚至开窗后，可以摸到山上的一颗香樟树的叶子，山上主要是杉树。阴面有间房成了我的“练歌房”。周五的晚上，我对着山上的树林放声歌唱，连唱四五个小时是常有的事。唱的内容，多为从三用机听到的流行歌曲或者电视剧主题曲。高中的学习是比较紧张的，周六晚上偶尔会看一会电视，其他时间都很自觉，到学校上晚自习去了。我很感谢房东一家及邻居一家（并排挨着的房子就两家，其他房子有数十米距离）对我的宽容，因为我的瞎唱是“花式”唱法，各种腔调都学习模仿，甚至有反串，我在那住了四年，他们从未批评过我。

我唱歌不识谱，没有学过乐理知识，也没有条件唱卡拉 OK 之类。2013 年高中同学聚会，包了卡拉 OK 厅，要求每人都唱，我缺乏经验，跟不上节奏，多数同学可以看出来是练过的。自此，我也希望能有机会练练，但种种原因，似乎并没有这样的机会。在家里可以唱歌的机会特别少，洗澡的时候唱过几回被妻子叫停过，后来就自觉不唱了。“我想唱歌可不能唱，小声哼哼还得东张西望”，多年处于这种状态。

我父亲唱歌，我认为唱得挺好的，但很少听到，或许很大原因是生活所迫。我大哥也喜欢唱歌，我是从侧面听说的，还有就是亲眼见到其抄录的歌词、歌谱，但我印象中我自己没有听过。我大哥长我六岁，我们在一起相处的时间很少。农忙时节，我能偷点懒，他无暇顾及。我有一个堂兄（按辈分），生活在同一幢房子里，他是 1922 年生人（长我 53 岁，2000 年去世），平时说话有较为严重的口吃，高小文化程度，据说他唱山歌唱得很好，而且是“创作型”歌手，村子里许多人听过他唱歌（外出劳作时唱），可谓众口称赞，但我从未听过他唱歌也没说过几句话，感觉颇为遗憾。

这段时间唱歌，我唱的基本是 20 世纪 80 年代或 90 年代初的歌，更老的歌有些听过几遍可以哼唱几首，近 20 多年的新歌会唱的实在是太少了。唱歌似乎人人都会，但真正唱好并不容易，咬字、音准、运气等都是重要的影响因素。当下唱歌的一大福利是借助现代信息技术，获得了许许多多的便利，比如高质量的伴奏、不用记歌词、少干扰他人（比如把自个关在书房里自娱自乐）……我打算将唱歌这一业余爱好强化一下。

（2018–2–18）

做人做事做学问

古人崇尚三不朽“立德、立功、立言”，树立道德、建立功绩、提出具有真知灼见的言论，从而流芳百世。从追寻生命的价值或者探寻活着的意义角度，通俗的表达为三做：做人、做事、做学问，循序渐进。

做人。人始终是社会的人，“温良恭俭让”“仁义礼智信”等诸多方面边学边做，活到老、学到老。

做事。职业角度，三百六十行，行行都是在做事。生活方面，自给自足、自力更生、养家糊口等也是在做事。

做学问。世事洞明皆学问。做人做到一定境界需要做学问；做事做到一定程度需要做学问。做学问需要借助一定载体（比如文字、音乐、艺术作品等）记录并传承。

做人可以立德，做事可以立功，做学问可以立言。是“可以”代表一种可能性，远非“必须”。

（2018-2-22）

赏千岛菜花，观水上园林

2018年3月31日，一家人春游兴化，赏千岛菜花，观水上园林。

周二，妻子问我周末是否有空，周六随小孩的几个同学家一道游兴化。上午7点出发，晚上返回，自带吃的东西。费用526元，主要是车费及门票费。我觉得是该出门走走了，由于种种原因，大人非常忙碌，小孩与同学一起玩的时间很少。

周五晚上赶在超市关门之前，准备了出门吃的东西。周六定时6点起床。连云港本地是大雾，7点前我领着孩子率先到达会合地，妻子随后到。找到一辆车，车上有导游问是否为兴化一日游？上车后才知道，一共有5家人一起出游。原来是同为一个小区的5家人约定好的，因为同一个小区，小孩同龄，且有几位是同班的，之前有集体出游的经历。我家只认识其中一家，我家是临时“顶替”的，有一家临时有事去不了（这一家也认识，因为幼儿园和小学均同班，且小孩又一起上兴趣班）。5个小孩，都是一年级的，其中四个是同班的。我们这个“旅行团”，一共5家人，14个大人，5个小孩。我家与另3家不熟悉，大人彼此不认识，小孩之间也不熟，甚至小孩的同班同学将我家小孩叫成别的同学。

因为大雾，车走国道，比较颠簸，路上有不少大货车。旅游车前排可以打牌，一张桌子凑4个大人打“惯蛋”，后排小孩凑一块玩。我晕车，不参与打牌，旁边偶尔瞄一眼。打牌的家长们年龄比我小5岁以上，精力比较旺盛。小孩们更是了得，一路叽叽喳喳。我自家小孩，原本很不原意坐车，每次坐车都嚷嚷头晕，此次居然不晕，倒是我自己一路晕乎。9点多上了高速，临近11点到达千垛景区。

千垛景区赏油菜花，真是游人如织。进景区后第一站是坐船，排队等候上船，之字形的铁栏杆数十米长，有20多折，排队等了大约半小时方上船。上船之后，胡乱找点吃的垫垫肚子。船上人多，顾不上观景就该下船了。没有导游讲解，也没提前做功课。后来才了解到“在泥土缺乏的泽国，勤劳智慧的兴化人民在湖荡沼泽地带开挖网状深沟或小河的泥土，一方一方使其堆积如垛，成为了可以耕作的垛田”。四面环水的“垛田”，一片片油菜苗儿壮花儿灿。我是江西人，小时候，自家家里就种过油菜，我对油菜花原本不算陌生，但对千垛景区的油菜确实感觉新奇。一是油菜比我小时候见过的要壮实多了，苗是那么粗壮；二是误以为“千沟万渠”为多此一举。该景区停留了1个小时多一点，匆忙而过。

随后，赶往李中镇水上森林景区。从千垛景区过去，20分钟左右车程。我们到达后，导游去买票。在门边等了大约半小时。目睹了一拨拨游客涌进去。我们进景区时，每人领了一张木筏票。该景区为“林中有水、水中有鱼、林中有鸟、河流回环、水杉林立”的生态湿地景观。水杉树此刻尚未泛绿，树梢益鸟繁殖季，地上二月兰春意盎然。一个木筏可以坐16人，木筏上摆了16个小木椅，每个椅子上有救生衣，由一人用竹篙撑着在河流中行进。我所乘坐的木筏，我是最先上的，与撑篙人靠得进，并有简短交流。我了解到撑篙人74岁，为当地农民，在这旅游旺季打工，一天大约撑40趟，工资80元一天。得知老人家高龄时，我不由得回望了老人家一眼，算是行注目礼吧。老人的话语不多，但洋溢着幸福。内心由衷地敬服！木筏行进的过程中，我留意到其他木筏上的撑篙人也均在60岁以上，有男有女。有一个木筏上有表演，年轻女性身穿类似婚纱的演出服，似乎在跳孔雀舞。这个木筏上的撑篙人穿的是工作服，配上风格相似的演出服或许会更引人注目。乘坐木筏游览时，我印象深刻的是树梢上的鸟鸣声及河岸边的水杉树根。从木筏下来后，穿行林中，观赏了林中之水，水中之鱼。

16：00上车返程，大约20：00到家。返程路上在服务区休息了大约半小时，小孩们泡方便面吃，格外开心。早出晚归，小孩们个个精力格外充沛，说是“美好的一天”，还感叹为“短暂的一天”。看到小孩们的欢欣，大人们的疲惫被稀释，且收获了几分成就感。

（2018-4-1）

休闲时光

时间的脚步匆匆，休闲的时光疏松。境由心造，此生何求？似乎一直在忙忙碌碌，且多是在做无用功，唯有忙碌，方得安心。如此这般，并不足取。

参与过刊回溯及图书倒架工作，接触了很些书刊，接过一本本沉甸甸的书，有时会驻留图书封面，甚至翻翻目录，给我的触动是，各种各样的成果很丰富，自身阅读过的非常有限，不少内容属于想读，但却无福消受，眼力、脑力、体力等均受限。

获悉一位敬重的师长，年龄并不算大，健康方面遇到了大状况，且是夫妇二人相继如此。听说是体检时发现，最早期，已做过手术，希望吉人天相，度过难关。遇到大状况时，确实需要多休养，同时精神慰藉也很重要。希望其身边的学生能多承担一些，帮着度过难关。类似情形，已多次遇到。虽然无法准确界定什么原因导致，但隐约认同“有得有失”。比如，因为过多的时间和精力投入学术、科研，休闲时光打折了甚至严重缺失了。

人始终是社会的人。个人的时间，真正属于个人的比例甚小。融入家庭，家和万事兴；融入社会，人和精神爽。个人的休闲时光，原本更为有限，但有“开发”空间。有些场合可以与家人分享、共享，利人利己，效益倍增。比如周末找点空闲，找点时间，领着一家老小偶尔去“农家乐”，独乐乐，不如众乐乐。

（2018-5-27）

闲话论文焦虑

据百度百科，“焦虑是对亲人或自己生命安全、前途命运等的过度担心而产生的一种烦躁情绪。其中含有着急、挂念、忧愁、紧张、恐慌、不安等成分。”所谓论文焦虑则是对论文及其相关事宜的过度操心而产生的一种烦躁情绪，含有着急、挂念、忧愁、紧张、恐慌、不安等成分。

论文焦虑在个人或个体不同的发展阶段存在。比如，攻读学位阶段，为了达到毕业要求；谋求职称晋升阶段，为了攒足资本，提升竞争力，尽可能顺利地达成愿望；谋求完成各种考核任务阶段，包括聘期考核任务等，需要完成若干科研项目；追求学问精进阶段，需要出产“代表作”。

论文焦虑，这些年有复杂化倾向。比如学科评估、人才评估等，导向对高水平论文的重视。重视 SCI、SSCI、CSSCI 的收录与引用情况，重视论文分级分区情况，重视是否为 ESI 高被引论文或热点论文。各种各样的人才激励政策、科研成果报奖、“帽子”（比如各种各样的头衔）诱惑，使论文焦虑无孔不入。成功人士凭借数篇代表作，年纪轻轻收获了各种“帽子”，有的不仅是教授了，还三级教授或二级教授，甚至一级教授了，令人艳羡。

现阶段的我，论文焦虑是客观存在的。我对自身很不满意，原本就先天不足：底子薄，基础差。后天又不够努力，虽“渴研”，但“可研”时间甚少。有时想多读点文献，眼睛还闹罢工。面对此窘境，似乎并没有特效药，还要随遇而安。据说，适度的焦虑对身体是有好处的，可以化焦虑为动力，因此要“调适自我”“有序进取”。

（2018–5–31）

惶恐，惶恐

南京大学信息管理学院于 6 月 19 日至 21 日在江苏南京举办主题为“新时代，新发展：服务 · 效能 · 法制”的中国图书馆事业发展高层论坛。我在会议期间拜会了若干师友，受益匪浅。与此同时，我接收到或明或暗的学术合作或准学术合作请求多条。图谋深感力不从心，颇为惶恐。

图谋凡夫俗子，身无长物。坚持写图谋博客逾 13 年，经营圕人堂群逾 4 年，作为《图书馆报》专栏作者身份亦逾 12 年……或许与上述因素有关，“他信力”增强，但“自信力”并未见长，许多时候深感力不从心。

图谋的眼光本身可能也有问题，在别人的眼里是“小事一桩”，在我看来却是“小事不小”。许多“好事”，通常难以一蹴而就，需要脚踏实地，久久为功。他人所求所托之事，权衡之余，谨慎回复，量力而行。由于种种原因，得有所取舍，无法周全。

（2018-6-24）

感悟科研

我不知道我是不是搞科研的料，算不算搞科研的人，但实实在在属于被科研搞的人。近期经历，有些感悟。

关于纵向科研立项。国家社科基金项目、教育部人文社科基金项目等评审结果，先后公示了。有的是作为项目组核心成员，有的在申请过程中与我有过一些交流，提过一些参考意见。遗憾的是，有我影子的，全部未中。我“审读”了评审结果，或多或少有些感悟。有一项为国家社科项目，可能属于申报人所在单位高手云集，一个学科类有四项立项，且两项为重点，两项为一般。我认为即便进入会议评审环节，也有可能被“平衡”掉了，毕竟是竞争性资源。有一项为教育部人文社科项目，为现实意义较强的课题，但从立项结果看，有可能评审专家多为学院派，没被看上，其实该项目的研究基础是比较扎实的，项目负责人已在CSSCI来源刊发表了系列论文，项目申报整个环节也是高度重视、做足功课的。当前的导向，项目级别、项目经费很重要，牵涉导师的招生名额、职称评审硬件是否够硬，影响到绩效考核、岗位聘任等。国家社科基金项目，数年前已采取了限项申报措施。我认为，立项与否取决于实力加运气，正确的态度是胜不骄，败不馁。

关于横向科研项目。我自身接触横向科研项目较浅，但这两年也可以感受到科研政策的导向。对于地方本科院校，纵向项目经费的争取是难度很大的，横向项目可以结合地缘优势，有一定的可为空间。由于种种原因，横向科研项目在绩效考核、岗位聘任等环节，认可度或权重，弹性很大，让人难以捉摸。

关于科研合作。当前的环境，科研合作不易。比如在科研激励政策、职称评审等重要场合，只认第一作者（或通讯作者）、第一单位（甚至有的机构只认独立作者），其余贡献者基本被忽略不计。对于有些具备一定级别的纵向科研项目，实际主要是考核项目负责人的成果，而且只认第一作者（或通讯作者）。科研项目申报时，通常是以项目组名义申报的，强调的是团队的力量。任何合作，只有互利互惠，才有可能持久。

关于科研经费的使用。科研经费的使用有许多条条框框，经费的报销有不少流程要走。比如某高校当前的财务系统中，人文社科项目与自然科学项目的预算模板是一样的，财务系统中的预算与项目申报任务书的预算不一致。项目负责人作为业余人员，难免存在不少困惑。

关于科研成果的宣传推广。当下，科研成果的宣传推广缺乏应有的重视。许多科研成果属于应付式的，其目的更多的是为了“交差”。科研立项环节，通常需要大谈特谈研究意义、研究价值。由于种种原因，更多的是停留在书面上，行动上是比较薄弱，甚至是缺失的。我也参与过一些科研成果评奖，填报材料时，需要填写社会评价情况。对于人文社科类，社会评价，主要是汇报一下被引情况（著作类成果，可能还会介绍一下相关书评情况），至于深度的科学普及或者应用情况，涉及较少甚至缺失。

理想中的科研：因“可研”，方“渴研”，有趣、有味、有力量。

（2018-6-30）

闲话论文发表

关于论文发表是一个老少咸宜、历久弥新的话题。横看成岭侧成峰，远近高低各不同。图谋既不算“老生”，也不算“新生”，但不知谈了多少回，或许今后还会谈下去。

我对论文发表是有些体会的，部分源自自身经历，部分源自旁观者视角，也有部分源自道听途说。认识事物有过程、也有变量，阶段性认识、即时性认识，不大可能是客观的，也不见得是正确的。我近年发表的论文屈指可数，但或许也算笔耕不辍，比如坚持写图谋博客、坚持给《图书馆报》投稿、坚持出版图书等。

内心还是有梦想的，比如期待学问精进，能有高质量或高水平论文发表。说来惭愧，科研评价导向变幻莫测，对于以刊评文、高被引或热点评文，个人不以为然，我所向往的“高质量”或“高水平”其实也是虚幻的，并不见得能够“自圆其说且被同行认可”。我认为检验标准是“实践”，是否有实践价值？是否值得实践？实践成绩如何？……当前许多“高质量”“高水平”论文，似乎大多亦泛善可陈。以图书情报成果为例，获得省部级成果奖的论文论著有不少，但是有多少被广泛关注、广泛认可呢？

论文发表是不容易的，如果容易，或者太容易，“成就感”“获得感”就会大打折扣。论文发表的目的并不单纯，更不单一，夹杂着种种隐性的或显性的诉求。论文发表的过程，通常道路是曲折的，但前途不见得是光明的（比如有一部分，投着投着就“夭折”了）。论文发表的结果，有的有好结果，有的并没有好结果……

有部分师友可能认为我论文发表容易，有的还寄予期望甚至厚望，但大多场合是令人失望的。因为我的能力和水平实在是太有限了，既没有神功护体，也没有秘籍宝典，凭借的是“笨手笨脚找东西”之类，乏善可陈。有些场合，我还笨嘴拙舌，不知如何应对。比如友人有篇稿子，稿子辗转投了多处均被退稿，我答复：“现在确实是越来越不容易了。当前的用稿取向也是存在问题的。欲提升命中率，各刊的用稿取向宜作进一步了解。”我似乎找不到更好的表述。

我的博文《感悟科研》，有位研究员发表了一条评论：“我认为，社科方面的工作，不应该急着申请项目，而是利用网络和图书馆资源，先做一些工作，发表后再申请项目会很多，反正社科项目个人就能干，不像理工科的事情，往往一个人干不了。”我回复：“可能这是一种理想化的图景，更多的是设想。身在此山中，会有另一番感受。关于申请项目，不大可能是随心所欲的，比如有些学校有明文规定，没有某个级别的项目（或多少科研经费），博士生导师是不能招博士研究生的；关于成果发表，理想的状态是，适可而止，发表多了说没有立项意义，即便立项了，后期再突破可能会比较困难，结题会比较痛苦；关于社科项目个人就能干，当下，一个人能干的非常少，留意立项结果及已结题成果，可能会有进一步的体会。另，您的这个观点，按这个思路走，适合朝国家社科社科基金后期资助项目努力。”上述问答，或许也一定程度上体现论文发表之不易。

论文在许多人心目中，像一朵朵美丽的玫瑰花。赏花也好，摘花也罢，每一朵花下面都有刺，无论您是否注意到了。

（2018-7-3）

生活中的小感动

电动车电瓶又出问题了。2月份才换的新电瓶，使用不到半年，走7公里左右就没电了，不换电瓶不行了。考虑到上次换电瓶这家的价格还是比较便宜的，他家340元，其他家说是最低价380元。我做好了花钱的准备，看看此次换电瓶能用几个月。

修车处位于公园小门附近，叫“董师傅车行”，像是夫妻二人经营的，男主人估计叫董师傅，应该不到50岁，但头发接近全白。每次路过，可以看到门口摆了不少车，有电动车也有自行车。此次去，也不例外。

我大约6点10分到车行门口，门口的车摆放比较整齐，可能修好了。有一辆自行车，可能尚未修完。我的电动车勉强可以到车行门口，停下车，直接说要换电瓶，并带几分抱怨的口吻说：“电瓶上次是在你家换的，使用不到半年，只能走7公里。”我没料到，两口子马上安慰我说：“莫急，一年内质保。”随后，董师傅的妻子帮拆开电动车，检测电瓶电压，我简单介绍了情况，辅助分析问题。测过电压之后，董师傅从车行抱出一盒新电瓶，并给换上。换的过程中，还帮两人自行车打气，有一位的自行车可能是补胎了，问董师傅多少钱？告知1元钱。打气应该是没收钱。大约花了15分钟，董师傅为我换好了电瓶。我问多少钱？董师傅说不要钱。我感觉太意外了。我说你们忙了这么久，不收钱不好意思。他笑笑说：“这是我们应该做的，换别的地方也一样。”我脱口而出：“我去过别的地方，还真不一样，太感谢了！”

有道是“没有对比就没有伤害”，有了对比尤为感动。我的电瓶车其实是2017年11月份买的，电池使用大约10个月，只能跑14公里左右，跑去问卖电瓶车的人，说这是正常现象。大约又过了2个月左右，只能跑10公里左右，感觉很不方便，跑去问电瓶车的，让换电瓶，400元。相距不远，另一家修车店，要价380元。

回家后，同妻子分享我意外的收获与感动。妻子告知我，董师傅这家人诚实、诚信经营。有一次，她修车时看到车行附近的人给他们家送小孩的衣服（用过的），董师傅他们家收下了。车行是商住两用的，可能是租的，空间大部分被零配件占据了。两口子，整天忙碌，但赚的钱并不多，也因此更忙碌。或许，凭借他们的技术与服务，原本可以赚更多的钱，至少可以少干点活，但他们却选择了忙忙碌碌。

简短的交流，不多的言语，但可以感受到董师傅两口子幸福感很强，两人都是那么的敬业、乐业。平凡的劳动者，平凡的举动令我感动，向董师傅他们致敬！

（2018-7-3）

学无止境

学校放暑假，之前数天答应为某出版社做一本书的初审工作，那是一本国家社科基金项目结题之后结集成书的图书。好在书不厚，我花了两天时间审完并寄回。出版社方是让我两个星期内审完就好，当我告诉责任编辑时，其反应说：“这么短的时间？不要这么辛苦吧？”我的回答：“从您告诉我那天就开始做前期工作，集中审了两天。周末哪都没去。还有其他事情要做。答应做的事情，尽可能地做好。我做事情的风格：要么不做，做了就做好。”做锦上添花的事情比较愉快，对自身来说也是一个学习提高的过程。

从2018年4月份开始，一份修地方志（地级市部门志）差事通过部门领导找上我，那真是“时光粉碎机”。修志这事牵涉的头绪非常多。我处的位置很尴尬，一方面属于多头领导，一方面要去做具体的事情，而做具体事情还需要去协调、指导虚拟团队做事情。我确确实实不具备这样的能力和精力。假期中，我实在不想操这份闲心，算是暂时解脱了。其实我自己也有我自己的事情，而且还真不少。世界那么大，我也想去看看；家庭那么小，上有老下有小，头绪也不少。

我承担的科研项目，今年该结题了。由于缺乏经验“跑偏了”，领着课题组辛辛苦苦做了不少工作，也发表了系列论文，但忽视了强调项目负责人作为“第一作者”“CSSCI源刊”两个关键词。友人作为“过来人”，建议我最好争取再发表一篇第一作者 CSSCI 源刊论文。我觉得很有道理，并打算利用暑假完成写作，并期待最好能在假期中投稿并有结果。7 月 16 日开始写作，7 月 24 日完成初稿，平均每天所用时间在 10 小时以上。按照最初的研究设计，还有数块“硬骨头”，囿于种种原因，实在是啃不动了，能啃动的多啃一点。

研究过程中，有三点感触。其一，修行 20 年，功力平平；其二，台风警报频发，风雨交加，没有电闪雷鸣，联想起少年时代在故乡忙“双抢”遇到雷阵雨时的惊心动魄，幸福感涌上心头；其三，“秀才不出门，能知天下事”，过去可能有夸张的成分，时下夸张成分严重缩水，因为“互联网 + 书房”很给力，作为一名新时代的“秀才”，好幸福。

重温了吴慰慈先生《当代图书馆学人的学术责任》一文，当代图书馆学人应当担负的学术责任，主要有六点：进一步增强科研能力；严谨治学，摒弃“简单化”；高度重视理论创新；更加关注应用研究；关注方法论应用；重视跨学科、跨领域和跨国的研究合作。对照一番，感慨万千，真是样样疏松，依当前的发展趋势，再修行 20 年，也许亦无甚长进。路漫漫其修远兮，学无止境。

（2018-7-24）

中年心事是作文

从小学开始写作文，直至今天依然忙着作文。时光如梭，人已中年，“作文”二字，才下眉头，却上心头。

数十年作文史，有何长进？似乎乏善可陈。如何进阶？亦无良策，只好故作忙碌状，成日里徘徊在作文的小路上。

作文的形式有数种，博文、报纸、期刊、图书……作文的回报几何？似乎更多的是耕耘不问收获。

有些作文是我要写、我想写，有些作文是要我写，有些作文是我得写……

作文无处不在，政治学习得作文，日常工作得作文，各种考核得作文，申报各级各类科研项目更得作文（通常还得“长篇大论”）。唐代白居易说“文章合为时而著，歌诗合为事而作”，我的作文，既不是“文章”，也不是“歌诗”，但或许也算是为时而著、为事而作。

“板凳宁坐十年冷，文章不写半句空”是一种境界、一种情怀，可敬可佩，可歌可泣，学不来，做不到。

少年不识愁滋味，爱上作文。爱上作文。为赋新词强说愁。中年初识愁滋味，欲说还休。欲说还休。人言心静自然凉。

（2018-7-28）

我要回家

身为游子，受着种种羁绊，回家的日子太少了，随着父母的年事增高，牵挂亦与日俱增。

我的老家位于江西省中部腹地，近年交通状况大有改善，但仍不是很方便，要转好多趟车。妻子学会开车了，我与她同时报名，但我没练到参加科目二考试就放弃了。如果两人会开车确实会方便很多。

小孩放假之后，报了几个兴趣班，8 月 3 日结束。我和妻子打算 8 月 3 日领着小孩回家看看父母，顺带走走亲戚，准备待一周。距离上一次回老家有两年半时间了。妻子和孩子，一定意义上算是陪我回老家的，她们对于我的老家是陌生的。作为游子，我漂泊在外已有 20 多年，对于自己的老家其实也算不上熟悉。从电话中母亲告知，这两年家乡的面貌有很大变化，新农村建设，拆掉了许多老房子。

身为游子，我算是心系故乡的。这些年写过不少关于故乡的文字，介绍故乡的风土人情，文化遗迹等。我的故乡在我的心目中算不上有多美，但毕竟是生我养我的地方，那里有我的爹娘。我的故乡有着一系列金字招牌：“江西省历史文化名村”“中国传统村落”“江西省文物保护单位”“红一方面军总部旧址”等，此外，还有令我受益良多的《湖坪王氏宗谱》。

暂时放下种种负累，回归家庭，回归故乡。

（2018-8-3）

湖坪古村见闻

湖坪古村是我的故乡，生我养我的地方。8月上旬，领着妻儿回故乡陪陪父母亲，6天时间有所见闻。有些见闻不宜说，不好说，简略记叙可以说的。

昌韶高速公路流坑南出口下高速，数千米就到了湖坪古村。通往农贸市场的路很窄，会车会比较困难，路两侧多处楼房在建，颇为密集，此为第一印象。

湖坪古村近年新农村建设下了比较大功夫，面貌有所变化，但存在不少不足之处。比如至今未通自来水，据说曾经铺设过管道，但已废弃。村民用水，依靠自行打水井或者公用水井。有的人家用水泵抽自家水井或公用水井里的水；有的还需要到公用水井挑水。春节前后较长一段时间，雨水偏少，外出务工人员返乡较多，不少村民生活用水较为困难。有些水井地势较高或相邻人家水井打得更深，便很可能缺水，抽水马桶、洗衣机等无法使用。

村中古建筑多具备公祠性质。公祠通常是一定范围内宗亲共有，已不再宜居，有的损毁严重，颇为可惜。有少数原本保存比较好的，且有进行过修缮的，由于是村民自有的，缺乏修缮标准，远远做不到修旧如旧。修过之后的管理维护也很困难，有些公祠修好之后无人居住或看管。村中还有不少近年新盖的公祠，缺乏古色古香之韵。

我父亲退休之后热心修谱、修公祠等，是《湖坪王氏大兴公家谱》编修骨干成员。大兴公为湖坪王氏32世，是湖坪王氏的一支，这一支有多处明清古建筑群保留至今，且保存较好。已列入县级文物保护单位的有瑞庭先生祠，且有为数不少的文化遗存（包括《湖坪王氏新馆记》《上舍生王瑞庭先生传》《皇清待诰赠大成均王君瑞庭先生墓志铭》等）。大兴公一支另有公祠数处，均为清代建筑（或遗迹），其中有一处由于管护得力，祠堂本身养护完好，且保存有红一方面军“大湖坪整编”（整编时期红军标语及绘画）。

国宝公祠门口现挂有“江西省历史文化名村——湖坪村”（2012年授予），“省级非物质文化遗产——装故事”“江西省文物保护单位——红一方面军大湖坪整编旧址”“红一方面军总部旧址”等牌子。近年花了很大力气修缮，但较为遗憾的是，平时是大门紧闭的。我去了两次，只能看看外景。本人与国宝公祠有着特殊的情缘，国宝公祠曾作为湖坪中心小学校舍，我的小学是在国宝公祠读的。而且，我父亲的办公室为总节孝祠的一间房，20世纪90年代至21世纪初，我们家因住房困难，学校将父亲的办公室及附近几间房（也就是总节孝坊及其周边）供我们家使用，搬到国宝公祠住过10年左右。这期间我大多数时间在外求学或工作，但假期或探亲是住过些时日的。如今，国宝公祠进行了修旧如旧改造，我不清楚如今内部是怎样的模样。外部重修了文献世族牌坊及青云塔，我不清楚多大比例是上级拨款，多达比例是宗族内部捐资。青云塔底部记叙了捐赠芳名录。“破四旧”时期先后被毁，我的父母亲均见过其先前的模样，对目前的模样不甚满意。

我出生的老屋，也是瑞庭先生（“君生于乾隆四十三年六月廿七日，卒于道光十一年四月上旬之八日，年五十有四”）出生之所，据说很有可能是明代建筑。目前此处老屋只有一人居住，且年逾花甲。这些年，时不时有盗贼光顾，防不胜防。另一处相邻的老屋大门正上方的木质结构窗户被整体偷走。此次回家，有一面墙紧挨墙脚挖了条沟，原本因地势较高，排水较好并不需要，据说是为了“花钱”（有上级拨款）。挖沟是挖掘机作业的，对老房子的损伤不小。

令父母颇为伤脑筋的还有一堵残墙，这堵残墙也是清代建筑遗迹，只剩残墙了。据说是曾经被敌军轰炸过。残墙属于我们家的，因经历了数十年风雨，真是摇摇欲坠，希望减矮一点，避免意外伤害发生，相关方面未同意。据说是因为目前地方上在向有关方面申请经费。

此次，湖坪古村给我留下的还有一个突出印象：关于社会主义核心价值观的宣传与城市接轨；关于扶贫款的警示标语很多；关于精准扶贫政策宣传不少；古村中很少见到狗；据说农贸市场禁售一切野生动物。

湖坪古村多年来在打造“红色、古色、绿色”，希望发展旅游业，取得了一定成绩，但仍有很长的路要走。当前存在的问题是，景点分散，相关饮食、住宿、交通等方面还有很大的可为空间。未来发展需要更好地平衡各方利益（家庭、村委会、国家等），“家是最小国，国是千万家”，科学发展，和谐发展，持续发展。

（2018-8-12）

关于时间的思考

我的状态，自我感觉是始终忙忙碌碌的，感觉有做不完的事。在这推崇头衔（包括工作机构、职务、职称等）与财富（收入）的氛围里，有时真是自惭形秽。一位如此平凡的图书馆员，有啥好忙的？能忙到哪去？有时，我也不由自主地反思、再反思……

我的忙碌，很大程度上是因为“图谋”二字。与“图财谋利”似乎有相似之处，“图谋，为图书馆学情报学谋，为图书情报事业谋。”是自我解读。“图谋”二字，需要“知”，需要“行”，需要“知行合一”。图谋博客、圕人堂QQ群、圕人堂微信公众号等是载体，是具象。一切“图谋”，似乎更多地属于“超我”范畴，且似乎有些不由自主。

作为俗人的“本我”原本也够忙碌的。人已中年，集一系列社会角色于一身。为人子，为人父，均需要亲师友、习礼仪，还需要尽相应义务。各种忙碌会侵占时间。小孩抱怨我做的饭不好吃，还是因为自己不够用心、不够努力，糊弄的成分较大。功夫未做足，“通关”不易。

科学网上有许多时间管理与利用的高手，我敬服的有武夷山、俞立平、陈安、周涛等诸位先生。我感受到的是井井有条、从容不迫、举重若轻……他们有的比我年长一些，有的与我年龄相仿，有的年龄比我小。驾驭时间是综合素质、综合能力，以我的资质，或许再向苍天借五百年也修不来，但不妨行注目礼。

我哥哥比我大六岁，是老家所在县城的中学老师。暑假领着我和妻子、儿子参观他的菜地。他利用闲暇时间在学校附近的山脚下，开辟了几分地，已做到蔬菜全部自给自足，自豪与喜悦溢于言表。实地参观之后，给我一种震撼：栽了数十种蔬菜瓜果，地上长的、地下结的，有较为常见的品种，也有新品种，长势均很好，打理得很清爽。背后需要流多少汗，用多少心，我是比较有数的。这块“自留地”，是他辛勤劳动的结晶，也是他的“研究成果”。哥哥在教书育人方面是颇为敬业、专业的，声誉不错，而且自己的小孩教育得也很出色（据说高考时是全县第八名）。有所为、有所乐、有所获，哥哥这种生活状态非常好，我很羡慕。

今年，先后获悉两位我所敬重的师长，罹患重病，与疾病抗争。他们年龄均不算大，均属于时下不多见的潜心科研的学者。给我的触动是，有啥也别有病。心系科研之际，还要切实注重祛病强身。当然，疾病几分天注定几分己造成，神仙难料，万一赶上了，还要坦然应对，以科学的态度、坚毅的品质，攻坚克难，勇闯难关。我认识的罹患重病的师友，均是坚强的、乐观的，有的没能胜利闯关，有的闯关成功甚至创造了一个又一个奇迹。

作为个体的生命，是短暂的。在可为条件下，尽可能争取更多的自由活动时间，并尽可能努力拥有更多的精彩时段、时刻或时分。

（2018-8-17）

徐州游略记

妻子在徐州短期学习两月，国庆有 5 天假期。我 10 月 2 日上午 9 点出发去徐州，10 月 5 日下午 5 点返回家中。路途上消耗的时间不短，比如 10 月 5 日算是全天在路上，实际在徐州算玩了两天多一点。

长时间来，一家三口难得有这样的机会。整个行程，交通工具为公交车加火车。早餐在酒店，晚餐在江苏师范大学学生餐厅，中餐在路边小店。

10 月 2 日，入住酒店之后，逛了会儿江苏师范大学校园，虽然我之前算是来过两回，头一次是 1999 年参加敬文图书馆开馆典礼，最近一次是 2015 年是馆际考察学习，但因为来去匆匆，对校园并无多少印象。此次可以校园漫步，更为充分地体验。餐厅用过晚餐之后，到铜山万达广场逛了逛，先是购物，买了几件衣服。小孩一路喊累，当到游乐场时满血复活，花了 50 元钱玩了 80 分钟，从头至尾蹦蹦跳跳，头发全部汗湿。

10 月 3 日，先去了淮海战役纪念馆，孩子的国庆假期作业留有一道作业为中队会准备“说说我们的大英雄”先锋故事会，到纪念馆找素材是不错的选择。之后去云龙湖公园，小孩对云龙湖公园的儿童游乐场感兴趣，虽然设施有些陈旧，但有些新鲜器具，玩得很开心。

10 月 4 日，先去博物馆，之后去图书馆，再逛动物园，随后在彭祖园内转了转，小孩为园内的游乐场做了点贡献。图书馆这一站，算是我要去的，我以为小孩会喜欢，这一次小孩比较失望。母子俩直接去的是儿童图书馆，其实就是一个场馆，小孩可以进场馆内，大人在外边等候。室外的等候区比较狭小，有几台设备（可能是导读系统之类），数个小孩围着设备，10 来个家长或坐或立等候。我留意了一下，场馆内的人数估计比等候区人数少。我是先去主馆，在馆内转了一圈。突出的印象是，人气基本集中在自习室内。自习室有数百座位，且在一楼大门附近。二层是书画展，展厅面积挺大，展出的品种也不少，但参观的人数并不多。临近上午 11 点，读者服务台的大屏幕显示入馆人次为 550。我通过徐州市图书馆微信的“馆情速递”进一步了解到，10 月 4 日全天到馆人次为 1620（今年到馆人次为 311478，2017 年为 238763），10 月 5 日全天到馆人次为 1441。

整个旅程是比较辛苦的，每天需要走 2 万步左右。一到晚上，疲惫不堪。小孩精力旺盛，小孩开心，大人欢欣。

（2018–10–6）

缘聚天商，缘续天商——廿年后的偶然相逢

2018 年 12 月 7 日 11：30，我收到一条微信加好友的申请，只说了名字，虽对名字有些印象，但我未理会，我怀疑是推销产品或服务的。13：51 收到手机短信：“你好！王同学，我是你的天津商学院（注：天津商学院于 2007 年 3 月 16 日更名为天津商业大学）校友。昨晚看到你 20 年前的信件，我完全忘记你是谁，就像你忘记我是谁，我还是厉害的，很容易就查到你的电话了。给你加了微信，也许你需要过去的信件追忆似水年华，哈哈，师姐 ×××”我回了：“很意外。前边加微信时，我以为是重名。我对你其实还是有些印象的。我们算是日语兴趣班的同学加同桌，老师叫伊豆弘子。我是信本 95 级，你是 94 级的。你的名字与歌唱家同名。”对方回复：“你一定记错了，我没学日语，也不漂亮。我其实也忘记你是谁，后来查度娘找到了。我有你的信件，我想你也许觉得是有意思的纸媒时代的回忆吧？”15：52 分，收到微信发来 4 张通信图片，包含两封信，两封用英语，一封用中文。中文信是 1998 年写的，内容包括“字里行间，洋溢着真情，此

情无价。喜也好，忧也罢。只为‘更懂得个人努力的重要。时代也呼唤着脚踏实地的人’。真心祝愿你明天更美好。”“你的来信给了我启示，萌发了无限感慨，坚定了我对未来的追求。人生的自我定位至关重要，经过一番苦苦的权衡，我的未来当是以计算机为专长，英语为工具，文学为爱好。”……

12月8日下午4：38分，我给师姐回信息，“昨天我是外出考察学习，多是在大巴车上回复信息，你发的信息未细看。今天我又抽空浏览了，引发一些回忆。学生时代，你我算是笔友，有过那么多次通信。给我带来鼓舞与力量。我1998年通过大学英语六级考试，或许与你的通信有所帮助。中文那封信应是毕业前夕写的。也那阵其实也纠结过是否考研，由于家庭较为困难（我来自江西山村），选择了先就业，较为顺利到了高校工作。其时，我算比较满意的，天津商学院与淮海工学院办学层次算是相近的。更重要的是，意味着我真正跳出农门。对于我和我的家庭都是欣慰的。”“感谢你的分享！中文那封信不完整，方便的话，帮我拍全。谢谢！”“如果我足够牛气，那些通信可以算是“史料”，有地方愿意收藏，比如校史馆。”“我希望你不要处理掉。如果要处理，请快递给我，我将继续收藏。对了，信封也帮保留着。我留意到了（我的丑字比较容易识别），你我当年通信的信封还在。”“我昨天参观了一所学校为办学60年搞的校史展。如果这类资料能征集到也是非常不易的。”“你我还真是有缘。是一个‘缘聚天商，缘续天商’的实例。”

师姐回复的内容：“那就继续加油，像马云一样牛，写的啥都是史料，否则，哈哈！”我回答：“马云创造了很多东西，但估计史料还是稀缺的，因为当下像你那样的有心人并不多。”由于昨天我告知了“我的信件很可能也在。放在书房角落纸箱里”，师姐的条件是“你把我的先给我，我就寄给你”。我当即表示尴尬，因为“我的即便能翻找出来，也没你的完整。因为我毕业时将信封处理掉了，只留内容”。

比较有意思的是，我那些信件算是非常轻松就找出来了，远远出乎我意料！一共有4封信，2封英语，2封中文（写信时间分别为1998年9月20日、1998年11月20日）。3封3页纸，1封2页纸（字密、工整、秀丽，有1400字左右）。我保留我大部分学生时期的信件，我的父亲给我的信件是最多的，数十封，其次就是这位师姐给我的信，内容最丰富。

师姐1998年考上四川大学企管专业研究生。我大概是1998年上学期结识师姐的，见过一面，估计与我为校报学生编辑、记者身份相关。母校是1980年建校的，我个人保存有1980年至1999年期间的校报，特别是1996—1999年有我的文字或担任学生编辑的校报保存较全。我与师姐的通信，一定程度上再现了当时的校风与学风。1998年电脑及网络还算是比较稀奇的，我是1999年8月参加工作的，自参加工作之后，纸和笔用的越来越少。时隔20年，弥足珍贵。

1994级毕业生联欢晚会主题为“情系天商”“用知识回报社会，把青春献给祖国”。“缘聚天商，缘续天商”是天津商学院1995级毕业生毕业时的主题。之前忙各种事情，脚步匆匆太匆匆。人届中年，回首往事，温馨又从容。师姐特别有心，令我特别感动，期待有缘再相会！

（2018-12-8）

闲话英语学习

近段时间，需要“啃”英文文献。我在“啃”的过程中，感觉颇为郁闷，一次又一次从头再来，枉费不少时间和精力。

当前的英语水平，不会听，不会说，不会写，也不怎么会读。日常生活中，不需要听，也不需要说，偶尔写几句，那是因为需要写中文摘要。至于阅读，多半是因为要写文献综述，要写国外研究情况。当前有一个好处，英语文献的获取还算是比较便利的，数据库中挑挑捡捡，数篇、数十篇英文文献到手了。一篇英文文献，通常近20页篇幅，若打印出来看，字号可能是六号字，行间距也比较小，既费眼又费脑。虽然算是科技文献，但仍有不少词语一知半解，有时还是关键词句，为了一个词，还要借助工具（百度翻译、谷歌翻译等）琢磨老半天。时光匆匆过，总感觉“性价比”太低了。

回顾自己英语学习的经历，似乎花的时间还真不少。如果从初中一年级（其时为12岁）起算，如今已逾30年了。这30年，大约一半是做学生、一半是工作。学生阶段，英语学习时间占得比重不小。虽然学得不怎么样，但知道英语学习的重要性。总的来说，还算是比较努力的。1996年通过大学英语四级（CET-4），1998年通过大学英语六级（CET-6）。我是工作之后，再考研究生的。考了两回才勉强考上，主要就是英语在分数线边缘，算是“吃过点苦”。研究生学习期间，我试图提升翻译水平，在翻译英文文献方面下过一点功夫，还有幸得到指导，全文翻译过一篇英文文献并发表了出来。学生时代，参加过暑期英语口语学习（一个月），还有为期半月的中美数字图书馆高级研讨班（英语授课为主）。工作之后，也算是比较幸运的，参加过上海国际图书馆论坛等学术会议，现场聆听英语报告。

自身当前的尴尬处境，究其根源，还是因为毅力不够。我知道一位老师，他原本是高中语文老师，自学日语，1994年考上了研究生（其时30岁出头），如今主要从事汉字域外传播研究、东亚汉字词比较研究、域外文献整理研究等工作，早已是硕果累累。对他的学习经历略有所知，对其毅力深表敬服！

临渊羡鱼，不如退而结网。常立志，不如立长志。如今邮箱中时不时有收到英文期刊邀请投稿或做审稿人的信息，惭愧的紧，常选择“视而不见”或“避而远之”。如若期待能有进一步突破，还需要进一步提升英语运用能力与水平。短期目标是希望能够较为自如地阅读英文文献，远期目标是希望能够发表英语文献。

（2019–2–3）

湖坪村《王氏族谱》读后感

2019年1月26日闻悉湖坪村《王氏宗谱》已修好，历时3年，大约有50斤重。2019年1月31日获悉，2019年1月21日湖坪村入选第七批中国历史文化名村。

家父是《湖坪王氏大兴公家谱》（王大兴1726年生，1791年卒，32世）主要编修人员之一，2001年修成，之后每年正月初三“上新丁”。我是2005年开始关注家谱的，以自家家谱为出发点，在家父的支持下，进行了持续的学习与思考。据悉，大兴公领了两部族谱，由家父保管其中一部。由两位外甥协助，家父陆续为我提供了相关资料（手机拍照提供内容）。我算是粗略阅读了湖坪村《王氏族谱》，有所感想，略事梳理。

湖坪村《王氏族谱》，2015年春成立编委会，2018年冬完成。一套12册，正文8021页，重约50斤。湖坪村王氏入谱信息采集至2017年。2018年1月30日购得《中华王氏大成总谱·太原王氏总谱》(燕山出版社，2015.8)[1]，一套10册，544.1万字，354.25印张，估计在30斤左右。该谱给我的印象：民间力量，一群热心人（退休人员为骨干），集10余年精力（自2003年中华王氏研究中心成立起算）编撰这样一部家谱，确实是“庞大的文化工程”。其最为突出的成就是通过扎实的调研，收集了大量一手资料，并进行了艰苦卓绝的考证与梳理。不足之处是，谱中所载资料，稍显简略，若干重要史料（祠堂、寺庙、坟茔、传记等）被删减。我所在世系，个人家谱中第十五世贤甫（1267—1352）在《太原王氏总谱》中为七十七世（总谱中的最后一世），第十六世同初1306年生（距今700多年），其后已繁衍近30代人。湖坪村这一支在总谱中只有33页篇幅，显得过于简略，且现实意义欠缺。我以为若能修到1949年也许更可取。《太原王氏总谱》中内容节录自《乐安湖坪王氏宗谱》，有删改，且存在错误（很可能是录入时出错，比如“天福丁酉”误作“天复丁酉”）。我当时认为修谱是个大工程，湖坪王氏宗谱修至现在，如果修成，估计篇幅不小。但我没有想到其体量大大超过《太原王氏总谱》。

湖坪村《王氏族谱》有编年简表、慎终追远（前贤谱序和跋、前贤谱例、皇恩浩荡）、精英辉映（精英名宦、人物烈传、义行仁芳等）、艺文章记、古村文萃、修谱纪要、万派同源、本支百世等章节。依据“编年简表”：南宋景炎元年（1276年），首修湖坪王氏族谱，14世孙王子纯主修；元至元乙亥年（1335年），二修，15世孙王良甫主修；元至正十六年（1356年），三修，17世王孚远主修；明洪武十一年（1382年），四修，17世孙王时保主修；明正统三年（1438年），五修，19世孙王景烈主修；明正德十四年（1519年），六修，21世孙王昌吉主修；明嘉靖三十一年（1552年），七修，21世孙王贞佑等18人主修；明万历三十二年（1604年），八修，王壬荣、王洪仁等10人督理，王肃用、王佐纪等18人编修；清康熙五十五年（1716年），九修，王学明、王汝英等10人督理，瑞辟、腾凤等9人编修；清乾隆二十六年（1761年），十修，王安远、王德芳等8人督理，王立政等14人编修；清嘉庆六年（1801年），十一修，王道济、宸兰等6人督理，王海山、王纲振等7人编修；情道光二十五年（1845年），十二修，王朝栋、王学任等5人督理，王用仪、王金和等12人编修；清光绪二十八年（1902年），十三修，王承枫、王同宗等人督理，王寅春王向离等15人编修；2018年，十四修，族谱编撰委员会。建村以来，十四次修族谱，最近一次距上一次，时隔116年。第1～6

[1] 王昕兰. 中华王氏大成总谱·太原王氏总谱［M］. _北京：北京燕山出版社，2015.8.

次修谱由个人“主修”，第 7 ～ 14 次为集体编修。

湖坪村《王氏族谱》的编修给了我许多惊喜，“中国历史文化名村”可谓名副其实，由族谱可见一斑。据《王氏族谱》序三“本届修谱，创新思维获佳绩。其一，改竖排为横排，符合现代人阅读习惯，新欧苏结合，一目了然；其二，采用先进的数字化修谱技术，既省工节费，又便于查询，特别是增加了世系吊线，填补历届谱书之空白；其三，对古文谱序及艺文等进行点校，解决众多不谙古文读者之困，先贤事迹易于传播；其四，女子上谱信息较前较多，实乃与时俱进纠偏扬正之举。卷帙繁杂，工程浩大，勠力同心，顾众亲友，终使续谱告成。”以我个人的视角，还是发现了一些不足之处。

（1）关于上源考证。王宏生做的上源考证，下了不少功夫，但效果不理想：一是还有不少代空白；二是与其他谱无法相互印证。《太原王氏宗谱》中也做了这方面的考证工作《关于太原王氏王景肃、王仲舒上源的考证总结》，依据 11 部家谱（包括《乐安湖坪王氏宗谱》），他们的考证工作相对更为扎实。他们的工作是以“《中华王氏大成总谱》编辑部”名义做的，2009 年 9 月征求意见，2010 年 3 月 10 日正式公布。

（2）关于湖坪村王氏“一世祖”之谜。公元 1604 年明万历甲辰尧、明二族合修谱奉王秀安（829 年九月初七生，895 年二月十一日卒，讳古，字逢达）为一世祖。湖坪村选择奉王秀安为一世祖，他是布衣。王秀安的父亲为王初（族谱记载为状元，实际为“进士及第”）。《太原王氏宗谱》副主编王义林写的《太原王氏源流世系总述》，总述第 8 页介绍了：王初，字辑先，又字叔恭。进士及第，出为登州判官升袁州刺史。有三子：希羽、古、吉。古的后裔由江西的吉水带源分别迁出，盛之迁徙江西的赣州。延年于北宋初迁乐安湖坪开族立基，为湖坪开基祖。王义林提供给我的考证结果：王初三个儿子，王希羽为长子，王古（王秀安）、王吉兄弟为王初小老婆所生。王希羽是史上“五老榜”成员之一，而且恰巧与王秀安同一年出生，他们谁年长尚不可知。背后有什么样的故事？

（3）关于湖坪村准确的开基时间《湖坪村王氏族谱》编年简表大事记中有“北宋雍熙二年（985 年）6 世孙延年从吉水县带源村迁湖坪肇基建村。”湖坪村《王氏族谱》王春元所作《湖坪王氏开基主延年公墓志铭》中有“思吾先祖，鹏举南迁，于宋至道乙未（公元 995 年）孟冬，携妻带子，居家三口，自吉水带源徙自荒僻之湖坪……”百度百科词条中“湖坪村是有一千多年历史文化底蕴的古村落，开基于北宋初年（公元 980 年），历史上曾出官宦达 180 多人，有文献世族之称。”三个时间，哪个时间更准确？

（4）编校问题。湖坪《王氏谱序》序一中有两处问题。一是“周虽旧邦，其命维新。”出自《诗经·大雅·文王》“文王在上，于昭于天。周虽旧邦，其命维新。”“维新“不是“唯新”，错了两处。二是最后一段“族人……董理其事”，这个省略号的意思是把主编或主修的名字写进去，有关人员没看出来。序一总的来说还是有一定水平的。序三中倒数第二段最后一句有三个错别字，“秩”应为“帙”，“感众亲友“应为“顾众亲友”，“续谱”应为“修谱”，更正后为“卷帙繁杂，工程浩大，勠力同心，顾众亲友，终使修谱告成。”。此外，还有“湖坪”与“湖平”混用问题，应该是以“湖坪”为准。

（5）其他问题《湖坪村王氏族谱》没有选择正式出版，较为遗憾。假如正式出版，捐赠给相关图书馆、博物馆单位收藏，或许效果更好，意义更久远。

湖坪村《王氏族谱》还存在不少家谱，有着重要参考价值。比如《湖坪王氏大兴公家谱》，“历史在发展，修谱也要革新。”“对近代发生的大事作了记载。为了方便查考、新编了世系表，生殁时间在皇历干支前加公元纪年。高中以上学历和国家机关企事业单位干部职工经历及职称，书在生辰之后。配偶和女儿加书学历和经历，女婿是干部职工也作了简介。”如果是从做学问的角度，需要与流坑村《流坑董氏合公族谱》相结合进行研究与思考。流坑村始建于五代南唐升元年间（公元937年至943年），繁荣于明清两代，2003年入选中国历史文化名村（第一批）名单。湖坪村与流坑村接壤，仅十余公里的路程，两村有着源远流长的姻亲关系。

（2019-2-8）

书与书房

除夕那天，收到江南大学顾烨青老师发来的贺新春信息，配了一张在书房拍的照片作为贺卡。回礼之后，第二句是“书架霸气”，还发了个竖大拇指图片。由衷地赞赏！

顾老师的书房可能是新近弄好的。他比我小不少，30出头。一面墙一排顶天立地的书柜，书柜上层透过玻璃门可看到，整齐有序，数量估计在一千册左右（仅为照片上呈现出来的）。时下，实属难能可贵。

我自身当前的书房乱糟糟。新房子装修时，妻子下了很大功夫帮我装修书房，还在客厅另做了一面墙为书柜。新房子与当前的房子相距数公里，小孩上学不甚方便，暂未打算搬过去住。妻子催促我将不常用的书挪过去一部分，迟迟未动，嫌费时费力。

当前，数字化网络化环境下，纸质图书的收藏受到较大冲击，我自身也不例外。当前，许多书可以直接利用数字化的版本或者原生电子书（E-only），但我更倾向于利用纸质图书。一是觉得长时间读电子的感觉更费眼；二是觉得读印刷的可以更好地思考（节奏方面似乎慢一些，但更协调）。纸质图书让人感觉更实在，电子书总感觉不那么踏实（担心遇到404错误或软硬件故障）。

书是为了用的，尽可能地善待每一本书。这是我藏书的基本态度。从参加工作至今，每年新增数十本书，如今具体是多少本，我不清楚，但应早已超过一千册。早期有整理书目清单，近年已懒得整理了。早期教科书性质数量多一些，近年工具书性质多一些。工具书的特点是“贵”“重”，得悠着点。书一旦到我手上，很少被处理掉。利用情况，有的较深，有的较浅，但总体来说，囿于精力和能力，还是利用得不够，不然，早就应该具有一定水平了。

（2019–2–10）

绞尽脑汁，接二连三

绞尽脑汁这个词的意思为形容苦心积虑，费尽脑筋，想尽办法去思考一件事情。我对这个词似乎越来越有体会。

配得上绞尽脑汁的时刻或时段，还真有不少。小学和初中时，为了参加作文比赛；高中时，曾幻想做诗人；上大学时，曾尝试写小说……参加工作后，一篇一篇的论文，大都经历过“绞尽脑汁”，有的还是长时间地“绞尽脑汁”、反反复复地“绞尽脑汁”。

上高中时，写过很多诗，还曾鼓起勇气交给语文老师，语文老师委婉地建议我还是多写写随笔好。那个年代，农村长大的我，读书不多，见识有限。稍微有一点点福利是，父亲是老师，有条件多接触几本书，父亲也在有意识地鼓励我、培养我。上小学时，他常鼓励我参加演讲比赛、作文比赛、写日记等。教师节、“六一”儿童节等活动，我曾上过几次台，当着一千多师生发言；小学阶段，作文比赛最好成绩是得过县里的“鼓励奖”，奖品是一个带吸铁石的文具盒，那是我的第一个文具盒，开心了好一阵子；我是从小学四年级开始写日记的，此后坚持了很长时间，大约是自 2005 年开始写博客之后，日记“变异”了。与演讲比赛、作文比赛相比，写日记更随意，不需要绞尽脑汁。

一次次地绞尽脑汁，似乎每次都有所不同。大体有一点是相同的，付出是有回报的，回报的大小难以量化，但总体上足以驱动自己“乐此不疲”。我自认为我算是幸运者。凡事有得有失，暂且不去斤斤计较物质上的得失，能够拥有绞尽脑汁的时光，或许也算是一种福气。

接二连三地绞尽脑汁，一方面是“痛并快乐着”，另一方面也有所怀疑。怀疑是否属于透支身体而遭报应。曾与友人闲聊，了解许多知识分子或者说用脑多的人易患老年痴呆。我不知这种说法有多少科学性，但确实知道有实例或个例，因而或多或少会有些许顾忌。多么希望“脑汁”是可再生资源，取之不竭，用之不尽。如果仅仅是像那海绵里的水挤挤总会有的，说得好听，实际挺悲催的。

物极必反，过犹不及。绞尽脑汁或许需要适可而止，张弛有度，细水长流。

（2019–2–12）

天下没有白费的努力

拙作《新业态环境下高校图书馆专业馆员职业能力研究》（知识产权出版社，2019.4）出版之后，围绕“为人找书，为书找人”，图谋作了系列微努力。在此过程中，与诸多师友有交流，抽取几个片断。

圕人堂管理员团队群中，图谋说过：“本群需要的成员不必客气。算是个人提供的一份小小的福利。考虑到批量寄送，签赠很容易出错（之前有过教训），此次直接原封不动寄赠。5 月 19 日寄出第一批书。因快递员使用的是语音识别录入地址，多个快递收件人姓名弄错了。个别有机会解释，有的没机会解释，颇为尴尬。

谢谢理解与支持！公共馆的同行，需要也是可以的，若干方面或许同样有一定参考价值。不存在‘厚脸皮’一说，反倒是我自身存在被如此批评的风险。我不能‘强送’，也没必要这样做。对于本群成员，实际属于图谋预算范围内。在预算范围内的，不需要赠送对象承担任何费用。总体上来说，这样做性价比更高。由于种种原因，许多方面力不从心。我所能做的更多的是尽份绵薄之力。圕人堂大窗里时不时有人批评图谋不带头实名之类。其实，很多场合是刻意‘隐姓埋名’，目的是为了切实做点于圕人有益的事情。以‘图谋’的名义，更有助于凝聚力量，彼此更好的受益。一旦‘实名’，则会受到很多约束。所有成员都是我学习的对象。我自身观察到的情况是，眼下各级各类项目不少，绝大多数并没有较好地得到关注与利用，主要作用是解决一些个人及其依托机构‘迫切的’功利需求。这本小书还存在许多不足，选择出版出来，期待能得到进一步的关注与利用，让其更具现实意义。我这些年所做的工作，很大一部分属于‘无用功’，但‘无用’与‘有用’是可以相互转化的，无用之用也是一种功用。圕人堂是在有意识地构建圕人的精神家园。我自身也是切切实实的受益者。2014 年决定建圕人堂时，是经过较长时间考虑的。可能有人留意到，圕人堂标识、定位、愿景等，一建群就有。背后的许多工作，确实是或直接或间接得益于许多圕人的帮助与支持。我做的一些事情，很多确实是超越个人的，因为原本确实是不必做也不用做，令人匪夷所思。也正因为这样的情况，会遇到一些比较尴尬或比较麻烦的事情。这次我没敢在圕人堂公开发消息说谁要给谁先到先得，但已经有人给我发小窗信息要书。甚至以前出现过代其所在机构要书的，要多本。对我来讲，这是不小的负担，一是经济负担（需要花钱），二是精力负担（需要花时间）。其实假如真的那么需要，自己从网上买，更省钱、省时间。小范围汇报一下，期待有助于消除一些误会。”

张怀涛先生收到拙作后，发了条信息：“收到大作，初读感觉甚好。内容有深度，看得出你下了功夫。你这个年纪正是出成果的时候，祝愿你大作频出。”图谋回复：“谢谢您的鼓励！不揣浅陋奉上拙作，聆听教正，希望有助于进步。囿于种种原因，尚有诸多不足，期待边学边做，循序渐进，更好地‘图谋’让更多圕人受益。适时发表，适时出版，期待所做的工作引起适度的关注与利用。这大概是我的‘行动指南’。这样做，或许也算是对所有给予自己关爱与帮助的人的一种回馈。”

参加第九届情报学博士生论坛，结识了闫慧博士。我索要地址拟赠书一册，闫博士告知要回赠一本代表作。图谋感觉真是赚到了，告知：“我真的是抛砖引玉，荣幸之至。”闫博士说：“感谢您！很感动您能关注我。”图谋说：“必须得向你学习！”闫博士说：“没啥值得学的，我可笨得要命。”图谋说：“凡事做到极致，都是了不起的。‘要命’的境界恐怕我还真学不来。”闫博士说“别人做学问要论文，我要命。”图谋说：“学问诚可贵，生命价更高。若为长久计，二者双肩挑。”闫博士回了一张郭德刚双手竖大拇指点赞图片。那段对话，有背后的故事，一句话简述：闫博士长期做田野调查实证研究，曾经在偏远地区遭遇车祸，大难不死。

1932 年 6 月 27 日，北大毕业典礼上，时任校长胡适先生在演讲的结尾说：“朋友们，在你最悲观、最失望的时候，那正是你必须鼓起坚强的信心的时候。你要深信：天下没有白费的努力。成功不必在我，而功力必不唐捐。”能够永远有这样的信心，自然也是好的。当前，由于种种原因，图书馆界、情报界需要大讲特讲精神与情怀，图谋认为，我们的确需要坚信：天下没有白费的努力，成功不必在我，而功力必不唐捐。

（2019-5-24）

| 第四辑 |

圕人堂梦想与实践

——贴近现实，关照现实，联系理论，旨在实践

圕人堂“议题式交流机制”再回首

圕人堂建群已3年有余，时不时有成员为圕人堂发展积极建言献策。比如近期在圕人堂就占座问题讨论的过程中，我对《圕人堂周讯》的整理及其发展工作，发表了自己见解。作为群主，我顺势介绍了相关情况，希望有助于圕人堂的共知、共建、共享。

群成员若水的建议，比较接近圕人堂最初的设想——议题式交流机制。结合3年多的实践来看，推行的难度非常大，一是缺乏相适应的激励机制；二是还有诸多现实问题（比如署名问题、文字复制比问题等）鞭长莫及。

比如图书馆占座问题，图情期刊已有不少正式发表的内容，如果相关作者愿意进一步分享或有读者愿意进一步总结分享，这种形式可行性更高一些。

《圕人堂周讯》中有少部分内容，《图书馆报》以“圕人堂话题”形式刊发过数篇，稿费由图谋代收。自从有“圕人堂话题”之后，图谋所得《图书馆报》稿费均捐给“圕人堂发展基金”。关于“圕人堂发展基金”的收支，《圕人堂周讯》大事记中有记载。《图书馆报》自2015年9月11日开始推出“圕人堂话题”（见：《图书馆报》上的圕人堂. http://blog.sciencenet.cn/blog-213646-941099.html）。

当前，我个人的体会是，依靠稿费实现以文养文是非常艰难的，不收取版面费就很不错了。书、刊、报的稿酬，通常是按照有关法律法规执行的，2014年11月《使用文字作品支付报酬办法》出台，将原创作品的基本稿酬标准由1999年《出版文字作品报酬规定》中的每千字30元至100元，提高到80元至300元。

群规范中，关于圕人堂发展基金中有以下内容，科学网圕人堂专题征稿稿酬（稿酬的计算方法，拟以80元每千字标准，结合难度系数进一步调节，也就是优稿优酬），主要用来解决一批“公益作业”——参考价值比较高的资料。关于稿酬部分内容是参照有关法律法规制订的。圕人堂自建群以来，科学网圕人堂专题中选用稿件，图谋为零稿酬，其他成员稿件是按该标准执行的，其中有部分将稿酬所得回捐给圕人堂发展经费。

（2017-9-7）

圕人堂 2017 年大事记

圕人堂 QQ 群（群号：311173426）是图书馆及图书馆学相关人员的交流群，其愿景（VISION）：圕结就是力量！其定位（MISSION）：专业讨论、行业交流、信息共享、资源、人脉。圕人堂圕结一切可以圕聚的力量。圕人堂堂风：贴近现实，关照现实，联系理论，旨在实践。《圕人堂周讯》综述圕人堂 QQ 群一周交流信息，对圕人堂全体成员公开（通过 QQ 群邮件推送），同时亦对社会公开（当前主要通过科学网图谋博客圕人堂专题公开）。圕人堂 QQ 群 2014 年 5 月 10 日创建，《圕人堂周讯》2014 年 5 月 16 日创办。2017 年共发布周讯 52 期（139 期—190 期）。依据《圕人堂周讯》大事记版块梳理：

（1）2016 年 12 月 31 日，圕人堂发布《共建圕人堂，共享圕力量——圕人堂 QQ 群 2017 年新年献词》。2016 年，特别感谢推知信息、超星公司对圕人堂的赞助！ 2017 年，推知信息将继续资助圕人堂，《圕人堂周讯》赞助单位将冠名：推知信息、世界艺术鉴赏库。期待 2017 年：群策群力，共建圕人堂，共享圕力量！谨向圕人堂全体成员，向关心、支持、参与圕人堂的建设与发展的各界人士表示衷心的感谢！

（2）2016 年 12 月 31 日，2017 年 1 月 1 日，图谋发放红包两次，每次 100 个（金额 100 元）。祝福圕人堂成员，新年吉祥，幸福安康！

（3）圕人堂成员竹西分享《图书馆研究与工作》2017 年第 1 期电子版，被下载 60 余次。

（4）台湾高校图书馆同仁 Emmet YU 积极参与交流。中国台湾地区成员可用繁体，大陆成员最好用简体。因为整理周讯时，原则上均用简体，使用繁体字会增加周讯整理人的工作量。圕人堂期待更多台湾地区同人参与交流与分享！

（5）2017 年 1 月 6 日 14：00，群成员达 1869 人（活跃成员 488 人，占 26.11%），本群容量为 2000 人。

（6）《图书馆论坛》分享 2017 年第 1 期、第 2 期电子版。

（7）2017 年 1 月 13 日 14：00，群成员达 1884 人（活跃成员 491 人，占

26%)，本群容量为 2000 人。

（8）2017 年 1 月 16 日缴纳 QQ 年费超级会员费用 228 元，有效期至 2018—5—19。圕人堂发展基金结余 11063.57 元。

（9）2017 年 1 月 20 日 14：00，群成员达 1896 人（活跃成员 502 人，占 26.48%)，本群容量为 2000 人。

（10）圕人堂 QQ 群相册，“镜头下的图书馆模样”文件夹中，群成员分享河北省图书馆、河北省唐县图书馆、重庆图书馆等馆的照片数十张。

（11）2017 年 2 月 10 日 14：00，群成员达 1899 人（活跃成员 378 人，占 19.91%)，本群容量为 2000 人。

（12）圕人堂群 2017 年 2 月 15 日移除了 30 名成员，属于“群成员中显示的昵称或群名片存在以下情况的尽快修改：重名；特殊字符；生僻字”情形。被移除成员，如有需要，欢迎重新加群，但昵称或群名片请及时调整。

（13）2017 年 2 月 17 日 14：00，群成员达 1875 人（活跃成员 342 人，占 18.24%)，本群容量为 2000 人。

（14）圕人堂成员通过群邮件发送调查问卷是不合适的，可以在圕人堂群中发送一下，由成员自愿填写。如何发挥好圕人堂平台社会调查方面作用？期待有志愿者推进。

（15）2017 年 2 月 24 日 14：00，群成员达 1879 人（活跃成员 370 人，占 19.69%)，本群容量为 2000 人。

（16）本期周讯的主题是纪念情报学家尤金·加菲尔德先生。纪念宜趁早，纪念是为了更好的传承。尤金·加菲尔德（Eugene Garfield，1925 年 9 月 16 日—2017 年 2 月 26 日）是美国著名的情报学家和科学计量学家；美国科技信息研究所及《科学引文索引》的创始人。1955 年，他在美国《科学》杂志上发表《引文索引用于科学》的重要论文，系统地提出了用引文索引检索科技文献的新方法，从而打破了分类法和主题法在检索方法中的垄断地位，打开了从引文角度来研究文献及科学发展动态的新领域。科学网圕人堂专题全文转发侯汉清，陆宝树，马张华译《引文索引法的理论及应用》（注：加菲尔德代表作）一书中《尤金·加菲尔德传略》，希望借此让更多人进一步了解尤金·加菲尔德先生。

（17）有成员曾问起为什么叫“圕人堂”？“圕”字是杜定友先生发明的。“圕人”指图书馆及图书馆学相关人员。它包括图书馆员、图书情报专业教师和学生、图书馆利益相关者（包括政府主管部门、相关资源商、硬件商、平面媒体等）。

“圕人堂”则有圕人交流场所，圕人精神家园之意，此外，还包含对为图书馆及图书馆学做出贡献之前辈先贤的纪念与传承之用心。

（18）2017年3月2日14：00，群成员达1886人（活跃成员333人，占17.66%），本群容量为2000人。

（19）更正：第147期周讯日期应为2017年3月3日，即圕人堂周讯（总第147期20170303）。

（20）3月8日，圕人堂发放100个拼手气红包（共200元），3分钟内被领完。图书馆工作者中，女性馆员是主力军，她们为图书馆事业发展做出了重要的贡献。圕人堂该日主题活动：分享女性图书馆员先进事迹，庆祝国际劳动妇女节。圕人堂发展基金结余10919.85元。

（21）武汉大学2014级的硕士冰清玉洁发放红包50元，开展问卷调查。图谋认为冰清玉洁同学这种发放问卷调查的方式比较可取。说明了调查背景、调查目的、调查对象，且有礼貌（体现于语言、红包）。凡利用圕人堂平台（包括开展讨论、开展调查、引用《圕人堂周讯》等）所形成的可公开的理论或实践成果，欢迎在圕人堂进一步分享（可通过群文件或者提供导读信息等形式）。这有助于形成良性回馈机制。

（22）2017年3月10日14：00，群成员达1894人（活跃成员333人，占17.58%），本群容量为2000人。

（23）关于圕人堂“愿景（VISION）：圕结就是力量！定位（MISSION）：专业讨论、行业交流、信息共享、资源、人脉”，有成员提出商榷。特此做出说明：那是有意为之的，2014年5月10日建群之时就这样表达。目的是尽可能使之更通俗易懂。关于定位（MISSION），可以理解为使命定位。有VISION、MISSION，寄托的是一种理想，是一种较为隐晦的表达。不然，完全可以去掉。另外，“圕结”的谐音是团结，大意为凝聚图书馆及图书馆学相关人员的力量，期待明天会更好。

（24）2017年3月17日14：00，群成员达1906人（活跃成员412人，占21.62%），本群容量为2000人。

（25）2017年3月24日14：00，群成员达1909人（活跃成员399人，占20.9%），本群容量为2000人。

（26）2017年3月31日14：00，群成员达1915人（活跃成员400人，占20.9%），本群容量为2000人。

（27）2017年4月7日14：00，群成员达1922人（活跃成员392人，占20.4%），本群容量为2000人。

（28）2017年4月8日上午，科学网博主黄荣彬先生就《中国图书分类法》向图谋提出若干问题，图谋向圕人堂群成员求助，多位成员参与了讨论，图谋予以辑录，见：http://blog.sciencenet.cn/blog-213646-1047663.html。《中国图书馆图书分类法》及其各个版本于1985年10月被国家科学技术进步奖评审委员会评定为一等奖，此后多年在不断修订完善。

（29）2017年4月12日，圕人堂成员分享图书馆基础理论与实践培训研讨会直播地址，部分成员在线观看并进行交流。

（30）2017年4月14日，圕人堂部分成员参加了第一届全国图书馆阅读推广理论研讨会暨中国图书馆学会阅读推广委员会阅读推广理论研究专业委员会2017年工作会议，圕人堂群中进行了会议信息交流与分享。

（31）2017年4月12日14：00，群成员达1927人（活跃成员359人，占18.63%），本群容量为2000人。

（32）2017年5月10日为圕人堂建群3周年。圕人堂将于5月开展纪念活动。从今日（4月15日）起征集各种体裁的纪念文字、书画作品，寄语圕人堂，《圕人堂周讯》将予以选刊。欢迎诸位成员关注与参与。谢谢！

（33）2017年4月20日，结算《圕人堂周讯》133～154期补助，共计4400元；支付科学网圕人堂专题稿酬400元。圕人堂发展基金结余6167.87元。

（34）周讯epub版自《圕人堂周讯（总第149期20170317）》开始提供。有成员提出需求，张芸老师主动承担起此项工作。

（35）2017年4月21日14：00，群成员达1933人（活跃成员365人，占18.88%），本群容量为2000人。

（36）著名图书馆学、情报学家，南京大学教授、博士生导师倪波先生于2017年4月23日上午9点50分在南京逝世，享年82岁。辑录中国学术期刊网络出版总库中倪波先生著述目录（部分），见：http://blog.sciencenet.cn/blog-213646-1050892.html，以此纪念倪波先生。

（37）《中国图书馆学报》2017年第二期刊发王宗义先生《专业话语：实践描述与思维构建———关于当代图书馆活动的若干思考》。王先生系图书馆学学术期刊资深编辑（曾任《图书馆杂志》常务副主编多年）。系列思考，据悉系2016年中国图书馆年会学术报告内容，属有感而发，令人深思，特此予以摘编，见：

http://blog.sciencenet.cn/blog-213646-1051488.html。

（38）群成员广州书童分享《广州市“图书馆之城”建设 2016 年度报告》（全文见群文件：广州市“图书馆之城”建设 2016 年度报告 .pdf）。

（39）2017 年 4 月 28 日 14：00，群成员达 1943 人（活跃成员 367 人，占 18.89%），本群容量为 2000 人。

（40）2017 年 5 月 1 日，圕人堂收到赞助单位推知信息、世界艺术鉴赏库赞助 1 万元，圕人堂发展基金结余 16175.12 元。

（41）圕人堂“突出贡献奖”评选。圕人堂建群 3 周年之际评选圕人堂“突出贡献奖”，主要目的是鼓励贡献、鼓励参与，提高圕人堂的凝聚力，提升群的活跃度。候选人由管理员提名（参考群成员等级积分、群中表现）产生 15 名，群投票形式选出 10 名。详见：圕人堂“突出贡献奖”评选通知 http://blog.sciencenet.cn/blog-213646-1052662.html

（42）2017 年 5 月 4 日，圕人堂移除最后发言“30 ～ 36 个月”成员 56 人（也就是 30 个月以上未发言的成员）。圕人堂需要保持一个动态平衡，被移除成员，愿意加群者，圕人堂欢迎其重新加群。

（43）为了便于圕人堂成员了解我国优秀的艺术文化传统和国外的经典艺术成果，培养感受美、表现美、鉴赏美、创造美的能力，提高文化艺术素养，联合 Artlib《世界艺术鉴赏库》于 2017 年 5 月 8 日至 5 月 18 日举办“世界艺术鉴赏”知识竞赛活动。详见：http://blog.sciencenet.cn/blog-213646-1053105.html 或群文件：圕人堂“世界艺术鉴赏”知识竞赛活动（20170505）.docx。

（44）2017 年 5 月 5 日 14：00，群成员达 1947 人（活跃成员 375 人，占 19.26%），本群容量为 2000 人。

（45）圕人堂“突出贡献奖”评选结果公布。圕人堂“突出贡献奖”（10 名）：麦子；gaozy；广州书童；印度阿三；广东小肥羊；Lee；海边；扣肉；沈奎林；刘建平。圕人堂“突出贡献奖”提名奖（5 名）：图乐；欣然读书；hanna；自由战士；豆洪青。幸运奖（10 名）：万山无阻；biochem；图 @ 研；Sparks；羽扇綸巾；空谷幽兰；闲逛的猫；草儿；初夏的日光；水上的竹林。详见：http://blog.sciencenet.cn/blog-213646-1054123.html

（46）2017 年 5 月 10 日，圕人堂庆祝建群 3 周年，发放 100 个拼手气红包（金额 100 元）。2017 年 5 月 11 日完成圕人堂“突出贡献奖”有关奖项发放。支付奖杯及运费 488 元，支付奖金 1500 元（广州书童、印度阿三、Lee、海边、刘建平、图乐、欣然读书、扣肉将奖金回捐给圕人堂发展基金，合计800元）。2017年5月12日，圕人堂发展基金结余14704.02元。

（47）2017年5月12日14：00，群成员达1900人（活跃成员536人，占28.21%），本群容量为2000人。

（48）2017年5月15—19日，数字资源与知识服务研讨会暨CALIS第十五届引进数据库培训周期间圕人堂部分成员进行线下交流。

（49）《图书馆报》5月19日A16动态版报道《圕人堂评选“突出贡献奖”》，见：http://124.207.48.191/epaper/tsgb/2017/05/19/A16/story/48778.shtml

（50）东南大学图书馆原馆长朱斐先生（1927.4—2017.5.17）逝世。

（51）2017年5月19日14：00，群成员达1916人（活跃成员641人，占33.46%），本群容量为2000人。

（52）圕人堂“世界艺术鉴赏”知识竞赛活动获奖名单公布。为了便于圕人堂成员了解我国优秀的艺术文化传统和国外的经典艺术成果，培养感受美、表现美、鉴赏美、创造美的能力，提高文化艺术素养，联合Artlib《世界艺术鉴赏库》于2017年5月8日至5月18日举办了“世界艺术鉴赏”知识竞赛活动。总计收到答卷164份，其中有效答卷127份。根据答题分数和答题时间，综合评选出的奖项名单。圕人堂“世界艺术鉴赏”知识竞赛活动获奖名单，见：http://blog.sciencenet.cn/blog-213646-1056879.html

（53）圕人堂“世界艺术鉴赏”知识竞赛活动，凡参与成员，Artlib《世界艺术鉴赏库》将赠送网站账号，每个账号可以下载200张高清艺术作品。需要的成员提出申请，提供注册信息，申请受理时间：2017年5月25日8：00—2017年5月31日17：00。申请受理时间结束后三天内账号生效。注册信息通过小窗提交给“【客服】图志粒”，须包含以下信息：姓名—昵称—单位—QQ号—邮箱—电话—省份—地市。

（54）圕人堂“世界艺术鉴赏”知识竞赛活动获奖者，请将通信信息（用于收取快递，务必准确）发送至：changhong@artlib.cn。邮件主题格式：获奖等级——姓名。邮件内容：姓名，详细收取快递地址，手机号。信息发送时间：2017年5月25日9：00—2017年5月28日17：00。

（55）2017年5月26日14：00，群成员达1926人（活跃成员656人，占34.06%），本群容量为2000人。

（56）2017年6月2日14：00，群成员达1944人（活跃成员656人，占

33.74%)，本群容量为 2000 人。

（57）第 7 届图书馆学实证研究（博士生学术会议）信息：由南开大学研究生院批准、南开大学商学院承办、徐建华教授组织的“第 7 届图书馆学实证研究”博士生学术会议将于 2017 年 7 月 14 日（周五）—7 月 19（周三）在南开大学商学院召开。参会人员为对规范性实证研究有兴趣的在校（或即将入学）的图书馆学与出版学科博士、硕士研究生，青年教师，业内核心期刊编辑，图书馆从业者，图书馆资源与系统供应商，约 120 人。详见群文件：第 7 届图书馆学实证研究会议通知（正式版）.doc。

（58）《图书馆报》报道《圕人堂举办“世界艺术鉴赏”知识竞赛活动》，见：

http://124.207.48.191/epaper/tsgb/2017/06/09/A08/story/49557.shtml（图书馆报，2017 年 6 月 9 日 A08 动态版）。

（59）2017 年 6 月 9 日 14：00，群成员达 1951 人（活跃成员 605 人，占 31.01%)，本群容量为 2000 人。

（60）圕人堂群为 2000 人群，在遵守群规范的前提下，加群自由、退群自由。群成员规模控制是群管理需要，目的是让让更多人实实在在受益。2017 年 6 月 15 日 9：00，移除成员 56 名：①移除群名片或昵称不规范成员（群成员中显示的昵称或群名片存在以下情况：重名；特殊字符；生僻字；空白）12 名；②移除“最后发言”为 26 个月以上成员 44 名。被移除成员，如需加群，欢迎重新加群。特此说明，敬请谅解与支持！

（61）2017 年 6 月 16 日 14：00，群成员达 1912 人（活跃成员 641 人，占 33.53%)，本群容量为 2000 人。

（62）2017 年国家社科基金项目，图书馆学、情报与文献学总立项 150 项，其中：重点 12 项，一般 88 项，青年 50 项。圕人堂有多位成员所申请项目获立项。

（63）关于利用圕人堂开展问卷调查的补充说明。理想的情况或设想的情况：课题负责人依据所取得的效果，酌情捐赠圕人堂发展基金，届时图谋会提供圕人堂发展基金支付宝账号。调查过程中，问卷实施方发放的红包，超过 50 元的，会在“圕人堂大事记”中予以记录，视作捐赠圕人堂发展基金。我折腾圕人堂这几年，我自己不仅未拿“圕人堂发展基金”一分钱，还尽可能地资助一点。自身所做的工作是零报酬，但其他志愿者需要酌情支付劳务补助，否则无法持续发展。由于种种原因，圕人堂的运营，需要简单有效，且安全（包括避嫌）。这样做的目的是促进形成良性循环，持续发展。圕人堂成员中，各类项目负责人不少，如果形成氛围，将是非常有益的。附：关于利用圕人堂开展问卷调查办法（建议稿）http://blog.sciencenet.cn/blog-213646-1054025.html

（64）本周成员 HYT 在圕人堂群发放《图书馆组织氛围调查问卷》，发放红包 4 次，累计 185 元。

（65）有成员问："图谋，2000 人群，是不是不用非得把曾经的赞助者 T 出去？"

图谋答：这不是针对赞助者，是利用管理系统做的批量处理。移除之前发过"@all 信息"，提前告知，并做了相应的解释说明。一方面，谁是赞助者并没有标识，管理员不大可能一一记清楚；另一方面，赞助者的情形也有很多，也有确实不需要的。圕人堂"移除"并非踢走谁。被移除的成员，如果有需要，欢迎随时重新加群（注意：需要提供圕主题相关信息，不然容易混乱）。圕人堂群为 2000 人的群，在遵守群规范的前提下，加群自由、退群自由。群成员规模控制是群管理需要，目的是让让更多人实实在在受益。圕人堂需要保持一个动态平衡。假如不做任何干预，群很可能会失去生机，因为新成员无法加入，老成员活跃度低（2017 年 5 月 4 日 14：00，群成员达 1947 人，活跃成员 375 人占 19.26%，其中两年以上未发言者有 125 人）。圕人堂由衷感谢各种形式的赞助者、支持者！图谋以为，争取让圕人堂的持续生存与发展，切实使得更多圕人受益，是对赞助者、支持者们的最理想的回馈方式。

（66）2017 年 6 月 23 日 14：00，群成员达 1915 人（活跃成员 614 人，占 32.06%），本群容量为 2000 人。

（67）圕人堂推荐《实践相关性与科学严谨性：论图书馆学理论与实践的脱节》（图书情报工作，2016 年第 24 期），该文是图书馆学领域 3 名青年学者（有图情专业教师，也有图书馆从业人员，且均在图书馆学史研究领域颇有建树）的研究与思考，不乏真知灼见。

（68）2017 年 6 月 30 日 14：00，群成员达 1922 人（活跃成员 597 人，占 31.06%），本群容量为 2000 人。

（69）关于《中华人民共和国公共图书馆法（草案）》的说明。http://www.npc.gov.cn/COBRS_LFYJNEW/user/UserIndex.jsp?ID=8323543，文化部在深入调查研究、总结实践经验、广泛听取意见的基础上，起草了《中华人民共和国公共图书馆法（送审稿）》（以下简称"送审稿"）。法制办收到送审稿后，多次书面征求中央有关单位、地方政府及专家意见，并在互联网上向社会公开征求意见，到有关地方调研，会同文化部对送审稿反复研究、修改，形成了《中华人民共和国公共图书馆法（草案）》（以下简称“草案”）。草案已经于国务院第169次常务会议讨论通过。主要内容包括：加强公共图书馆服务体系建设；健全公共图书馆运行管理制度；进一步发挥公共图书馆服务功能；鼓励各方力量参与公共图书馆事业。此外，草案还对违反本法的行为规定了相应的法律责任。

（70）2017年7月7日14：00，群成员达1926人（活跃成员580人，占30.11%），本群容量为2000人。

（71）2017年7月13日，圕人堂发展基金账户金额为14804.86元。近期有一家公司表达捐助意愿，借此机会调整《圕人堂周讯》编辑补助标准。2014年12月1日首次发放编辑补助，从第6期（20140620）发，标准为200元每期。《圕人堂周讯》编辑补助已结算至总第154期（20170421），拟自第155期（20170428）开始，编辑补助调整为300元/期。感谢《圕人堂周讯》编辑组成员的辛勤劳动与无私奉献！感谢捐助者对圕人堂发展的关爱与支持！

（72）2017年7月14日14：00，群成员达1931人（活跃成员570人，占29.52%），本群容量为2000人。

（73）2017年7月21日14：00，群成员达1943人（活跃成员422人，占21.72%），本群容量为2000人。

（74）本周圕人堂群关注设立情报学一级学科的讨论，并在群文件中分享相关文献。

（75）本周圕人堂部分成员参加江苏省图书馆学会2016—2017年学术年会，分享了部分相关资料。如吴建中先生的主旨报告相关文献《再议图书馆发展的十个热门话题》（吴建中. 再议图书馆发展的十个热门话题［J］. 中国图书馆学报，2017，（04）：1-14.）。

（76）2017年7月28日14：00，群成员达1943人（活跃成员364人，占18.73%），本群容量为2000人。

（77）敬请关注《图书馆论坛》2017年第8期电子版（见群文件：《图书馆论坛》2017年第8期.pdf）！主编导读见群文件：热——《图书馆论坛》2017年第8期出版感言（图片版）.pdf。

（78）敬请关注群成员sweet dream分享的南京大学中国智库研究与评价中心副主任，首席专家李刚教授《从情报研究到智库研究》报告PPT（见群文件）。

（79）2017 年 8 月 4 日 14：00，群成员达 1944 人（活跃成员 352 人，占 18.11%），本群容量为 2000 人。

（80）2017 年 7 月 28 日，圕人堂发展基金接受圕人堂成员“冰是睡着的水”特别捐助 5 元。8 月 10 日，圕人堂发展基金结余 14849.94 元。

（81）2017 年 8 月 8 日发起“图书馆从业人员图书馆学情报学期刊阅读情况调查”群投票（截止时间为 8 月 23 日）。群投票是群应用之一。这类投票，一举两得。制造话题并有助于了解概况；提升群的关注度与参与度。群成员可以就感兴趣的话题提出群投票建议，管理员采纳后发起。。

（82）2017 年 8 月 11 日 14：00，群成员达 1948 人（活跃成员 335 人，占 17.20%），本群容量为 2000 人。

（83）2017 年 8 月 18 日 14：00，群成员达 1949 人（活跃成员 323 人，占 16.57%），本群容量为 2000 人。

（84）2017 年 8 月 21 日，圕人堂收到广州 TC 公司赞助 2000 元。圕人堂发展基金结余 16872.18 元。

（85）“图书馆从业人员图书馆学情报学期刊阅读情况调查”调查结果。调查时间：2017 年 8 月 8—23 日。调查方式：匿名投票。131 人参与投票。经常阅读 59 票，占 45%；“偶尔看一下”58 票，占 44.3%；“很少看”8 票，占 6.1%；“几乎不看”6 票，占 4.6%。感谢参与！

（86）图谋发放口令红包 100 个（共 50 元），期待圕人堂成员参与《图书馆报》阅读情况调查，12 小时内领完。群投票“圕人堂成员《图书馆报》阅读情况调查”8 月 14 日 10：25 启动，8 月 28 日 10：31 结束。

（87）2017 年 8 月 25 日 14：00，群成员达 1954 人（活跃成员 297 人，占 15.2%），本群容量为 2000 人。

（88）圕人堂成员《图书馆报》阅读情况调查调查结果。调查时间：8 月 14—28 日。匿名投票方式。104 人参与，经常阅读 27 人占 26%，偶尔看一下 42 人占 40.4%，很少看 17 人占 16.3%，没看过 18 人占 17.3%。感谢诸位的关注与支持！

（89）本周圕人堂成员李厚槿发放红包 100 元，敬请高校成员关注与支持——高校图书馆学科服务能力调查问卷（https://sojump.com/m/15818382.aspx?from=singlemessage）。

（90）2017 年 8 月 30 日，发放 155 ～ 172 期编辑补助（合计 5400 元），圕人堂发展基金结余 11488.32 元。

（91）2017 年 9 月 1 日 14：00，群成员达 1961 人（活跃成员 389 人，占 19.84%），本群容量为 2000 人。

（92）上海图书馆 2016 年度优秀服务奖展播 https://m.v.qq.com/play.html?vid=n0544niv4wj&ptag=v_qq_com%23v.play.adaptor%233&from=timeline。这个 18 分钟的视频宣传了不同岗位上“身边的榜样，服务的明星”，值得圕人进一步关注与借鉴。圕人堂发起群投票：您看过上海图书馆 2016 年度优秀服务奖展播视频吗？（投票时间：2017 年 9 月 1 日至 9 月 15 日。）

（93）2017 年 9 月 8 日 14：00，群成员达 1966 人（活跃成员 406 人，占 20.65%），本群容量为 2000 人。

（94）现代图书馆馆员业务与技能培训图书，海洋出版社分别于 2006 年、2009 年、2013 年出版了三套丛书：《现代图书馆馆员职业技术培训》丛书、《图书馆馆员业务学习与岗位培训教程》《新媒体环境下图书馆业务培训教程》，累计 20 余种。根据读秀检索结果稍事梳理。图书馆馆员业务与技能培训图书信息辑录，见：http://blog.sciencenet.cn/blog-213646-1075736.html。

（95）9 月 13 日圕人堂向全体成员发布提醒信息：“当前群成员数 1979 人，群成员数超过 1980 人时，将移除 50 名成员（24 个月以上未发言者）。届时被移除成员，如果需加群，欢迎重新申请加群，请注意需提供图书馆或图书馆学相关信息。特此告知。”

（96）2017 年 9 月 15 日 14：00，群成员达 1978 人（活跃成员 548 人，占 27.70%），本群容量为 2000 人。

（97）9 月 21 日，图谋参加《图书馆报》编委会工作会议，转达了圕人堂对《图书馆报》的意见和建议，希望《图书馆报》贴近圕人，锐意进取，再创辉煌！

（98）2017 年 9 月 22 日 14：00，群成员达 1980 人（活跃成员 604 人，占 30.51%），本群容量为 2000 人。

（99）关于镜头下的图书馆模样照片分享，也可以上传之后再做标引（或说明），亦欢迎评论。该相册中，目前大约有 4000 余张图书馆照片，涉及多个国家的各级各类图书馆。感谢支持！努力的目标是，期望能达到 1000 家左右图书馆，10000 张左右照片。

（100）2017年9月26日，图道老师完成《圕人堂周讯》总目录更新，更新至176期。群文件中提供doc、pdf、epub等三种格式文档。

（101）2017年9月29日14：00，群成员达1927人（活跃成员562人，占29.16%），本群容量为2000人。

（102）2017年10月1日，《图书馆论坛》刘洪主编发放100个拼手气红包（总金额100元），祝圕人堂全体成员双节快乐！

（103）2017年10月4日（中秋节），图谋发放100个拼手气红包（总金额100元），祝福圕人堂全体成员阖府安康！

（104）2017年10月6日14：00，群成员达1929人（活跃成员628人，占32.56%），本群容量为2000人。

（105）2017年，中国图书馆学会将于10月11日至14日在最美基层图书馆——湖北省武汉图书馆汤湖分馆举办第七届青年学术论坛。论坛以“转型与创新：新时代图书馆员的使命与责任”为主题，探索在图书馆转型发展中青年人才肩负的使命与责任，共同推进图书馆事业和青年人才队伍的创新发展。圕人堂本周予以重点关注，多名成员参会并分享相关信息。

（106）本周群成员分享诺贝尔文学奖获得者石黑一雄作品多部，见群文件。

（107）2017年10月13日14：00，群成员达1938人（活跃成员624人，占32.2%），本群容量为2000人。

（108）2017年10月12日，瘦身娃娃发放红包100元，在圕人堂开展学科馆员职业满意度问卷调查。该问卷期望了解中国高校学科馆员的工作状态。调查对象为：高校学科馆员，所指的学科馆员为针对学科提供服务的图书馆员，不是简单的联络。问卷填写地址：https://www.wjx.cn/m/17058113.aspx 关于利用圕人堂开展问卷调查。圕人堂成员中，主体有高校馆员、公共馆馆员、图情师生。如果圕人堂有一定比例的填答率，调查的效果会是比较理想的。圕人堂一直在努力探索与推动。关于利用圕人堂开展问卷调查办法（建议稿）. http://blog.sciencenet.cn/blog-213646-1054025.html

（109）2017年10月20日，biochem老师将科学网圕人堂专题稿酬70元捐赠给圕人堂发展基金。圕人堂发展基金结余11550.88元。

（110）《图书馆报》2017年10月20日动态版A17报道：《图书馆学短论——科学网图谋博客精粹》出版. http://124.207.48.191/epaper/tsgb/2017/10/20/A17/story/53471.shtml。当当网有售：http://product.dangdang.com/25174741.html，《图书馆学

短论——科学网图谋博客精粹》王启云著/知识产权出版社 2017 年 9 月版。

（111）2017 年 10 月 20 日 14：00，群成员达 1945 人（活跃成员 531 人，占 27.3%），本群容量为 2000 人。

（112）本周圕人堂群聚焦十九大代表——河北省图书馆古籍与地方文献部主任苏文珠。

（113）2017 年 10 月 27 日 14：00，群成员达 1955 人（活跃成员 528 人，占 27.01%），本群容量为 2000 人。

（114）2017 年 11 月 1 日，著名情报学家张琪玉先生逝世，圕人堂以各种形式悼念。

（115）2017 年 11 月 3 日 14：00，群成员达 1958 人（活跃成员 594 人，占 30.34%），本群容量为 2000 人。

（116）《中华人民共和国公共图书馆法》正式发布，2018 年 1 月 1 日起施行。圕人堂密切关注并积极宣传。

（117）2017 年 11 月 10 日 14：00，群成员达 1960 人（活跃成员 522 人，占 26.63%），本群容量为 2000 人。

（118）本周圕人堂群推介成员新书：《高校科研数据管理理论与实践》刘桂锋著/江苏大学出版社 2017 年 8 月版/38.00 元。

（119）2017 年 11 月 17 日 16：55，群成员达 1965 人（活跃成员 488 人，占 24.83%），本群容量为 2000 人。

（120）《图书馆报》2018 年征订开始啦！ http://mp.weixin.qq.com/s/2HPZvr-KLVhFZVsewgFFxSw.

（121）2017 年 11 月 24 日 14：00，群成员达 1974 人（活跃成员 470 人，占 23.81%），本群容量为 2000 人。

（122）本期推介李国新《〈中华人民共和国公共图书馆法〉的历史贡献》（中国图书馆学报，2017）。

（123）2017 年 12 月 1 日 14：00，群成员达 1976 人（活跃成员 464 人，占 23.48%），本群容量为 2000 人。

（124）12 月 6 日，图谋为为答谢圕人堂师友的关注与支持，《图书馆学短论——科学网图谋博客精粹》赠书小启发布后，共收到有效索书信息 25 条，最终依据提交先后顺序，确认 20 人：①张小懒，②秋水，③图林一只猴，④风的回忆，⑤雕刻时光，⑥幸福地图，⑦赛德克巴莱，⑧我是一片云，⑨娟子，⑩图米兔，⑪小书，⑫张芸，⑬蓝月亮，⑭梅子，⑮碧海潮生，⑯敬之，⑰tianart，⑱书读花间，⑲王贤，⑳陈大莲。之后又有若干人提交索书信息，图谋无法一一满足需求，向有关成员致歉。

（125）2017年12月8日14：00，群成员达1984人（活跃成员363人，占18.3%），本群容量为2000人。

（126）图谋2017年12月9日寄出的20本赠书，12月14日全部寄达。寄出时因怕出差错，均未签赠，一律未拆塑封膜。特此奉上打油诗一首，籍此补过。题赠书友：圕人圕世界，书赠有缘人。愿君多指正，相携为同仁。

（127）2017年12月15日14：00，群成员达1936人（活跃成员388人，占20%），本群容量为2000人。

（128）2017年12月16日，《图书馆学短论》选播开播了http://m.ximalaya.com/3672474/album/12123454，该书是一部图书馆学随笔集，全部内容精选自科学网图谋博客（2015年9月至2017年9月），分为四辑："学海泛舟""图林漫步""闲情偶寄""圕人堂梦想与实践"。主播：温情小胖猴1980，敬请关注与支持！

（129）2017年12月12日，《图书馆论坛》刘编分享《图书馆论坛》2018年第1期电子版。

（130）2017年12月22日14：00，群成员达1940人（活跃成员415人，占21.4%），本群容量为2000人。

（131）2017年12月25日，《圕人堂周讯》编辑补助（173期至190期）发放，累计5400元。圕人堂发展基金结余6232.19元。

（132）2017年12月24日，《图书馆论坛》刘编群文件中分享邱葵《美国高校图书馆的人力资源管理——基于美国学术图书馆协会年度工资调查》一文，已有95次下载。

（133）2017年12月24日，圕人堂欢迎群成员以"有缘相会圕人堂"开头作一首诗，迎接2018年的到来。参与者十分踊跃，参与人次为69。

（134）2017年12月25日，《圕人堂周讯》编辑补助（173期至190期）发放，累计5400元。圕人堂发展基金结余6232.19元。

（135）2017年12月25日，图谋发放100个口令红包（总金额200元），口令：圕人堂迎新年诗会，欢迎参与。红包3分钟被领完。

（136）2017年12月26日、12月28日，广州书童先后两次发放拼手气红包

100个（累计金额100元），希望支持公共图书馆创新创意征集推广活动案例评选。

（137）2017年12月29日14：00，群成员达1949人（活跃成员525人，占26.94%），本群容量为2000人。

（2017–12–25）

圕人堂百人百诗迎新年——“有缘相会圕人堂”合辑

12月24日，圕人堂欢迎群成员以“有缘相会圕人堂”开头作一首诗，迎接2018年的到来。示例：①有缘相会圕人堂，与时俱进谈不上。开会还谈十九大，老汉心里暖洋洋！（作者：天天有书香）；②有缘相会圕人堂，学术指点未曾忘。拨开云雾去迷茫，从此作文有方向。（作者：湖商陈焕之）

依先后顺序辑录如下（仍在进行中）：

（1）有缘相会圕人堂，与时俱进谈不上。开会还谈十九大，老汉心里暖洋洋！（天天有书香）

（2）有缘相会圕人堂，学术指点未曾忘。拨开云雾去迷茫，从此作文有方向。（湖商陈焕之）

（3）有缘相会圕人堂，周末研讨也繁忙。五湖四海竞相汇，咱们圕人有力量。（图谋）

（4）有缘相会圕人堂，素昧平生心向往。相谈甚欢如故知，交流共享是吾乡。（qifeon）

（5）有缘相会圕人堂，心心念念忧忧怨，十年迷茫无方向，点亮明灯照我行。（木西）

（6）有缘相会图人堂，图谋先生好榜样。图情同人相聚此，共话未来友谊长。（张冰）

（7）有缘相会圕人堂，用心交织图林网，天涯海角不曾见，一天不来心想念。（宁波工程高兆云）

（8）有缘相会圕人堂，碧海潮生引入行。逢遇诸位俊彦杰，自忖鄙陋欲图强。无奈踌躇寻正道，气沮蹒跚见大江。幸得援手八方至，前路洞开耀金光。今日逊

谢众佳谊，祝愿来年更辉煌。(图情胖猴)

(9) 有缘相会圕人堂，学术馆务共分享。新老馆员齐相会，来年群友更兴旺!(刘老师)

(10) 有缘相会圕人堂，天南地北齐在场，线上相识线下聚，图情圈里创辉煌；等闲识得好同行，山东山西聊家常，更喜妙得大师语，学术路上共徜徉。(沈奎林)

(11) 有缘相会圕人堂，堂里牛人响当当。若问图情大小事，件件堂里有商量!(刘春丽)

(12) 有伴年年月，缘赏不缘名。相伴过流年，会心极精研。圕草藏天阁，人生既相合。堂前自生花，好音与她人。(张芸)

(13) 有缘相会图人堂，嬉笑怒骂见真章。欲知图林大小事，且看线上图人堂。(花香满衣)

(14) 有缘相会圕人堂，业务科研齐讨论。每周一讯编精华，助力行业展宏图。(暨大 only)

(15) 有缘相会圕人堂，侃天嗑地露铮芒。伽佬携助门中弟，学术科研不彷徨。(黔城图鸦)

(16) 有缘相会圕人堂，七天周讯不曾断。图谋让作一首诗，观员献丑混脸熟。(槑)

(17) 有缘相会圕人堂，但见周讯汇总忙。大小困惑随便问，同仁指点皆倾囊。(shepherd)

(18) 有缘相会圕人堂，学习交流好地方。没有时间看记录，周讯给你指方向。(谢明亮)

(19) 有缘相会圕人堂，晨昏忙闲不相忘。畅言书林多少事，相逢一笑兴致盎。(雨过天晴)

(20) 有缘相会圕人堂，华山论剑露锋芒。图人有缘堂里聚，他山之石能攻玉。(海澜澜)

(21) 有缘相会圕人堂，幸得堂主赠书赏。堂里风云周讯见，学习交流两相旺。(幸福地图)

(22) 有缘相会图人堂，你来我往讨论忙。红花需要绿叶衬，图人堂里满芳香。(青岛王平)

(23) 夏日赞图人堂馆员静拂架中尘，香合书库门。裱透山河丽，卷开有乾坤。炎炎天若炉，衣浃汗洒盆。不怨灼灼日，但愿吟者闻。(福蛙)

（24）有缘相会圕人堂，四海八荒语琳琅。平生岂无快意事，书香氤氲采撷忙。（湖图－若水潇湘）

（25）有缘相会圕人堂，月旦争鸣兴味长。群贤高论足可听，图林问谁主将坛。（闲聊波尔卡）

（26）有缘相会圕人堂，百家争鸣论短长。阅读推广暖人心，海纳百川智慧圕。（闽农林大－李林）

（27）有缘相会圕人堂，人人参与乐分享。一语一思不嫌少，高论妙想停不了。（栀子花）

（28）有缘相会圕人堂，默默学习记心上。偶尔露头冒个泡，不怕圕主踹出堂。（米朵朵）

（29）有缘相会圕人堂，终端线上寻灵光。书事馆事天下事，天下图人来帮忙。（罗维尔）

（30）有缘相聚圕人堂，感恩图谋线上牵。欲晓图林发生事，随手翻看图周讯。（芷芸）

（31）有缘相会圕人堂，有求必应暖人心。有爱担当做人梯，有情重义写人生。（萧竹）

（32）有缘相会圕人堂，奇思妙语共分享。图林修竹闻津处，书海扬帆舟起航。（Lee）

（33）有缘相会圕人堂，无涯学海波涛起。风卷云飞似圕画，共邀圕友话圕人。（东华大学刘建平）

（34）有缘相会图人堂，五湖四海皆图友。图林热点共探讨，一起携手求进步！（sunflower）

（35）有缘相聚圕人堂，工匠大师群内藏。传道解惑携后辈，明日图林必荣光。（暖冬）

（36）有缘相会圕人堂，学习求职众师帮。不忘图谋赠书情，唯愿图林更辉煌。（蓝月亮）

（37）有缘相会圕人堂，众贤云集话发展。筚路蓝缕图林路，书海扬帆再起航。（北风低吟）

（38）有缘相会图人堂，共谋发展创辉煌。交流共享出周讯，图人受益群受尊。（海澜澜）

（39）有缘相会图人堂，天南海北书意长。莫愁如鲠无相问，百科必应获益

良。(JUST 梨子心)

（40）有缘相聚圕人堂，图林中事可商量。七嘴八舌争论欢，真理辨明心欢畅。(东哥)

（41）有缘相聚图人堂，专业问题聚思量。工作休闲两不误，图情家人心舒畅。(37 度男人)

（42）有缘相聚图人堂，群贤毕集研讨忙。但愿此处久长在，有弹有赞图情长。(印度阿三)

（43）有缘相聚图人堂，两千图人来四方。图人图事图未来，七嘴八舌情意长。(远归)

（44）有缘相聚圕人堂，遇见一巢好馆员。记录时代草根事，共筑事业登青山。(诲人不倦)

（45）有缘相会圕人堂，业界资讯道寻常。研究实务开思路，助力图人你最棒！(栀子花)

（46）有缘相聚圕人堂，图谋搭台美名扬。业界群贤齐聚首，共话图情心意长。(风的回忆)

（47）有缘相聚圕人堂，图人图情图海洋。字里行间皆学问，笑谈里面出文章。(雪中冰人)

（48）有缘相聚圕人堂，群主图谋带头忙。帅哥美女都健谈，谈出优质好思想。(书雅)

（49）有缘相聚图人堂，五湖四海荟豪强。百花齐放抒心曲，共谋愿景绣篇章。(伊丰)

（50）有缘相聚圕人堂，只叹才浅无锋芒。谈笑灰飞烟灭中，尽享智者思才华。(九院江)

（51）有缘相聚圕人堂，圕人圕趣圕弘扬。人文技术圕服务，闲逛慢聊皆心欢。(东华大学刘建平)

（52）有缘相聚圕人堂，众位大咖解迷茫。待到小有成就时，不忘给圕添力量。(Sparks)

（53）有缘相会圕人堂，虽非竹马皆同行。纵使相逢也不识，亦可尔汝话短长。(福蛙)

（54）有缘相聚圕人堂，图林志士汇四方。谋划未来论时事，好不快哉共久长。(道法自然)

（55）八方缘聚团人堂，四时笑谈话书香。尺短寸长无高下，抛砖引玉有思量。思维碰撞出新意，妙笔生花着华章。醍醐灌顶经常事，团人皆是热心肠。（中原劲草）

（56）有缘相会圕人堂，互帮互助绽光芒。祝福圕人诸事顺，辞旧迎新谱华章。（千金不换）

（57）有缘相会圕人堂，圕人团结力量强。高谈阔论知识涨，谈笑风生又一年。（水中月）

（58）有缘相会圕人堂，你言我语话日常。我虽工科好儿郎，愿伴圕人创辉煌。（千金不换）

（59）有缘相聚圕人堂，未言苦辛话短长。南北圕人翘盼首，争攀高峰开继往。（碧海潮生）

（60）有缘相会圕人堂，书斋论道梅亦香。围炉畅叙三千客，共传佳信情谊长。（万象无边）

（61）有缘相聚圕人堂，你言我语唠家常。东南西北互不识，群主竟是隔壁王。（37 度男人）

（62）有缘相聚圕人堂，良师益友解迷茫。图林信息吸眼睛，开拓视野共成长。（威威）

（63）有缘相会圕人堂，草根思想碰撞忙。你唱罢来我登场，经验分享喜洋洋。（刘绍荣）

（64）友人引入圕人堂，懵懂轻启图情窗。日揣夜想大牛言，草根心绪在飞扬。南开徐老真知献，大连理大学逍遥。此缘深谢圕人堂，图情梦想任翱翔。（空谷幽兰）

（65）有缘相会圕人堂，不思量，自难忘，谈笑风生，进步杠杠杠。（2014）

（66）有缘相聚圕人堂，圕主圕员相扶将。寂寞图强传知梦，馆兴人达意绵长。（琳琳的妈妈）

（67）有缘相会圕人堂，阅人阅己来论圕。自由组合目标专，赤诚合作谱新篇。你有需求我来帮，他有讯息群里传。数字圕成职业梦，转型发展敢为先。（惠涓澈）

（68）有缘相会圕人堂，图谋搭台大家嗨。脱颖而出高书记，人抬人高口头禅。教授专家与大咖，不卑不亢众馆员。图林圈子文人多，迎接新年赛诗篇。（惠涓澈）

（69）有缘相聚圕人堂，一入堂口论道忙。图谋搭台黄海畔，麦子唱戏小

河旁。不愿沽名害梨枣，但求清心效阮冈。图林草根尤可敬，哪管羞涩似阮囊。(boson)

(70) 有缘相聚圕人堂，圕人堂里圕人强。科技查新洒洒水，学科馆员嵌入忙。阅读推广风头劲，体系建设亦逞强。公共馆里圕人累，羡慕高校寒暑长。(广州书童)

(71) 有缘相聚圕人堂，圕人堂里圕人强。学界业界大团聚，教授馆员济一堂。数字人文涉猎广，文献信息可计量。公图高校均转型，服务对象获感强！(广州书童)

(72) 有缘相聚圕人堂，圕人堂里圕人强。语义关联能实现，学术源流可辨章。扣肉财路千般广，书童坐拥万贯房。发展基金清如水，免得间阎话短长。(boson)

(73) 有缘相会圕人堂，行业交流人气旺。隐形"智库"多精英，数据资源咱共享。(空山灵雨)

(74) 有缘相会圕人堂，书海无涯掀巨浪。武林高手重切磋，智慧火花闪光芒。(空山灵雨)

(75) 有缘相聚圕人堂，圕人堂里说图情。一朝踏入圕人堂，此生便是图情人。(图情人)

(76) 有缘相聚圕人堂，圕人堂里坐高朋。海内海外皆分享，井底小蛙斗志扬。(april 山商)

(77) 因思图谋今安在，有缘相会圕人堂。此后便是六一节，天南地北一家人。偶有发言多讨教，大珠小珠落我盘。欲显才识馈俊杰，唯有冒泡添人气。莫怪某妇太贪心，蒋勋云子皆吾爱。举杯同饮友谊酒，欢欢喜喜迎一八。(2017 年 5 月 31 日进群，恰好见群友喜获蒋勋艺术美学系列解破版，后又有群主大作图书馆学短论面世)(绿雾 60-12-77)

(78) 有缘相聚圕人堂，岁末圕人献歌忙。赛博论道一二载，不知木西是女郎。(boson)

(79) 有缘相会圕人堂，无心插柳柳成行。

引导后人思路新，启发同辈文采扬。

旦复旦兮志不移，夜继日矣神无伤。

无分老少唯学术，不以贵贱论华章。

长篇大论自得力，片言只字亦发光。

编辑组稿说真言，推介宣传话衷肠。

思想碰撞出火化，头脑风暴显灵光。

未识久有心仪态，线上岂无翰墨香。

不因时空心灵远，勿以流派论短长。

图谋用计非私心，殚心竭虑保安康。

唯愿来年迈大步，定教图林创辉煌。

千言万语道不尽，拙诗陋词两三行。（年年有余）（图谋注：作者 17 分钟内完成该长篇诗作。）

（80）江城子圕人堂赞

圕人堂中有才情，念头清，问题明。只语片言，亦可激情盈。地北天南同一处，真有幸，说不停。

恰闻此际妙歌声，出真情，教谁听。孤陋寡闻，藏拙怕人评。唯有丹心昭日月，填一曲，颂英名。（年年有余）

（81）有缘相聚圕人堂，无限交流周讯藏。妙语连珠圕人颂，共祝图林更美好。（生清）

（82）有缘相聚圕人堂，年年有余立高岗。一首绝尘无敌曲，英豪巾帼皆言强。独孤只愿求一败，凡夫却想逞一强。可怜搔首执秃笔，不成半句空惆怅。撒下拙句徒增笑，不枉在下来暖场。英雄尽出江湖闹，胖猴遁逃去播讲。（图林胖猴）

（83）有缘相聚圕人堂，新朋老友笑声扬。面壁十年今破壁，一展雄才创辉煌。（琳琳的妈妈）

（84）有缘相聚圕人堂，图谋赠书某来讲。好书字字珠玑玉，可惜开口忒紧张。

推广宣传虽称善，自身水平挺心伤。遍览堂内英雄谱，风采众星都在行。发展要走哪家路？思考琢磨鬓有霜。前进不靠新东方，求变也不找蓝翔。立足实际来选择，实践领悟自思量。今日不明明日续，明日迷糊再加强。熬出百转千回绕，成得正果有天光。圕人堂里修炼处，大儒贤俊有道行。愿君来此开开光，最强还是圕人堂。（图林胖猴）

（85）有缘相聚圕人堂，辞旧迎新诗飞扬。笑谈图林多少事，唯余真情伴书香。（李晋瑞）

（86）有缘相聚圕人堂，七嘴八舌话家常。头脑风暴闪火花，风云激荡现华章。（李晋瑞）

（87）有缘相聚圕人堂，幸识图林好儿郎。铁血丹心谋大业，何惧奔波日夜

忙！（李晋瑞）

（88）有缘相识图人堂，年末岁尾吟诗忙。你方登罢我出场，为了破百苦思量；百人吟诗古来稀，图人而今创奇迹。（福蛙）

（89）有缘相聚圕人堂，星光点点夜未央。漫步图林增福慧，素心一片梦亦香。（李晋瑞）

（90）有缘相聚圕人堂，拥抱黎明迎朝阳。古道热肠图林客，传承文明勇担当。（李晋瑞）

（91）有缘相聚圕人堂，采访文献编典藏。服务读者情无限，送人玫瑰手余香。（李晋瑞）

（92）有缘相聚圖人堂，你问他答客服忙。东西南北不断线，共谋图林新篇章。

有缘相聚圖人堂，个个都是热心肠。吐槽答疑真性情，片言只语藏锋芒。（仅此而已）

（93）有缘相会圕人堂，圕人圕结话短长。圕人圕情圕主题，怡心怡神怡安祥。（图谋）

（94）有缘相会圕人堂，高朋满座话题广。圕林趣事长见识，圕谋续写新篇章。（仅此而已）

（95）有缘相聚圕人堂，图谋搭台众人唱。你方唱罢我登场，共谋图林新篇章。（芷芸）

（96）有缘相聚圕人堂，临近岁末诉衷肠。百人百诗百年传，千言万语难报恩。虽是图林一小草，心系读者谋鸿愿。有幸进得圕人堂，问鼎逐鹿扭乾坤。（绿雾 60-12-77）

（97）有缘相聚图人堂，2018 齐飞扬。共建共享互相助，文化自信我辈忙。（飘扬）

（98）有缘相会圕人堂，万里犹闻诗辞香。共助图谋襄盛事，辞旧迎新续华章。（Sweet Dream）

（99）有缘相会圕人堂，圕人堂里赛诗忙；文思泉涌诗连颂，相映生辉各芬芳。（栀子花）

（100）有缘相会圕人堂，吐故纳新迎春光；爱书爱图心声露，写实写意才情扬。（栀子花）

（101）有缘相会圕人堂，千言万语道书香。五湖四海是一家，欢度新年情长

久。(Phil)

(102)有缘相会圕人堂，众志一心筑城墙。有朝一日面了基，且怒且笑且轻狂。(魔比斯环)

(103)有缘相会圕人堂，浙江海大纳贤才。诚邀图情硕博士，共创海图大风采。事编五险一金全，虚位以待等您来。(鑫一走尘)

(104)有缘相会圕人堂，交流探讨共分享。钟期既遇赏知音，守得云开情未央。江南问道寻新途，塞北卧薪勤拓荒。筑梦图林频思远，不忘初心攀书山。(金海岸)

(105)有缘相聚圕人堂，早安晚安也温暖。多少努力成回忆，更有期待在来年。(惠涓澈)

(106)有缘相聚圕人堂，春秋冬夏一起走。专业兴趣巧统一，播讲图谋温情猴。(惠涓澈)

(107)有缘相聚圕人堂，寒来暑往奔远方。兴趣专业统一好，还数长安惠院长。(图林胖猴)

(108)有缘相聚圕人堂，资料思想齐分享。我也上台唱一唱，共筑双百创辉煌。(wu)

(109)有缘相聚圕人堂，偶尔冒泡潜水长。图林网友如相问，抛书不读运动狂。(李晋瑞平均每天运动三小时以上)

(110)有缘相聚圕人堂，南腔北调汇群来。周月年末齐欢聚，图人齐同迎未来!(书香)

(111)有缘相聚圕人堂，年年伴书心安祥。年末突现李白狂，辞旧迎新情意长。恭喜诸君收获多，祝贺同仁来年旺。堆砌几句顺口溜，为凑热闹凑人数。各位莫笑俺才技，堂里偶是打 call 人。(图书采选)

(注：2017 年 12 月 30 日 10：25 完成 100 首)

(2017-12-25)

有缘相会圕人堂——圕人堂 QQ 群 2018 年新年献词

圕人堂 QQ 群（群号：311173426）是图书馆及图书馆学相关人员的交流群，其愿景（VISION）：圕结就是力量！其定位（MISSION）：专业讨论、行业交流、信息共享、资源、人脉。圕人堂圕结一切可以圕聚的力量。圕人堂堂风：贴近现实，关照现实，联系理论，旨在实践。《圕人堂周讯》综述“圕人堂”QQ 群一周交流信息，对“圕人堂”全体成员公开（通过 QQ 群邮件推送），同时亦对社会公开（当前主要通过科学网图谋博客“圕人堂”专题公开）。圕人堂 QQ 群 2014 年 5 月 10 日创建，《圕人堂周讯》2014 年 5 月 16 日创办。2017 年共发布周讯 52 期（139 期～ 190 期）。圕人堂现有成员 1950 名。

2017 年 5 月 10 日为圕人堂 QQ 建群三周年。2017 年 5 月 3 日—2017 年 6 月 2 日为“圕人堂三周年纪念活动月”，举办了寄语圕人堂、圕人堂“突出贡献奖”评选系列活动（投票、风采展示）、圕人堂“世界艺术鉴赏”知识竞赛活动。

2017 年 12 月 16 日《图书馆学短论》选播开播，12 月 30 日结束。该书是一部图书馆学随笔集，全部内容精选自科学网图谋博客（2015 年 9 月至 2017 年 9 月），分为四辑：“学海泛舟”“图林漫步”“闲情偶寄”“圕人堂梦想与实践”。主播：温情小胖猴 1980。

圕人堂百人百诗迎新年，始于 2017 年 12 月 24 日 17：05，至 2017 年 12 月 30 日 10：25 完成 100 首。黄建年先生长诗，引得众人交口称赞，全诗照录如下：

有缘相会圕人堂，无心插柳柳成行。
引导后人思路新，启发同辈文采扬。
旦复旦兮志不移，夜继日矣神无伤。
无分老少唯学术，不以贵贱论华章。
长篇大论自得力，片言只字亦发光。
编辑组稿说真言，推介宣传话衷肠。
思想碰撞出火化，头脑风暴显灵光。
未识久有心仪态，线上岂无翰墨香。

不因时空心灵远，勿以流派论短长。

图谋用计非私心，殚心竭虑保安康。

唯愿来年迈大步，定教图林创辉煌。

千言万语道不尽，拙诗陋词两三行。

2017年，情报学家尤金·加菲尔德先生，图书馆学情报学家倪波先生，情报学家张琪玉先生等先后离我们远去，圕人堂以各种形式悼念，希望有助于纪念与传承。

关于圕人堂发展经费，其筹集、管理、支出均由图谋经办。因为图谋是经办人，图谋为圕人堂所做工作均是零报酬。圕人堂发展经费专款专用，借助支付宝账号进行管理，产生动态收益（余额宝收益）直接用作圕人堂发展经费。网络社群的发展，需要与之相适应的激励机制。三年来，圕人堂在探索与实践中谋生存求发展，得益于广大圕人（以圕人堂成员为主体）关注与支持，由衷致谢！圕人堂从2016年开始，未接受个人资助，主要是希望机构资助。圕人堂发展基金最初设想是希望获得相关机构的资助。成员零星资助，筹集与管理不便。财务无小事。

2017年，特别感谢推知信息、世界艺术鉴赏库、图创软件对圕人堂的赞助！2018年，推知信息、世界艺术鉴赏库将继续资助圕人堂，《圕人堂周讯》赞助单位冠名：推知信息、世界艺术鉴赏库。《图书馆报》自2015年9月推出“圕人堂话题”，目前已选刊圕人堂话题系列数十期。感谢《图书馆报》对圕人堂的支持！圕人堂建群以来，《图书馆论坛》《大学图书馆学报》《图书与情报》等诸多图情专业期刊对圕人堂给予了关注与支持，特此致谢！感谢《圕人堂周讯》编辑团队、圕人堂管理员团队、圕人堂客服团队成员数年如一日地默默耕耘与奉献！

圕人堂的交流，有明线与暗线。明线是大窗交流，暗线是成员间小窗交流及其他形式的交流。两条线均很重要。表面上是明线为主，实际上是以暗线为主。重视的是成员切切实实的获得感、成就感。圕人堂还有两个“面”：一“面”是圕人堂群中的成员，另一“面”是群成员之外的圕人。圕人堂这样的网络社群，主要就是发挥微价值或者说长尾价值。“圕人堂”的灵魂是“圕”这个字，意在圕结一切可以圕聚的力量，凝心聚力谋发展。期待的是圕人切实受益！

新时代，新征程，新希望，新年新景新气象。有缘相会圕人堂，圕人圕结话短长。圕人圕情圕主题，怡心怡神怡安祥。谨向圕人堂全体成员，向关心、支持、参与圕人堂的建设与发展的各界人士表示衷心感谢！祝愿大家吉祥如意，幸福安康！

（2017–12–30）

圕人堂梦想与实践

图谋按：友人约我面向高校图书馆、公共图书馆同仁，在一定范围内进行“圕人堂营销”的1小时讲座。我迟迟未敢答应。当前，我找不到成块的时间，身不由己。如果只是1个小时时间，我早就答应了。讲1个小时，实际上准备所讲的内容，需要好多个1小时。抽空准备了一下，主要是从之前的博文中遴选相关信息再进行信息组织，大约花了2个多小时。

1. 圕人堂QQ群的由来

建立圕人堂QQ群是有“背景”的，或许可以说是步步用心、步步精心。2014年4月，经历了职称评审的再次失利。我进行了一些“冷”思考，寻思如何放下“包袱”，开动机器，立足现实，放眼未来。

有一种基因叫理想，有一种理想叫圕人堂。我的“理想”来源有许多，这与我自1999年进入高校图书馆工作以来的所见所闻所想相关。择要述之有三条。其一是张厚生先生对我的影响，包括生前身后。我赞同张先生的学术理念：“跳出图书馆的圈子，借助于公共媒体宣传书苑，向公众推广图书馆和图书利用的方法和知识。我们的社会和民族不仅需要大批科技精英，更需要能够进行信息分析、组织和检索，帮助与支持教学科研，从事知识培养的图书馆学家和图书馆实务工作者。有了他们，文化才得以传承，科技的进步才得以建立在厚实的信息资源的土壤里。”其二是网络交流对我的影响，尤其是“图林”网络交流。单单是写“图谋博客”（主要指博客网及科学网两个平台上的）的时间，自2005年1月28日至今，已9年多了。其三是“高产作者”对我的影响。“高产作者”这个标签贴在我身上，对于我来讲，学术贡献及社会贡献即使有也极其有限，具有实际意义的只是个人经历及个人财富。写作、投稿乃至赠书等环节的诸多人和事，均对我有不同程度的影响。

心动不如行动。于是，2014年5月10日，圕人堂QQ群创立。建群目的：创建者试图推动做点有益图书馆界的事，比如三个促进——促进“两大阵营”（来自图书馆一线实际工作单位的、来自教学科研单位的）的科研合作，形成更具生命力的科研成果，互利互惠；促进与专业期刊的合作，专业期刊“积极参与与配合”，乃至“引领”，意义重大；促进与《图书馆报》等媒体的合作，让更多图书馆人看《图书馆报》。“圕人”指图书馆及图书馆学相关人员。它包括图书馆员、图书情报专业教师和学生、图书馆利益相关者（包括政府主管部门、相关资源商、硬件商、平面媒体等）。这样的拓展并非毫无边界，是基于图书馆事业的现状所做的“调适”。

可以将圕人堂QQ群视为“圕”（图书馆）主题交流群，百花齐放。有明线（公开的交流，你方唱罢我登场），也有暗线（小团体的交流或纯粹个人间的交流），聚是一团火，散作满天星。希望圕人堂有助于圕人共知、共建、共享。希望圕人堂有更多知音。希望圕人堂惠及更多人。

2. 圕人堂的运行模式

（1）梦想中的运行模式。

圕人堂将由管理员团队（含编辑团队）、客服团队推进议题式交流机制。考虑在群成员达到一定规模，群成员（主体）基本熟悉群规范，且有一批较为合适的志愿者时成立圕人堂发展基金理事会。客服团队将建立服务规范，它是非常重要的一支团队。圕人堂尚在“等待”10～20名“深度用户”加群。如果能保持一支20人左右的深度用户群体，圕人堂这样的网络社群可以生存与发展。群体智慧是可再生的资源。一旦进入良性循环，经费应该是不成问题的。

我最初的设想是，我搭好一个框架，随时退出，圕人堂群照转。我期望的局面是，少数人搭台多数人唱戏，观众多多益善。我只是搭台者之一，我的角色只是跑堂的。作为我的角度，或许只是为了一个梦想，这个梦想就是“libseeker”（图谋）。

我当前愿意做这个搭台者，某种意义上可以说是回馈或传承。我自认为是网络图书馆学（或图林）的受益者之一，我由衷地感谢曾经给予我帮助和支持的人。

关于圕人堂群规模（人数），部分成员有误解。圕人堂成员在遵守群规范的前提下，加群自由、退群自由。圕人堂在意的是实实在在让更多人受益，并不是简单的追求人数。觉得有益的留下来，觉得无帮助的随时可退出去。觉得有益的那部分人，最好多一些乐意为群发展做贡献的。

圕人堂QQ群为什么不统一要求实名制？圕人堂是一个公开、公共、公益的平台，不宜统一要求实名制。比如，有的馆有多名成员，可能还是上下级关系，很多话题，彼此都不敢发言；圕人堂的部分交流成果是公开的，有些观点，不敢或不宜实名表达。实名交流可以利用圕人堂平台，另行组建讨论组或另行建群。如果硬性要求实名制，对于部分职位、职称较高的和知名度较高的机构或个人，有可能会存在困扰。

（2）实践中的运行模式。

管理员团队（含编辑团队）、客服团队协同运作。

《圕人堂周讯》编辑组的工作有一定的章法，彼此协作。圕人堂 QQ 群 2014 年 6 月 12 日发布《关于〈圕人堂周讯〉中成员称呼的通知》。2014 年 6 月 13 日，发布《〈圕人堂周讯〉编写规范（草案）》。2014 年 6 月 16 日，由宋晓莉创建圕人堂编辑团队群（当前兼作圕人堂管理员团队群）。

“圕人堂本周讨论概要”的整理是每期《圕人堂周讯》中最为繁重的工作，由宋晓莉、赵生让、董行、范良瑛、曾家琳、张婵、卢娅、陈艳、张芸等 9 位成员轮流做。整理好之后发给图谋，由图谋完成《圕人堂周讯》的其余工作。

理想的《圕人堂周讯》有特色、有内容、有梦想、有行动……同时，期待《圕人堂周讯》能够有助于“圕人堂发展基金”赢得资助。

囿于种种约束，比如图谋的精力与能力受限等，距离梦想或理想尚较为遥远。

3. 圕人堂的几个核心问题

（1）何谓圕人堂发展经费？

圕人堂发展基金是为了促成必要的激励机制，谋求可持续发展，经费源于圕人堂成员捐赠，逐步争取通过与个人或机构合作获取赞助或捐赠。经费用途：①《圕人堂周讯》编辑补助；②科学网圕人堂专题征稿稿酬（稿酬的计算方法，拟以每千字 80 元标准（图谋注：现已调整为每千字 100 元），结合难度系数进一步调节，也就是优稿优酬），主要用来解决一批“公益作业”——参考价值比较高的资料；③年度回馈，年底拟设圕人堂“突出贡献奖”“幸运成员奖”，主要目的是鼓励贡献、鼓励参与，提高圕人堂的凝聚力，提升群的活跃度；④其他，比如圕人堂 QQ 群超级会员年费、圕人堂管理员补助等。

依据 2017 年 5 月 6 日总结的《圕人堂建群三周年筹资及使用情况说明》(

http://blog.sciencenet.cn/blog-213646-1053242.html）。圕人堂建群三周年，圕人堂发展基金（2014.5—2017.5）大约支出 3.4 万元，平均每年 1.13 万元。这期间圕人堂发展基金进行过三次面向全体成员的筹资，两人次圕人堂成员以机构名义捐助，累计捐助金额为 50015 元。2014 年 11 月第一次筹资：接受 20 位成员捐赠，共计 10065 元；2015 年 3 月第二次筹资：接受了 34 名成员捐助（其中有一名捐两次，实际为33名)，累计12850元；2015年12月第三次筹资：接受43名成员捐助，累计12100元（其中管理员团队捐2250元）；2016年6月17日，W.狼捐赠圕人堂发展基金5000元；2017年5月1日，圕人堂收到赞助单位推知信息、世界艺术鉴赏库赞助1万元。圕人堂发展基金2017年5月6日结余16181.65元。（图谋注：零星动态捐助未述及，《圕人堂周讯》大事记中有记录，比如《图书馆报》选刊《圕人堂周讯》稿酬转入圕人堂发展基金、部分原本应支付的费用因对方不受视作捐助等。）

对于“圕人堂发展基金”，其筹集、管理、支出均由图谋经办。因为图谋是经办人，图谋为圕人堂所做工作均是零报酬。圕人堂发展基金专款专用，借助支付宝账号进行管理，产生动态收益（余额宝收益）直接用作圕人堂发展基金。

网络社群的发展，需要与之相适应的激励机制。三年来，圕人堂在探索与实践中谋生存求发展，得益于广大圕人（以圕人堂成员为主体）关注与支持，由衷致谢！

（2）何谓议题式交流机制？

讨论方法（或交流机制）大致分为三环节：①提出问题，议题发起人为主，参与者亦可以补充；②分析问题，可以在线发表意见或建议，更欢迎书面参与（深度参与），可以将有关内容上传群文件或发QQ邮件等；③总结问题，由议题发起人牵头予以总结。依据“消息管理器”信息及群文件等。有关讨论成果，以“圕人堂”这一“集体署名”形式发布。最高境界是能够开展多种形式的合作，获得各界资助成立“圕人堂发展基金”，通过“议题式交流机制”形成系列《圕人堂报告》(报告的内容，有条件的可以争取在学术期刊发表)。

圕人堂“议题式交流机制”的五要素：组织者（可以是一人或团队)、参与者（要有一定规模)、有意义（具备理论意义或现实意义)、有影响（形成理论成果或可以学以致用的讨论成果)、激励机制（必要的经费支持)。

圕人堂“议题式交流机制”的作用：圕人堂保持一定活跃度的“保鲜剂”或“防腐剂”。议题可大可小，可以是封闭式（如实名讨论组形式)、半封闭式、开放式；议题讨论周期可以是短期的，也可以长期的。议题式交流机制是实现圕人堂核心价值的重要手段。

（3）圕人堂QQ群与图谋博客有何关系？

圕人堂QQ群的群主、图谋博客（仅指科学网图谋博客，http://blog.sciencenet.cn/u/libseeker）的博主均为图谋。图谋是谁？是一名“草根”的“法号”，含义为

"为图书馆学情报学谋，为图书情报事业谋。"（对应的英文意思为 libseeker)，图谋只是"a libseeker"。

图谋博客的核心价值："图谋，为图书馆学情报学谋，为图书情报事业谋。"圕人堂的核心价值："圕人堂 QQ 群（群号：311173426）是图书馆及图书馆学相关人员的交流群，其愿景（VISION)：圕结就是力量！其定位（MISSION)：专业讨论、行业交流、信息共享、资源、人脉。圕人堂圕结一切可以圕聚的力量。圕人堂堂风：贴近现实，关照现实，联系理论，旨在实践。"前者可以视作一个人在"奋斗"；后者可以视作一群人在"奋斗"(图谋搭台，圕人唱戏。)。

《圕人堂周讯》综述"圕人堂"QQ 群一周交流信息，对"圕人堂"全体成员公开（通过 QQ 群邮件推送），同时亦对社会公开（当前主要通过科学网图谋博客"圕人堂"专题公开）。因此，可以视作图谋博客是圕人堂提供服务的辅助平台或补充平台（实际上，图谋的新浪博客及微博也是）。同时，图谋博客本身可以视作圕人堂的"内容服务"之一，若干博文及其延伸资料可视作参考资料。

圕人堂 QQ 群与图谋博客，花开两朵，各表一枝。这对伴侣的结合，不仅是"勤俭持家，效益至上"的产物，也是基于当前环境下的一种选择或尝试。当前环境其实相当复杂，信息网络环境壁垒重重，信息技术进步日新月异……微观角度，作为学术性博客，逐渐淡出人们视线，原因之一是学术性博客不仅"没有地位"，而且来势汹涌的"学术不端检测系统"将学术性博客（网络资源之一）作为信息检测源之一，于人于己似乎弊多利少；作为 QQ 群，信息的交流通常过于碎片化，"词不达意""言犹未尽""众所纷纭"等情形比较常见。

对于圕人堂，我作为"跑堂的"，若干想法和做法，大多公开过。公开的目的，一是期望获得理解与支持，二是期待便于大家批评指正。我的一些想法和做法，部分源于个人的体验，部分源自于对其他社群的学习，还有部分源自于实践（比如诸位成员的意见和建议，当前其实已经采纳了一些）。

4. 圕人堂未来展望

2018 年 2 月 2 日 14：00，群成员达 1975 人（活跃成员 535 人，占 27.09%)，群容量为 2000 人。

图谋这些年，在"圕人堂营销"方面絮叨最多（圕人堂中时不时地喋喋不休，只是"面上功夫"，背后还需要做大量工作），试图宣扬理念，获得圕人关注与支持。

当前的工作重心是维持。努力让圕人堂保持一定活跃度，让《圕人堂周讯》

保持一定的活力，努力让成员有不同程度的获得感，这样圕人堂便具有存在的价值。圕人堂大窗的活跃，有助于小窗交流的红火。对于成员来说，更为切实受益的属于成员间小窗交流等“衍生”交流。

圕人堂的交流，有明线与暗线。明线是大窗交流，暗线是成员间小窗交流及其它形式的交流。两条线均很重要。表面上是明线为主，实际上是以暗线为主。重视的是成员切切实实的获得感、成就感。圕人堂还有两个“面”：一“面”是圕人堂群中的成员，另一“面”是群成员之外的圕人。圕人堂这样的网络社群，主要就是发挥“微价值”或者说“长尾价值”。“圕人堂”的灵魂是“圕”这个字，意在圕结一切可以圕聚的力量，凝心聚力谋发展。期待的是圕人切实受益！

新时代，新征程，新希望，新年新景新气象。有缘相会圕人堂，圕人圕结话短长。圕人圕情圕主题，怡心怡神怡安祥。谨向圕人堂全体成员，向关心、支持、参与圕人堂的建设与发展的各界人士表示衷心感谢！祝愿大家吉祥如意，幸福安康！

（2018-2-7）

圕人堂常见问题问答

有些问题属于圕人堂的常见问题，成员常问，图谋常答，稍事整理供参考。

问：何谓“末位移除法”？需要在大窗“刷”发言吗？

答：群成员数超过 1980 时，依据在圕人堂的“最后发言”时间，进行末位移除操作。如果不执行移除操作，新成员进不来，群活跃度可能会持续走低。被移除的成员，欢迎随时加群，加群申请请提供圕主题（与图书馆或图书馆学相关）信息。这是管理，更是服务。恳请谅解！

2018 年移除操作情况：2 月 23 日移除 37 名；3 月 27 日移除 22 名；4 月 22 日移除 16 名；5 月 8 日移除 16 名；5 月 23 日移除 20 名。上述几次，累计移除 111 名，被移除后重新加群成员大约为 20 名左右。2018 年 6 月 8 日移除最后发言 21 个月以上成员 23 名。

圕人堂所谓的末位移除法，是依据“最后发言”时间的，并非依据等级积分。

"发言"的形式是多样的，群文件、群相册分享信息，也属于发言范畴。时间久了，适当形式冒个泡就好，保持对圕人堂适度关注并尽可能地有所贡献。

问：圕人堂为什么不搞2群？ 2000人很快就满了。

答：那样没有必要。活跃的成员是少数。比如圕人堂当前的规模，一个月内有发言记录的也就数百人。我精力顾不上。当前经营圕人堂，耗费了大量精力，还欠下不少人情。需要花钱、花精力的。原指望企业赞助，企业的投资是希望有回报的，当前投资圕人堂并不足以让企业获得足够的回报。目前这个局面，其实还有多人在默默奉献。比如周讯编辑团队的成员们，给的劳务补助是300元一期。其实人家付出的劳动，是相当辛苦的，象征性地给他们一点辛苦费。当前所谓的圕人堂发展经费，主要是维持此项支出。有的成员做周讯编辑工作近4年。我觉得愧对他们。

问：为什么不尝试微信公众号？搞一个捐赠的打赏，2000*50元。不成便收会务费，比如一人一年100元，没多少钱。

答：牵涉钱的事情会很麻烦，管理会很复杂。目前的运营方式是相对最安全的，最省力气的，因此，可以说圕人堂勉强走到今天。还透露一点信息是，圕人堂早期算是探索过微信公众号的。一是认证问题有困难；二是信息发布存在若干局限性；三是版权方面有顾虑；四是经费来源问题。基于上述原因，放弃了。

（2018-6-10）

圕人堂微信公众号

2018年6月9日，圕人堂成员建议图谋尝试开通微信公众号。其时答复："当时是因为要提供单位证明，无法通过认证。暂时不考虑，因为没有钱也没有人，我自己吃不消。当前的周讯，虽然我是做辅助工作，但每周至少得花1～2小时。"随后在圕人堂常见问题解答中，进行了进一步的说明："牵涉到钱的事情，会挺麻烦的，管理会很复杂。目前是挑相对最安全的，最省力气的，因此，可以见上说圕人堂勉强走到今天。还透露一点信息是，圕人堂早期算是探索过微信公众号的。一是认证问题有困难；二是信息发布存在若干局限性；三是版权方面有顾虑；四是经费来源问题。主要基于上述原因，放弃了。”

与圕相关的微信订阅号有许多，图谋订阅了一小部分，其中比较喜爱的有“林墨”“图情招聘”“图书馆报”“上海高校图书情报工作研究”“iGroup 信息服务”等。据个人了解：“林墨”是学术团体运营的；“图情招聘”是圕人新锐个人运营的；“图书馆报”是图书馆行业报运营的；“上海高校图书情报工作研究”是图情期刊（其承办单位为上海师范大学图书馆）运营的；“ iGroup 信息服务”为科技信息服务提供商运营的。圕人个人运营的微信订阅号：南大智慧图书馆、图书馆实证茶客、图有其表、书蠹精等。

微信确实有许多优点，圕人堂 QQ 群本身的功能，其实也有很多功能尚未用起来，比如视频讲座功能等。如果缺乏必要的经济来源及相适应的激励机制，无法生存与发展。穷则思变，2018 年 6 月 10 日，图谋进行了一番思考之后，开始进一步的探索。圕人堂决定尝试微信公众号，打赏、广告收益……这些暂时未敢想，但期待有那么一天。

6 月 12 日上午发现“圕人堂”被人于 2017 年 8 月 13 日领先一步注册了微信公众号，且有趣的是其功能介绍为“圕人堂相关资讯”，该微信公众号注册至今 10 个月未发布任何信息。我的所做所为，希望圕人堂明天会更好。

有成员多次提及图谋“心思重”，图谋的心思真的很重，自 2005 年 1 月写图谋博客至今可见一斑，2014 年 5 月起折腾圕人堂对我来说是一个艰难的决定，也是较为慎重的决定。凡事要么不做，要做就努力做好，尤其是在存在可为空间的条件下。

图谋折腾圕人堂之时，可能对部分师友有所“得罪”，因为之前另有一个颇为有影响的群希望我接管（该群后来解散了），经权衡之后，我决定开启圕人堂的探索与实践。图谋这么些年来的折腾是以“a libseeker”的名义折腾。

有人说图谋很有名，其实图谋知道，知道“图谋是谁?”“图谋为了谁?”的人非常有限。在不同场合，图谋已被赐过“十家姓”，难免会有点小尴尬，细想想，这或许也是一种荣幸。常年絮叨讨人嫌、招人厌。

圕人堂帐号名称：圕人堂 LibChat。本微信公众号发布科学网圕人堂专题博文、《圕人堂周讯》（微信节录版），作为一种向社会公开的补充途径，弥补群交流“碎片化”缺陷，拓展渠道，提升质量。LibChat 是圕人堂的英文表述。圕人堂专题这个版块的设计，是希望刊圕人堂成员的规整性文字，弥补碎片交流的不足。周讯在微信公众号中只发布目录，提供网络版原文链接（该链接中可以下载周讯

pdf 版）。周讯目录发布干脆推至周六上午发布。这样处理一是传播的效果也许会更好；二是周讯发布存在一些不确定性（整理稿提交时间、周讯后期编辑时间、网页版发布时间均存在不确定）。

圕人堂是一个 QQ 群，但不仅仅是一个 QQ 群，它有梦想、有实践。图谋只是志愿者之一，在努力做一点微不足道的工作。圕人堂的服务体系又添新成员——圕人堂微信公众号。6 月 12 日建立，目前有 245 名用户（基本为圕人堂群成员），期待更多圕人关注与利用。

（2018-6-15）

圕人堂梦想，扬帆起航

南京大学信息管理学院于 6 月 19 日至 21 日在江苏南京举办主题为“新时代，新发展：服务 · 效能 · 法制”的中国图书馆事业发展高层论坛。图谋有幸参加此次盛会，拜会诸多师友。期间，图谋还适时进行圕人堂及圕人堂微信公众号的营销。会议间隙“斗胆”向《杜定友和中国图书馆学》作者、北京大学信息管理系王子舟先生进行了简短汇报。出乎我意料的是，王先生似乎格外熟悉图谋的所作所为，并给予了鼓励：“你为学术发展做了很多贡献。”平实的话语，至高的奖赏。

2014 年 5 月 10 日，圕人堂 QQ 群创立。圕字音“团”，义“图书馆”。圕字是著名图书馆学家杜定友先生（1898 年 1 月 7 日—1967 年 3 月 13 日）于 1924 年发明的。QQ 群名称：圕人堂。QQ 群号：311173426。适宜人群：图书馆及图书馆学相关人员交流群。愿景（VISION）：圕结就是力量！定位（MISSION）：专业讨论、行业交流、信息共享、资源、人脉。

圕人堂微信公众号 2018 年 6 月 12 日建立，6 月 15 日 7：02 总用户数 245，2018 年 6 月 23 日 6：41 总用户数 638。2018 年 6 月底，希望圕人堂微信公众号的关注者超过 1000 人。“远景”是至 2018 年年底，关注者超过 10000 人。虽然尚不知道是否能够实现，但梦不妨先做一个。

圕人堂账号名称：圕人堂 LibChat。该微信公众号发布科学网圕人堂专题博文、《圕人堂周讯》（微信节录版），作为一种向社会公开的补充途径，弥补群交流碎片化缺陷，拓展渠道，提升质量。LibChat 是圕人堂的英文表述。圕人堂专题这个版块的设计，是希望刊圕人堂成员的规整性文字，弥补碎片交流的不足。周讯在微信公众号中只发布目录，提供网络版原文链接（该链接中可以下载周讯 pdf 版）。周讯目录发布干脆推至周六上午发布。这样处理一是传播的效果也许会更好；二是周讯发布存在一些不确定性（整理稿提交时间、周讯后期编辑时间、网页版发布时间均存在不确定）。

经过两个星期的探索性学习，圕人堂微信公众号雏形形成。微信公众号在组织专题、信息传播等方面优势明显。期待它将助力圕人堂的繁荣与发展。近几天推送的圕人堂专题信息，主要是我的一些学习与思考，算是抛砖引玉。今后，期待有更多成员参与分享。圕人堂微信公众号推送内容，均为科学网圕人堂专题内容。有关话题，欢迎各抒己见。规整文字，科学网圕人堂专题选用（有稿酬，100 元 / 千字），圕人堂微信公众号亦将组织专题推送。

圕人堂微信公众号建设需要慢慢来，急不得。图谋还需要考虑更多问题，比如尽可能地让志愿者有所收获等。想做点事情是不容易的，有许多约束，如微信公众号之前其实申请过，那时需要提供机构证明等，圕人堂是虚拟平台无法提供。当前是个人微信公众号申请下来，但不提供认证服务。当前探索微信公众号，图谋的主要目的是试图把圕人堂议题式交流机制搞起来。当前的设想是，微信公众号发布内容先在科学网圕人堂专题发布，让科学网那边先“体检”一下。

圕人堂这样的一个平台是来之不易的，且行且珍惜。图谋做事情有一个原则：所做所为是自愿的，且希望会是或终将会是值得的。所有人的时间都是宝贵的，不宜浪费自己和他人的时间。期待广大圕人共同呵护，携手共建。圕人堂梦想，扬帆起航！

（2018–6–23）

关于圕人堂微信公众号的思考

近期，图谋试图在圕人堂营销方面做一些工作，距离关注者1000人的目标尚有距离。圕人堂亟待进一步提升影响力，以赢得更多关注与支持。其核心目标是要凝聚力量，让更多人积极关注与参与。2018年6月25日，图谋与圕人堂编辑团队部分成员（张芸、卢娅、陈艳、范良瑛）有互动交流，特此予以整理。

圕人堂经过了四年多的探索与实践，出乎我意料的是，广义圕人支持的热情更高，狭义的圕人，也许羁绊更多。当前的圕人堂实际算是跨界合作的一种形式。这段时间，积极推出微信公众号，其实是已经感受到危机了。希望借助圕人堂微信公众号，带来转机与生机。

圕人堂微信公众号账号名称：圕人堂 LibChat。功能：本微信公众号发布科学网圕人堂专题博文、《圕人堂周讯》（微信节录版），作为一种向社会公开的补充途径，弥补群交流碎片化缺陷，拓展渠道，提升质量。希望更多成员关注与支持。如果本群成员尚无力吸引住，更大范围的关注与支持属于空想。如果圕人堂微信公众号，较长时间内缺乏吸引力，表示存在意义有限，没必要投入时间和精力。2018年6月底，希望圕人堂微信公众号的关注者超过1000人。远景是至2018年年底，关注者超过10000人。

有老师表示愿意加入到圕人堂微信运营团队（当前为两名成员），图谋暂未答应。一是需要进一步了解，二是在想着如何回馈。作为图谋的角度来讲，对于大家的帮助与支持，问心有愧，试图尽可能地给予回馈。互赢的合作，才是可持续的。

除了圕人堂群，图谋自身推广的范围（圕相关微信群、QQ群、朋友圈）估计有5000+，但2018年6月定的目标是1000。原以为1000是比较容易达到的，从目前看还是相当困难的。圕人堂QQ群现有成员1982名，其中使用微信的成员估计在1500名以上，但截至2018年6月25日，圕人堂微信公众号的用户数为700人。可能的原因是，圕人堂的影响力或认可度，还是比较欠缺的。

关于圕人堂专题的内容（或者说微信公众号的内容），2014年9月进行了构想。

圕人堂专题征稿启事（http://blog.sciencenet.cn/blog-213646-829795.html）中，“科学网图谋博客圕人堂专题的作用主要有发布《圕人堂周讯》(网页版及电子版)，作为一种向社会公开的途径；弥补群交流“碎片化”缺陷，拓展渠道，提升质量。诚征以下类型稿件：①书评类。如：《图书馆未来：一书在手，脉动回来——评〈转型与超越：无所不在的图书馆〉》（http://blog.sciencenet.cn/blog-213646-825965.html）；②摘编类。如：《梁战平：情报学十大基本原理》（http://blog.sciencenet.cn/blog-213646-829644.html）；③信息分享类。如：《2015 年“（1205）图书情报与档案管理”硕士专业招生机构》（http://blog.sciencenet.cn/blog-213646-829386.html）；④成果普及类。如《〈江苏省公共图书馆营销管理调查与分析〉导读》（http://blog.sciencenet.cn/blog-213646-807906.html）；⑤学术随笔类。如《移动图书馆火了》（http://blog.sciencenet.cn/blog-213646-799028.html）；⑥其他符合圕人堂旨趣且适合发布的内容。”“投稿稿件要求内容规整（参照期刊投稿要求）。”“署名形式不限（但须署名，以此增强责任意识）。稿件发送至图谋 QQ 邮箱：37825775@qq.com（请注明：圕人堂专题投稿）。欢迎圕人堂成员及《圕人堂周讯》读者赐稿！”关于稿酬，2017 年 6 月 2 日修订：录用稿件按 100 元每千字支付稿酬。这个稿酬标准参照《图书馆报》。圕人堂专题相比《图书馆报》的优势是，相对更接地气、更为宽松。而且，符合《图书馆报》用稿旨趣的，可以进一步向该报投稿。种种原因，4 年来收到的自由投稿很少。

公众号的内容，试图进一步吸引成员参与。我当前做的探索，更多的是期望形成一个可操作的框架。比我水平高的人大有人在。我努力的方向是，将更多人吸引过来，且让更多人愿意参与。我自身对功利性需求有所了解，我自己的坚持，可以说大多属于得不偿失的。如果公众号有一定影响力，愿意参与的人会更多。关于“爆款”，我自身的有些文字，也算是比较“劲爆”的。比如《图书馆报》已刊发的“声音”部分，种种原因，关注范围有限，所起的作用也很有限，但这类工作，还是需要有人去推动。

得益于包括《圕人堂周讯》编辑团队在内的许多成员的支持，《圕人堂周讯》坚持了 200 多期，这是有益的、有意义的事情。当前，试图推动的圕人堂微信公众号，其用意在于进一步吸引更多圕人的关注与支持。对于专题内容的揭示与传播，微信公众号效果是更好的。圕人堂微信公众号（圕人堂 LibChat）期待更多圕人关注与利用，相信明天会更好！

（2018-6-26）

图谋与圕人堂

2018年8月15日，群成员数为1917人（21：25显示在线群成员1230人），活跃成员（也就是一个月内有发言记录的成员）数为277人，总占比14.45%。圕人堂微信公众号2018年7月16日至2018年8月14日阅读总数为12864次，4273人，期间共推送图文21条，单篇图文阅读人数超过100人的有8篇，最高为1368人。圕人堂微信公众号2018年6月12日建立，至7月15日共推送图文消息103条，其中单篇图文阅读人数超过100人的有10篇。

圕人堂成员中有较大比例属于高校成员（高校图书馆成员居多），当前正值高校假期，相对较为冷清。圕人堂自2014年5月10日建群以来，《圕人堂周讯》每周五发布，一直坚持着。这样的坚持是有意义的：一是代表着管理与服务在进行中；二是默默践行承诺（既包括对所有成员的承诺，也包括对《圕人堂周讯》赞助单位的承诺）。

图谋是圕人堂群主，实际功能是“群辅”。作为群主，首要任务是“安保”。群公告第1条：“为了维护圕人堂良好的网络社区环境，依据国家政策法规和《圕人堂QQ群规范》的要求（http://blog.sciencenet.cn/blog-213646-847582.html），呼吁大家不要越过‘两条红线’：①任何政治不良信息。群成员不可以自行上传或发布与政治相关的信息。②对他人和组织机构（包括图书馆、数据库商、期刊社、出版社等）进行的恶意攻击和诽谤。群成员亦不宜拿他人或组织机构调侃或开玩笑，容易跑火。如有越过以上两条红线者，圕人堂管理员保留将有关成员移除出群的权利。衷心感谢大家多年来关注和支持圕人堂，恳请继续支持和爱护圕人堂！”“安保”这块工作劳心劳神。作为“群辅”，中心任务是协调，作为具有一定规模的网络社群，协调工作非常重要，要努力做到所有成员各得其所，各取所需。作为群主“群辅”傻傻分不清楚的“草根”网络社群，图谋还有一个重要任务是适度营销，谋取“圕人堂发展经费”，以保障最优的运营（尽可能少的投入，谋取尽可能理想一些的产出）。“化缘”工作不易，要谨小慎微，拿捏好分寸。圕人堂微信公众号尝试开通了“打赏”功能，这是一项新举措，两个月来，“打赏”

所得不到150元，实施“打赏”的成员不会超过10人，据说这个表现已经算相当不错。

有一种基因叫理想，有一种理想叫圕人堂。图谋，为图书馆学情报学谋，为图书情报事业谋。图谋实际上不是“一个人在战斗”，是“一群人在奋斗”。一个图谋的力量是渺小的，微不足道的；一群图谋的力量是充满希望的，不可估量的。圕人堂在探索与实践中谋生存求发展，得益于广大圕人（以圕人堂成员为主体）的关注与支持。期待明天会更好！

（2018-8-15）

圕人堂有多牛

有人说圕人堂很厉害，很了不起；也有人觉得圕人堂很腻歪；更多的人根本不清楚圕人堂是啥。作为圕人堂QQ群群主，我不能太在乎，但不能不在乎。标题取这个名字，纯粹是为了“吸睛”。

2018年12月5日9：00，圕人堂QQ群成员数2047，1527人在线（占74.6%）。圕人堂微信公众号（Libchat）总关注用户数1624名，男性占33%，女性占67%，西藏及台湾之外，其他省份均有关注用户。《圕人堂周讯》每周周五发布，已发布238期。圕人堂微信公众号选推科学网圕人堂专题博文，由圕人堂微信公众号编辑进行进一步美化、亮化后推送；科学网圕人堂专题选刊圕人堂成员规整性文字，凡选刊的原创内容均支付稿酬（作者为图谋或libseeker均为零稿酬）。

“圕人”是啥意思？“圕人”指图书馆及图书馆学相关人员。它包括图书馆员、图书情报专业教师和学生、图书馆利益相关者（包括政府主管部门、相关资源商、硬件商、平面媒体等）。圕人堂的“圕人”确实包含上述人员，年龄范围：10来岁至70岁以上均有。

“圕人”有多少？先说图书馆从业人员，前瞻产业研究院发布的《2018—2023年中国公共图书馆运营管理及发展模式分析报告》和《2016年高校图书馆发展概况》两份报告显示，2016年我国公共图书馆从业人数为57208人，872所高校图书馆在编馆员为33246人。结合《2017年全国教育事业发展统计公报》，2017年我国本科院校 1243 所，高职（专科）院校 1388 所，我觉得高校图书馆在编馆员会在 8 万左右。2017 年全国共有义务教育阶段学校 21.89 万所，全国高中阶段教育共有学校 2.46 万所，假如他们都遵守教育部关于印发《中小学图书馆（室）规程（修订）》的通知（教基〔2003〕5 号 2003 年 3 月 27 日）要求，即“本规程所指的图书馆是指由政府、企事业单位、社会团体、其他社会组织及公民个人依法举办的全日制中小学校的图书馆。”“图书馆要设专职管理人员。图书馆工作人员编制在本校教职工编制总数内合理确定。”那么按每所中小学图书馆有 1 名从业人员计，会超过 24 万人。2017 年中国科学院文献情报中心有职工 400 余人。兼顾科研、企业等诸多类型图书馆，图书馆从业人员还会多不少。再说图书情报专业教师和学生。我国 1920 年创办图书馆学教育，1956 年设立图书馆学本科。1981 年图书馆学学士、硕士学位授予制度确立。1984 年建立情报学硕士学位制度。1990 年建立博士学位制度。2013 年在一级学科“图书、情报与档案管理”下拥有学位（学士、硕士、博士）授予权的教育机构 75 个（一单位有两个或两个以上二级单位拥有学位单位授予权算一个，如中国科学院国家科学图书馆多个分馆都有学位授予权），其中拥有学士学位授予权的教育机构 50 个，其中拥有硕士学位授予权的教育机构 75 个，拥有博士学位授予权的教育机构 11 个。2019 年全国 49 所图书情报硕士（MLIS）院校招生计划累计 1283 人（缺武汉大学数据）。有此可见，人数也会是“成千上万”。最后说图书馆利益相关者，这块的弹性很大，强相关、弱相关，人数会有不少。

圕人堂 QQ 群 2014 年 5 月 10 日建群，“建群目的为：创建者试图推动做点有益图书馆界的事，比如三个促进：促进‘两大阵营’（来自图书馆一线实际工作单位的、来自教学科研单位的）的科研合作，形成更具生命力的科研成果，互利互惠；促进与专业期刊的合作，专业期刊“积极参与与配合”，乃至“引领”，意义重大；促进与《图书馆报》等媒体的合作，让更多图书馆人看《图书馆报》。”建群 4 年多来，“三个促进”，初心未改，仍在前行。

关于中国图情期刊的总量，北大版《中文核心期刊要目总览》一书中几乎是“穷举”了，据 2014 版，图书馆事业、信息事业类专业期刊名录（68 种）（注：群文件中有）。68 种中包括有 CN 号的，也包括还没有取得 CN 号的，年发文量很悬殊，具有 ISSN 号的 44 种，入选北大版中文核心期刊的为 18 种。2017 年 18 种图情核心期刊（指《中文核心期刊要目总览》评出的）共发文 3782 篇，平均每种 210.11 篇。双月刊 6 种：《中国图书馆学报》53 篇；《图书情报知识》89 篇；《国家图书馆学刊》109 篇；《情报资料工作》112 篇；《图书与情报》132 篇；《大学图书馆学报》133 篇。半月刊《图书情报工作》637 篇。（图谋注：数据来源于中国知网，有的数据不够准确，比如《中国图书馆学报》实际为 50 篇，应剔除“投稿指南”1 条及“新书推荐”2 条。《情报学报》来源为超星期刊，该刊 2017 年发文量 167 篇）。中国知网中“图书情报与数字图书馆”限定“期刊”子库检索，2017 年发表总量为 31995 篇。假如以圕人堂成员作为一个集合，可以说圕人堂成员是图情期刊论文的“主要生产者”。如果统计 2017 年 18 种核心期刊圕堂成员发文比例，这个比例会是相当高（图谋估计会超过 10%）。多种核心期刊编辑为圕人堂活跃成员。因此，关于论文投稿话题是持续的热门话题。圕人堂为打开图情世界的另一扇窗，主动一点，收获更大。

圕人堂 QQ 群提供一个基础交流平台。《圕人堂周讯》、科学网圕人堂专题、圕人堂微信公众号（LibChat）等，均是为了更好地促进交流，让更多成员拥有收获感与获得感。圕人堂是非实名群，但另外好几个群是实名群。但凡网络上比较活跃的图书馆员（有交流意愿的），可能同时在好几个群。结合起来用，会有更好的效果。与圕人堂规模接近的圕人群有多个，比如“图书情报工作”“iGroup 图情精英大本营”“数图应用新服务研讨班”等。

圕人堂的交流，有明线与暗线。明线是大窗交流，暗线是成员间小窗交流及其它形式的交流。两条线均很重要。表面上是明线为主，实际上是以暗线为主。重视的是成员切切实实的获得感、成就感。圕人堂还有两个“面”：一“面”是圕人堂群中的成员，另一“面”是群成员之外的圕人。

关于群主的角色，我自个曾说是“跑堂的”，有成员有意见，我后来很少提；后来，我说是客服，同样有成员有意见。群主的中文名字叫“图谋”，英文含义叫“a libseeker”。这样表意似乎就是那么回事。图谋这么些年来的折腾是以“a libseeker”的名义折腾。圕人堂，不是群主的圕人堂，是每一位成员的圕人堂。圕人堂在群规范框架下，求生存，谋发展。如果仅仅是群主的圕人堂，实在是无趣得紧。种种制约，虽然群主算比较努力，但许多方面不尽人意。圕人堂的精彩，依靠的是圕人力量，自个动手，丰衣足食。

我联想到一个词：草船借箭。圕人堂就像一艘“草船”，一天天地收集各种“箭”（冷的热的、直的弯的……都是“箭”）。为何“借箭”？为圕人提供借鉴。符合圕人堂群规范的事情，不需要专门找群主或其他管理员审核，这样不会给彼此增添负担。圕人堂这样的网络社群，主要就是发挥微价值或者说长尾价值。“圕人堂”的灵魂是“圕”这个字，意在圕结一切可以圕聚的力量，凝心聚力谋发展。期待的是圕人切实受益！

（2018-12-5）

圕人堂 2018 年大事记

圕人堂 QQ 群（群号：311173426）是图书馆及图书馆学相关人员的交流群，其愿景（VISION）：圕结就是力量！其定位（MISSION）：专业讨论、行业交流、信息共享、资源、人脉。圕人堂圕结一切可以圕聚的力量。圕人堂堂风：贴近现实，关照现实，联系理论，旨在实践。《圕人堂周讯》综述“圕人堂”QQ 群一周交流信息，对“圕人堂”全体成员公开（通过 QQ 群邮件推送），同时亦对社会公开（当前主要通过科学网图谋博客“圕人堂”专题公开）。圕人堂 QQ 群 2014 年 5 月 10 日创建，《圕人堂周讯》2014 年 5 月 16 日创办。2018 年共发布周讯 52 期（191 期 -242 期）。依据《圕人堂周讯》大事记版块梳理如下。

（1）圕人堂百人百诗迎新年活动始于 2017 年 12 月 24 日 17：05，至 2017 年 12 月 30 日 10：25 完成 100 首。圕人堂欢迎群成员以“有缘相会圕人堂”开头作一首诗，迎接 2018 年的到来。圕人堂成员积极参与，先后有近 100 名成员参与，完成 111 首诗。

（2）2017 年 12 月 31 日图林胖猴发 100 个红包（金额 50 元），“播讲收官了，感谢大伙了。”2018 年 1 月 1 日 10：15 图谋发 100 个 100 分红包，祝圕人堂全体成员：元旦快乐！显示 1300 人在线，3 分钟内 100 个红包领完。13：40《图书馆论坛》刘编发 50 个红包（金额 100 元），表达感恩和祝福。2018 年 1 月 4 日，宁波高兆云发红包 20 个（金额 50 元）。本周还有孔祥爱、河北经贸图书馆学赵丽媛、慢蜗牛、欣然读书等多名成员发红包。红包的意义：一是活跃氛围；二是略表心意。圕人堂建群以来，一直在探索“红包文化”。不时下会儿红包雨，气氛也许更活跃。

（3）2018 年 1 月 5 日 14：00，群成员达 1953 人（活跃成员 619 人，占 31.69%），本群容量为 2000 人。

（4）原南开大学商学院信息资源管理系系主任钟守真教授，于2018年1月8日凌晨在澳大利亚辞世，享年81岁。图谋粗略辑录钟先生论著信息，借此缅怀。钟守真先生论著小辑（http://blog.sciencenet.cn/blog-213646-1093785.html）。

（5）本周圕人堂成员愚余发红包两次，恳请成员支持该馆（中南民族大学图书馆）创客空间调研活动。问卷网址：https://www.wjx.cn/jq/19896022.aspx。

（6）2018年1月12日14：00，群成员达1959人（活跃成员608人，占31.04%），本群容量为2000人。

（7）近期，许多图书馆先后公开了2017年度运行数据，关注与利用有利于知己知彼，砥砺前行。这些信息的汇聚，更便于关注与利用。期待更好地得到关注，更有利于促进相关工作开展。欢迎进一步交流与分享！2017年图书馆运行数据摘编：http://blog.sciencenet.cn/blog-213646-1094660.html。

（8）2018年1月19日14：00，群成员达1968人（活跃成员607人，占30.84%），本群容量为2000人。

（9）2018年1月28日为图谋博客13周年。图谋博客13周年微数据：http://blog.sciencenet.cn/blog-213646-1096091.html。每年做此类梳理，一来回顾过去、不忘初心，二来面向未来、继续前进。图谋博客与圕人堂的“混搭”，删繁就简，减员增效。

（10）上海图书馆原党委书记兼历史文献研究所所长王鹤鸣先生，退休之后，以全部时间、全部精力，全力以赴地从事家谱研究工作，已完成两项国家社科基金项目，在研国家社科基金重点项目1项（2017年立项，时年77岁）。王鹤鸣先生是一位了不起的图书馆人、了不起的学者！我敬服不已！因感念时下尤显难能可贵，特此搜集整理相关资料，予以粗略介绍。全文见：退而不休，“三全”研究——王鹤鸣先生与中国家谱研究：http://blog.sciencenet.cn/blog-213646-1096897.html

（11）2018年1月26日14：00，群成员达1973人（活跃成员610人，占30.92%），本群容量为2000人。

（12）2018年1月28日为图谋博客13周年。图谋面向圕人堂成员赠《图书馆学短论——科学网图谋博客》（知识产权出版社，2017.9）20册，所有赠书一律题签：图谋博客13周年纪念（签名/签印）。图谋2018年1月27日赠书信息发出之后，共收到44人的请求。为图谋博客13周年只准备了15册，根据需求提交情况追加赠书5册（另行签赠）。2018年1月28日通过快递寄出，截至2月2日，14人已反馈收到。

（13）2018 年 1 月 28 日，为庆祝 2018 年 1 月 28 日为图谋博客 13 周年，图谋于 9：50 发 100 个拼手气红包（总金额 200 元），3 分钟内被领完。常宏—推知信息（总金额 66 元）、www、草草、gaozy（总金额 50 元）、孔祥爱（总金额 50 元）、图林胖猴等随后发红包助兴。

（14）2018 年 1 月 29 日，圕人堂成员不喝可乐的猫发红包 100 个（总金额 150 元），请成员支持“城市公共数字信息服务现状及需求调查”（https://www.wjx.cn/mobile/share.aspx?activity=19314399）。

（15）2018 年 1 月 31 日，圕人发展经费收到广州图创计算机软件开发有限公司捐赠 5000 元。圕人发展经费结余 11257.95 元。

（16）2018 年 2 月 2 日 14：00，群成员达 1975 人（活跃成员 535 人，占 27.09%），本群容量为 2000 人。

（17）本周发布圕人堂梦想与实践（演讲稿雏形）http://blog.sciencenet.cn/blog-213646-1098853.html。2015 年 7 月图谋曾以同一个题目亮相第 12 届数字图书馆前沿问题研讨班暨 Lib2.15 会议。见：圕人堂首次亮相学术会议 http://blog.sciencenet.cn/blog-213646-904640.html

（18）2018 年 2 月 9 日 14：00，群成员达 1976 人（活跃成员 474 人，占 23.99%），本群容量为 2000 人。

（19）圕人堂成员图林胖猴是一位对图书馆及图书馆学有热情且有激情的青年图书馆员。2018 年 2 月 8 日在圕人堂中表达播讲图书馆学图书的愿望，多名成员推荐王波先生作品。图谋进一步促成此事，权且算作圕人堂给广大圕人及图书馆学爱好者的新春贺礼。见：《快乐的软图书馆学》选播开播了 http://blog.sciencenet.cn/blog-213646-1099579.html。

（20）圕人堂多名成员发红包，庆新春、送祝福。《图书馆论坛》刘编发红包 100 元，宁波高兆云发红包 100 元，图情胖猴发红包 70 元（两次发），图谋发红包 310 元（四次发）。陈焕之、江少莉、summer、杨敏、东哥、小書、Lee、雨过天晴、Sweet Dream 等亦发了红包。

（21）2018 年 2 月 16 日 14：00，群成员达 1979 人（活跃成员 467 人，占 23.6%），本群容量为 2000 人。

（22）2018 年 2 月 22 日，支付科学网圕人堂专题稿酬 240 元；支付 QQ 续费年费超级会员费用 220 元（2019—05—26 到期）。圕人堂发展经费结余 10823.86 元。

（23）2018 年 2 月 23 日，群成员达“阈值”1980，移除 37 名成员。被移除成员属于以下两种情形：群名片或昵称不规范者（群成员中显示的昵称或群名片存在以下情况：重名；特殊字符；生僻字；空白）；24个月以上无发言记录者。被移除成员，如有需要欢迎重新加群，加群申请时请提供与图书馆或图书馆学相关的信息。敬请谅解与支持！

（24）2018年2月23日14：00，群成员达1946人（活跃成员512人，占26.31%），本群容量为2000人。

（25）骆伟先生（1936—2018.2.22）仙归道山，特此辑录骆先生论著，以此纪念骆先生。骆伟先生与圕结缘63年，生命不息，笔耕不辍，硕果累累，令人敬服！圕人堂提倡给那些为圕做出贡献的人们一点时间和空间，纪念与传承是有意义的事情。

（26）2018年3月9日为《圕人堂周讯》200期，特此作一小调查：您浏览过《圕人堂周讯》吗？敬请尚未参与的成员关注与支持，谢谢！投票方法：应用——精品应用——群投票。有多种方法。找到群投票的位置就好。

（27）2018年3月2日14：00，群成员达1951人（活跃成504人，占25.83%），本群容量为2000人。

（28）2018年3月8日，圕人堂发放红包100个（总金额50元）祝女同胞们节日快乐！

（29）2018年3月9日为《圕人堂周讯》200期。“您浏览过《圕人堂周讯》吗？”投票调查，2月23日发起，3月9日结束。218人（注：群成员总数的11%）参与投票：130人（占60%）“经常看”，84人（占38%）“很少看”，4人（占2%）“没看过”。

（30）2018年3月9日14：00，群成员达1958人（活跃成478人，占24.41%），本群容量为2000人。

（31）今年是杜定友先生诞辰120周年，特此以程焕文先生为《杜定友文集》写的长篇序文（http://blog.sina.com.cn/s/blog_4978019f0102dzlg.html）缅怀杜定友先生。

（32）2018年3月16日14：00，群成员达1963人（活跃成499人，占25.42%），本群容量为2000人。

（33）王波先生《快乐的软图书馆学》是一本“有趣、有味、有力量”的小众畅销书乃至长销书。配上图林胖猴的“有趣、有味、有力量”的播讲，期待更多人喜爱，让图书馆学的快乐基因更好的传播与传承，更好的开花结果！2018

年3月17日图情胖猴播讲了王波《在上海图书馆2.0会议上的感言》：在上海图书馆2.0会议上的感言. http://www.ximalaya.com/3672474/sound/77047029/ 王波发言文字稿：书骨精. 在上海图书馆博客大会上的感言. http://blog.sina.com.cn/s/blog_542d9f71010003h3.html。2006年5月25日，"Web2.0与信息服务"研讨会在上海图书馆5304会议室召开。图谋收藏有下午王波老师演讲的wav版（时长8：54），由图谋录音。现场版算是"历史文献"了，距今12年。演讲过程中，欢笑声、掌声此起彼伏，有脱口秀节目现场的味道。王波老师的演讲已分享至群文件。

（34）2018年3月23日14：00，群成员达1965人（活跃成387人，占19.69%），本群容量为2000人。

（35）2018年3月27日群成员数达1987人，17：30移除22名24个月以上无发言记录成员。采取这种管理手段，主要是移除确实不需要的成员，便于新成员加群，以维持圕人堂QQ群的活力。届时被移除成员，如果需加群，欢迎重新申请加群，请注意需提供图书馆或图书馆学相关信息。敬请谅解与支持！

（36）2018年3月30日14：00，群成员达1966人（活跃成544人，占27.67%），本群容量为2000人。

（37）刘季平先生（1908—1987）于1973年11月至1981年2月任北京图书馆（今国家图书馆）馆长，2018年是我国改革开放40周年，也是国家图书馆原馆长刘季平同志诞辰110周年。国家图书馆拟在今年9月举办"刘季平与图书馆事业改革发展座谈会"，现面向全国征文，欢迎广大图书馆工作者、业界学者踊跃投稿。见：国家图书馆. 刘季平与图书馆事业改革发展座谈会征文通知. http://url.cn/5KIOMcv。

（38）2018年4月6日14：00，群成员达1971人（活跃成551人，占27.96%），本群容量为2000人。

（39）上海图书馆开放数据应用开发竞赛已成功举办两年，为推动我国图书馆界开放数据的发展做出了有益探索。今年与多家机构合作，打开数据的宝库，再次聚焦历史人文数据，面向全社会征集以开放数据为基础的优秀移动应用产品原型或服务创意，以期更加充分地释放开放数据的价值，最大程度挖掘其背后的应用潜力。本次竞赛各项日程及通知都将公布在竞赛官方网站（http://opendata.library.sh.cn/）及文化部公共文化研究上海图书馆基地官方微信/微博上，请各位参赛者及时关注。

（40）2018年4月13日14：00，群成员达1980人（活跃成员536人，占27%），本群容量为2000人。2018年4月16日，《圕人堂周讯》编辑补助（191期至205期）发放，累计4500元。圕人堂发展经费结余6387.85元。

（41）2018年4月17日，《圕人堂周讯》四周年合辑（1期至205期）上传群文件（152MB），希望成员合理利用。

（42）2018年4月19日，圕人堂成员“最后发言”情况：超过24月以上成员24人，超过23月以上成员56人，超过22月以上成员98人。圕人堂采用“最后发言”末位移除法保持群活力，维持群规模。群成员数超过1980人时进行移除。这样做的目的是希望切切实实让更多圕人受益。近期，圕人堂将开展“营销”活动，可能会有较多新成员加群。被移除的群成员可以通过科学网圕人堂专题获取《圕人堂周讯》等信息，也欢迎随时重新加群。

（43）应iGroup图书馆员在线课堂之邀，图谋将于2018年4月26日晚上20：00—21：00播讲《圕人堂梦想与实践》。详见：课堂直播预告 http://url.cn/5Awq4zb。

（44）2018年4月20日14：00，群成员达1985人（活跃成员533人，占26.85%），本群容量为2000人。

（45）2018年4月26日20：00-21：00，应iGroup图书馆员在线课堂之邀，图谋播讲《圕人堂梦想与实践》(PPT见群文件)。

（46）2018年4月27日14：00，群成员达1968人（活跃成员587人，占29.83%），本群容量为2000人。

（47）2018年4月28日支付科学网圕人堂专题稿酬140元，圕人堂发展经费结余6256.08元。

（48）2018年5月4日14：00，群成员达1979人（活跃成员514人，占25.97%），本群容量为2000人。

（49）2018年5月1日，《图书馆论坛》刘编累计发红包多次，累计金额120元。感谢长期以来，刘主编对圕人堂的大力支持！第一时间分享《图书馆论坛》电子刊等资讯，还时不时的给群成员派“利是”。

（50）徐竹生教授，男，汉族，1931年12月出生于江苏海安，1950年9月进入南京大学外文系就读，1954年毕业后留校任教于外文系，1983年任图书馆专修科主任，1985年任图书馆学系副主任，1992年2月退休。2018年5月7日逝世。科学网圕人堂专题：纪念南京大学图书馆学恢复建系元老徐竹生教授. http://blog.sciencenet.cn/blog-213646-1112980.html。

（51）2018 年 5 月 10 日为圕人堂建群 4 周年。图谋寄赠 10 册《图书馆学短论——科学网图谋博客精粹》（知识产权出版社，2017.9），先到先得。所有赠书题签（附印）：“圕人堂四周年纪念。图谋赠 2018 年 5 月 10 日”。

（52）2018 年 5 月 10 日为圕人堂建群 4 周年。“欣然读书”为感谢圕人堂成员的关注与支持，赠送《书香英伦——英国图书馆之旅》（知识产权出版社，2016）20 册。所有赠书均有作者签名。

（53）2018 年 5 月 10 日，圕人堂建群 4 周年，由图谋代发红包 200 个（总金额 200 元）以示庆祝。圕人堂发展经费结余 6064 元。

（54）2018 年 5 月 10 日，群成员 Fragrance 发放红包 100 元，请成员支持问卷调查：关于适应性学术信息搜寻行为问卷. https://www.wjx.cn/jq/23593386.aspx。
（7）2018 年 5 月 11 日 14：00，群成员达 1974 人（活跃成员 554 人，占 28.06%），本群容量为 2000 人。

（55）2018 年 5 月 14—19 日，圕人堂部分成员参加“双一流”背景下数字资源发展暨 CALIS 第十六届引进数据库培训周活动。在此期间，图谋等分享会议信息（会议直播、会议 PPT 等），部分成员之间进行了线下交流。

（56）2018 年 5 月 18 日 14：00，群成员达 1981 人（活跃成 663 人，占 33.47%），本群容量为 2000 人。

（57）2018 年移除操作情况：2 月 23 日移除 37 名；3 月 27 日移除 22 名；4 月 22 日移除 16 名；5 月 8 日移除 16 名；5 月 23 日移除 20 名。累计 111 名，被移除后重新加群成员大约为 20 名左右。如果不执行移除操作，新成员进不来，群活跃度可能会持续走低。圕人堂群 2018 年新加群成员为 178 名（其中 2 月 23 日至今加群成员为 142 名）。

（58）2018 年 5 月 25 日 14：00，群成员达 1965 人（活跃成员 635 人，占 32.32%），本群容量为 2000 人。

（59）2018 年 5 月 29 日支付科学网圕人堂专题稿酬 280 元，圕人堂发展经费结余 5795.65 元。

（60）2018 年 6 月 1 日 14：00，群成员达 1977 人（活跃成员 595 人，占 30.1%），本群容量为 2000 人。

（61）2018 年 6 月 6 日支付科学网圕人堂专题稿酬 150 元，作者黄云霞将稿酬捐回圕人堂发展经费，圕人堂发展经费结余 5800.91 元。

（62）2018 年 6 月 8 日 14：00，群成员达 1985 人（活跃成员 576 人，占

29%），本群容量为 2000 人。

（63）圕人堂的服务体系又添新成员——圕人堂微信公众号“圕人堂LibChat”。2018 年 6 月 13 日建立，目前有 245 名用户（基本为圕人堂群成员），期待更多圕人关注与利用。

（64）2018 年 6 月 8 日 14：00，群成员达 1985 人（活跃成员 576 人，占29%），本群容量为 2000 人。

（65）2018 年 6 月 19—21 日，圕人堂部分成员参加“新时代新发展：服务·效能·法制”中国图书馆事业发展高层论坛并分享会议信息。

（66）2018 年 6 月 22 日 14：00，群成员达 1983 人（活跃成员 564 人，占28.44%），本群容量为 2000 人。

（67）2018 年 6 月 24 日，圕人堂微信公众号“赞赏作者”收款 40 元，转入圕人堂发展经费。圕人堂发展经费结余 5854 元。

（68）滚动宣传圕人堂微信公众号。2018 年 6 月底，希望圕人堂微信公众号的关注者超过 1000 人。远景是至 2018 年年底，关注者超过 10000 人。目的：希望更多成员关注与支持。如果本群成员尚无力吸引住，更大范围的关注与支持属于空想。如果圕人堂微信公众号，较长时间内缺乏吸引力，表示存在意义有限，没必要投入时间和精力。滚雪球效应，雪球越滚越大，越有趣，参与的人越多。

（69）2018 年 6 月 29 日 14：00，群成员达 1989 人（活跃成员 636 人，占32%），本群容量为 2000 人。

（70）2018 年 7 月 3—5 日，圕人堂微信公众号“赞赏作者”收款累计 28 元，转入圕人堂发展经费。圕人堂发展经费结余 5908.58 元。

（71）2018 年 7 月 5 日，收到推知信息、世界艺术鉴赏库捐助 1 万元，圕人堂发展经费结余 15908.58 元。

（72）2018 年 7 月 5 日，群成员常宏——Artlib 世界艺术鉴赏库发红包 88 元，祝圕人堂越办越好。

（73）2018 年 7 月 6 日 14：00，群成员达 1900 人（活跃成员 685 人，占36.05%），本群容量为 2000 人。

（74）2018 年 7 月 9 日、7 月 13 日支付科学网圕人堂专题稿酬两笔（120 元、200 元），合计 320 元。圕人堂发展经费结余 15597.47 元。

（75）本周圕人堂聚焦《普通高等学校建筑面积指标》（建标〔2018〕32 号）。部分成员分享相关资料，见群文件。

（76）2018 年 7 月 13 日，《圕人堂周讯》编辑补助（206 期至 218 期）发放，累计 3900 元。圕人堂发展基金结余 11697.47 元。

（77）圕人堂微信公众号“赞赏作者”收益，因金额较小，且到账时间陆陆续续。从 7 月 9 日开始，每月最后一天，将当月所得一次性转入圕人堂发展经费。

（78）2018 年 7 月 13 日 14：00，群成员达 1901 人（活跃成员 706 人，占 37.14%），本群容量为 2000 人。

（79）2018 年 7 月 18 日，支付圕人堂专题稿酬 500 元，另支付服务费 0.5 元，圕人堂发展经费结余 10982.74 元。

（80）2018 年 7 月 20 日，圕人堂微信公众号关注者为 1235 人。2018 年 6 月 20 日至 2018 年 7 月 19 日，圕人堂微信公众号阅读总数：5546 人，15741 次。

（81）2018 年 7 月 20 日 14：00，群成员达 1907 人（活跃成员 651 人，占 34.14%），本群容量为 2000 人。

（82）2018 年 7 月 9 日至 7 月 27 日，圕人堂微信公众号收到赞赏累计 60 元，圕人堂发展经费结余 11052.50 元。

（83）2018 年 7 月 27 日 14：00，群成员达 1911 人（活跃成员 549 人，占 28.73%），本群容量为 2000 人。

（84）2018 年 8 月 1 日，圕人堂群文件分享《书海一生击楫忙——图书馆学家张厚生先生纪念文集》电子书（顾建新编. 书海一生击楫忙——图书馆学家张厚生先生纪念文集［M］. 南京：东南大学出版社. 2013.）。

（85）2018 年 8 月 3 日 14：00，群成员达 1911 人（活跃成员 549 人，占 28.73%），本群容量为 2000 人。

（86）2018 年 8 月 4 日，《图书馆论坛》刘主编分享该刊 2018 年第 8 期电子版。

（87）2018 年 8 月 10 日 14：00，群成员达 1914 人（活跃成员 363 人，占 16.35%），本群容量为 2000 人。

（88）2018 年 8 月 16 日，圕人堂聚焦 2018 年数字出版与数字图书馆融合发展国际研讨会（简称 CDPDL），多名成员关注会议直播并分享与交流相关信息。

（89）2018 年 8 月 17 日 14：00，群成员达 1919 人（活跃成员 268 人，占 13.97%），本群容量为 2000 人。

（90）8 月 18—24 日，圕人堂图谋发起“图书馆员，您幸福吗？”投票，8 月 21—27 日圕人堂麦子发起“图书馆员，您对自己收入满意吗？”投票，图谋先后两次发放红包（共 200 个，总金额 100 元）欢迎群成员关注与参与。

（91）8月24日，支付科学网圕人堂专题稿费200元，圕人堂发展经费结余10881.79元。

（92）2018年8月24日14：00，群成员达1921人（活跃成员299人，占15.56%），本群容量为2000人。

（93）2018年7月28日至8月31日，圕人堂微信公众号收到赞赏累计56.66元，圕人堂发展经费结余10945.29元。

（94）2018年8月1—30日，圕人堂微信公众号阅读总数为2683人，11235次。这期间推送图文17篇。8月30日总关注者1333人。

（95）2018年8月31日14：00，群成员达1929人（活跃成员312人，占16.17%），本群容量为2000人。

（96）9月4日《大学图书馆学报》分享第4期电子刊；9月5日《图书馆论坛》分享第9期电子刊。感谢两刊为圕人堂提供的“开学大礼包”！

（97）2018年9月7日14：00，群成员达1941人（活跃成员387人，占19.94%），本群容量为2000人。

（98）2018年9月14日，圕人堂发起“关于馆藏复本问题”议题，欢迎群成员各抒己见。

（99）2018年9月14日14：00，群成员达1946人（活跃成员427人，占21.94%），本群容量为2000人。

（100）9月12日豆洪青老师传递刘柏嵩先生向高校图书馆赠书意向（数十本书）并开始收集快递信息，9月17日告知赠书寄出（如有两本，请其中一本送给自己图书馆保存）。随后，陆续收到“已收到书”的反馈。

（101）2018年9月21日14：00，群成员达1953人（活跃成员456人，占23.35%），本群容量为2000人。

（102）9月26日支付科学网圕人堂专题稿酬420元，圕人堂发展经费结余10408.67元。

（103）2018年9月28日14：00，群成员达1960人（活跃成员484人，占24.69%），本群容量为2000人。

（104）2018年10月5日14：00，群成员达1962人（活跃成员486人，占24.77%），本群容量为2000人。

（105）2018年10月12日14：00，群成员达1975人（活跃成员438人，占22.18%），本群容量为2000人。

（106）2018 年 10 月 18 日，圕人堂升级为 3000 人群。升级费用为 377.60 元，圕人堂发展经费结余 10051.09 元。

（107）本周部分成员参加第九届国际上海图书馆论坛，期间进行了线下小聚，并在圕人堂群及时分享相关信息。

（108）2018 年 10 月 19 日 14：00，群成员达 1991 人（活跃成员 455 人，占 22.85%），本群容量为 3000 人。

（109）2018 年 10 月 26 日 14：00，群成员达 2010 人（活跃成员 437 人，占 21.74%），本群容量为 3000 人。

（110）2018 年 10 月 31 日，圕人堂聚焦“学术规范与评价”，圕人堂努力为《图书馆、情报与文献学名词》术语规范的应用与推广出份力。

（111）2018 年 11 月 2 日 14：00，群成员达 2016 人（活跃成员 433 人，占 21.48%），本群容量为 3000 人。

（112）2018 年 11 月 7—9 日，圕人堂部分成员参加了江苏省高校图书馆文献资源建设专业委员会 2018 年会暨工作研讨会，分享了会议资料并进行了线下交流。

（113）2018 年 11 月 9 日 14：00，群成员达 2021 人（活跃成员 498 人，占 24.64%），本群容量为 3000 人。

（114）2018 年 11 月 16 日，《图书馆论坛》刘编发红包 200 个（总金额 100 元）：“爱”就“订”他——图情刊。

（115）2018 年 11 月 16 日 14：00，群成员达 2016 人（活跃成员 433 人，占 21.48%），本群容量为 3000 人。圕人堂微信公众号总关注者 1586 人。

（116）2018 年 11 月 21 日，中国图书馆学会被评为世界一流学会建设项目三类项目建设学会，2018—2020 每年将获得中国科协支持经费 100 万元，共计 300 万元。中国图书馆学会是本次入选的 3 个交叉学科学会之一。中国科协所属全国学会 211 个，其中交叉学科学会 43 个，中国图书馆学会属于中国科协主管的交叉学科学会。（详见：http://www.lsc.org.cn/contents/1342/12711.html）。

（117）2018 年 11 月 22 日，图谋发红包 100 个（总金额 100 元）：感恩圕人的慷慨恩赐。1 分钟内领完。

（118）2018 年 11 月 23 日 14：00，群成员达 2044 人（活跃成员 515 人，占 25.20%），本群容量为 3000 人。圕人堂微信公众号总关注者 1611 人。

（119）本周数名成员利用圕人堂开展问卷调查。圕人堂自建群以来，已陆续有一些利用圕人堂开展问卷调查的成果公开发表，有的在文中有较为明确的说明，有的模糊化处理。对于切实提供了帮助与支持的，提倡以适当形式致谢。这将有助于形成良性循环。

（120）2018 年 11 月 27 日，《图书馆论坛》刘编分享《图书馆论坛》第 12 期电子版。

（121）2018 年 11 月 27 日 14：00，群成员达 2046 人（活跃成员 502 人，占 24.54%），本群容量为 3000 人。圕人堂微信公众号总关注者 1620 人。

（122）2018 年 11 月圕人堂微信公众号累计收到赞赏 45 元（共 3 笔），12 月 7 日转入圕人堂发展基金。圕人堂发展基金结余 10133.01 元。

（123）2018 年 12 月 5 日，图谋发红包 100 个（总金额 100 元），请群成员关注：圕人堂有多牛？（http://blog.sciencenet.cn/blog-213646-1149936.html）。

（124）2018 年 12 月 7 日 14：00，群成员达 2050 人（活跃成员 514 人，占 25.07%），本群容量为 3000 人。圕人堂微信公众号总关注者 1630 人。

（125）2018 年 12 月 14 日，iGroup 图书馆员在线课堂录制的《圕人堂梦想与实践》（mp4 格式，91MB）分享至群文件。内容为 2018 年 4 月 26 日图谋应邀所做的分享。

（126）2018 年 12 月 14 日 14：00，群成员达 2088 人（活跃成员 521 人，占 24.95%），本群容量为 3000 人。圕人堂微信公众号总关注者 1694 人。

（127）2018 年 12 月 15 日，《圕人堂周讯》编辑补助发放（219 期至 242 期）发放，累计 7200 元。圕人堂发展基金结余 2939.15 元。

（128）2018 年 12 月 20 日，支付科学网圕人堂专题稿酬 630 元，圕人堂发展基金结余 2310.30 元。

（129）本周圕人堂成员高度关注《中文核心期刊要目总览（2017 年版）》，部分成员参与了交流与分享。

（130）2018 年 12 月 20 日，南京大学图书馆原馆长计秋枫教授因病逝世（http://js.xhby.net/system/2018/12/20/030908477.shtml）。圕人堂成员以不同形式缅怀、悼念。

（131）2018 年 12 月 21 日 14：00，群成员达 2097 人（活跃成员 524 人，占 24.99%），本群容量为 3000 人。圕人堂微信公众号总用户数 1743 人。

（132）2018 年 12 月 28 日，群成员徐老师在群文件中分享：图书馆学的祖师爷——施雷廷格画像 .doc，文档中共有三张图片。正面图是徐老师从巴伐利亚州立图书馆的图像数据库里查得。圕人堂群进一步分享了周文骏主编《图书馆学百科全书》中施雷廷格（1772—1851）词条。

（133）圕人堂微信公众号 2018 年 12 月 28 日推出的图文信息是：蔡迎春：影响纸质藏书质量的因素及其对策. http://url.cn/5IJTmfx。摘编缘由：该文有较强的现实意义，试图助力科普。圕人堂自建群以来，积极推动图书馆学情报学研究成果传播。为此作了系列努力，比如研究成果摘编、图书推介、图书馆学图书选播、书评选刊……

（134）2018 年 12 月 28 日 14：00，群成员达 2109 人（活跃成员 524 人，占 24.85%），本群容量为 3000 人。圕人堂微信公众号总关注者 1802 人。

（2018–12–20）

逸趣横生圕人堂——圕人堂 QQ 群 2019 年新年献词

圕人堂 QQ 群（群号：311173426）是图书馆及图书馆学相关人员的交流群，其愿景（VISION）：圕结就是力量！其定位（MISSION）：专业讨论、行业交流、信息共享、资源、人脉。圕人堂圕结一切可以圕聚的力量。圕人堂堂风：贴近现实，关照现实，联系理论，旨在实践。《圕人堂周讯》综述"圕人堂"QQ 群一周交流信息，对"圕人堂"全体成员公开（通过 QQ 群邮件推送），同时亦对社会公开（当前主要通过科学网图谋博客"圕人堂"专题公开）。圕人堂 QQ 群 2014 年 5 月 10 日创建，《圕人堂周讯》2014 年 5 月 16 日创办。2018 年共发布周讯 52 期（191 期—242 期）。

2018 年 12 月 28 日统计结果：①群成员达 2109 人（活跃成员 524 人，占 24.85%），本群容量为 3000 人；② 2018 年科学网圕人堂专题共发布博文 204 篇（其中 52 篇为《圕人堂周讯》），累计阅读次数为 260911 次（其中《圕人堂周讯》为 63952 次，占 24.51%）；③圕人堂微信公众号总关注者 1807 人，共发布 92 篇原创文章，2018 年 11 月 28 日至 2018 年 12 月 27 日阅读总数为"3716 人，20594 次"。

圕人堂的 2018 年充满"诗情话艺"。①圕人堂百人百诗迎新年活动始于

2017年12月24日17：05，至2017年12月30日10：25完成100首。圕人堂群成员以“有缘相会圕人堂”开头作一首诗，迎接2018年的到来。圕人堂成员积极参与，先后有近100名成员参与，完成111首诗。（见：圕人堂百人百诗迎新年——“有缘相会圕人堂”合辑. http://blog.sciencenet.cn/blog-213646-1091408.html）② 2017年12月15日圕人堂一场网上“才艺秀”，让群成员“图林胖猴”萌生了图书馆学播讲的念头，2018年开启了图书馆学播讲旅程，《图书馆学短论——科学网图谋博客精粹》为播讲“首航”，之后播讲了王波《快乐的软图书馆学》，王梅《图书馆学研究理性与感性》，刘欣《书香英伦》，七色花《你好，图书馆》。（参见：图林胖猴. 我的图书馆学播讲经历. http://blog.sciencenet.cn/blog-213646-1116331.html）（3）2018年4月26日20：00—21：00，应iGroup图书馆员在线课堂之邀，图谋播讲《圕人堂梦想与实践》（参见：http://blog.sciencenet.cn/blog-213646-1098853.htm; PPT及视频见群文件。）。

圕人堂微信公众号是应成员多次提出需求之后，积极开展实践与探索的。圕人堂在现有条件下，开展此项探索是比较艰辛的，微信公众号团队成员们付出了心血，期待让更多圕人更好地受益。圕人堂微信公众号帐号名称：圕人堂LibChat。功能：发布科学网圕人堂专题博文、《圕人堂周讯》（微信节录版），作为一种向社会公开的补充途径，弥补群交流“碎片化”缺陷，拓展渠道，提升质量。圕人堂微信公众号2018年6月12日开通。圕人堂微信公众号与QQ群交流是互补的。圕人堂微信公众号面向圕人群体，相对较为小众。圕人堂公众号的运营模式与其他公众号有所不同，我们当前主要是志愿者在无偿推动。圕人堂微信公众号运营团队，目前是5名成员。2019年，希望能给运营团队成员亦提供象征性的劳务补助，圕人堂志愿服务的形式是多种多样的。比如在圕人堂微信公众号宣传方面，搭把手，帮传播一下，其实也是非常有帮助的。

圕人堂发展经费早期是向成员公开募集而来的，自2016年之后已不需要采用该模式，主要是通过争取企业资助方式维持运营，2019年继续采取该模式，已有企业表达资助意向。2018年争取到的企业资助是1.5万元（2018年12月20日圕人堂发展基金结余2310.30元）。2019年希望可以筹集到2.5万元，其中《圕人堂周讯》编辑补助预算15600元，科学网圕人堂专题稿酬预算3000元，圕人堂微信公众号编辑补助预算5000元，其他1400元（含QQ群、微信号年费等）。圕人堂的运营模式是“瘦模式”，圕人堂发展经费越少越好，或许可以说输出远远大于输入。圕人堂主要依靠的是群成员的“灰色投入”——智慧与服务。

圕人堂“连接”图情图书、期刊、报纸、数字资源、图书馆软硬件产品与服务……圕人堂的成员，来自出版社、期刊社、报社、数字资源商、图书馆软硬件产品服务商……据图谋观察，来自图情期刊方面的成员较多，估计有数十名成员(来自 10 家以上期刊)。种种原因，大窗“冒泡”的频率远小于小窗交流的频率。小窗更适合“进一步”或“私密”交流。大窗与小窗“睦邻友好”。圕人堂至建群以来，大窗活跃度基本保持在 20% ～ 30% 范围。假如低于 20%，会采取干预措施：比如“制造”话题或发红包，目的是“保鲜”。《圕人堂周讯》目前发布 240 余期，每期内容大多为 20 页左右，知识驳杂，驳杂就多趣，不是蜻蜓点水，而是散珠满地，珠光熠熠，有晶莹闪烁之美。

圕人堂提倡给那些为圕做出贡献的人们一点时间和空间，纪念与传承是有意义的事情。圕人堂 2018 年大事记中记录：原南开大学商学院信息资源管理系系主任钟守真教授，于 2018 年 1 月 8 日凌晨在澳大利亚辞世，享年 81 岁；中山大学图书馆家骆伟教授，2018 年 2 月 22 日逝世；南京大学图书馆学恢复建系元老徐竹生教授，2018 年 5 月 7 日逝世；南京大学图书馆原馆长计秋枫教授，2018 年 12 月 20 日逝世。

图谋实际上不是“一个人在战斗”，是“一群人在奋斗”。一个图谋的力量是渺小的，微不足道的；一群图谋的力量是充满希望的，不可估量的。圕人堂在探索与实践中谋生存求发展，得益于广大圕人（以圕人堂成员为主体）关注与支持。期待明天会更好！图谋是圕人堂群主，实际功能是“群辅”。作为群主，首要任务是“安保”。图谋只是一个图谋。图谋是你，图谋是我，图谋是他，所有的图谋谓之“圕人”。圕人堂这样一个平台，是诸多圕人共同努力搭建的。群主的能力和精力均非常有限，数年来，“群主”的主要作用是“忽悠，接着忽悠……”宋晓莉老师是《圕人堂周讯》资深编辑，从 2014 年开始坚持至今，指导过多位实习编辑，从 2017 年开始负责周讯编辑工作的统筹安排。宋老师 2014 年已是研究馆员职称。数年如一日，为圕人堂默默奉献。圕人堂像宋老师那样的默默奉献者还有多位。一定程度上，是他们影响着我，让图谋多年来“絮叨”个不休，乐此不疲。

圕人堂大窗的活跃，有助于小窗交流的红火。对于成员来说，更为切实受益的属于成员间小窗交流等“衍生”交流。圕人堂的交流，有明线与暗线。明线是大窗交流，暗线是成员间小窗交流及其他形式的交流。两条线均很重要。表面上是明线为主，实际上是以暗线为主。重视的是成员切切实实的获得感、成就感。圕人堂还有两个“面”：一“面”是圕人堂群中的成员，另一“面”是群成员之外的圕人。圕人堂微信公众号开通之后，开辟了一条“辅线”，借助新媒体营销手段有助于进一步增强圕人堂的活力。圕人堂这样的网络社群，主要就是发挥“微价值”或者说“长尾价值”。“圕人堂”的灵魂是“圕”这个字，意在团结一切可以团聚的力量，凝心聚力谋发展。期待的是圕人切实受益！

特别感谢推知信息、世界艺术鉴赏库、图创软件对圕人堂的赞助！感谢《圕人堂周讯》编辑团队、圕人堂管理员团队、圕人堂客服团队成员、圕人堂微信公众号运营团队默默耕耘与奉献！

逸趣横生圕人堂，岁月静好惠人忙。谨向圕人堂全体成员，向关心、支持、参与圕人堂的建设与发展的各界人士表示衷心感谢！祝愿大家吉祥如意，幸福安康！

（2018–12–28）

圕人堂的发展经费与服务

圕人堂 QQ 群（群号：311173426）是图书馆及图书馆学相关人员的交流群，其愿景（VISION）：圕结就是力量！其定位（MISSION）：专业讨论、行业交流、信息共享、资源、人脉。圕人堂圕结一切可以圕聚的力量。圕人堂堂风：贴近现实，关照现实，联系理论，旨在实践。

围绕上述梦想，图谋做了一些微努力。有成员评价为“无私奉献”。其实不是的，图谋并没有到这个境界，图谋作为凡夫俗子，个人、家庭、工作等诸多方面需要我去奉献的地方还有许多。图谋作为“群辅”，是在努力尽份绵薄之力。期待吸引更多的成员一道“众服”，让圕人堂成员各取所需，提升获得感、成就感。这就是图谋的私想。

2018 年 12 月 28 日统计结果：2018 年科学网圕人堂专题共发布博文 204 篇（其中 52 篇为《圕人堂周讯》），累计阅读次数为 260911 次（其中《圕人堂周讯》为 63952 次，占 24.51%）。《圕人堂周讯》或许可以说是一种媒体，可能超过一些纸媒的关注度，2018年平均每期的点击为1230次。第245期周讯，目前显示有3000余次阅读（一周内）。圕人堂微信公众号2018年6月12日建立，目前关注者为1907人，阅读总数：126192次，24986人。

圕人堂的发展经费或许可以说是众筹来的，2014、2015年进行过三次面向全体成员的筹资，累计筹得35015元（累计96名成员捐助）；2016年、2017年、2018年来自企业成员资助（4家企业，累计5人次，累计金额32000元）。2014.5.10—2019.1.4，圕人堂累计支出大约为6.5万元（支出明细参见历年大事记：http://blog.sciencenet.cn/blog-213646-1152638.html）。2019年，推知信息、世界艺术鉴赏库、图创软件三家赞助单位已明确表示将继续资助圕人堂。有成员向科学网圕人堂专题投稿，其内容还不错，但因为受众面较窄，不宜用。我的答复是："科学网圕人堂专题，选用稿件也是有所顾虑的。稿酬是图谋'化缘'来的，来之不易。所选用的稿件，希望尽可能地受到读者欢迎。否则，很可能会受到批评。"受诸多因素制约，必须谨慎从事，避免不必要的麻烦。

圕人堂主要采用了自我服务和众服形式。"众服"是指成员服务成员。一方面，低成本却能让更多的成员满意；另一方面，通过让成员彼此建立联系，成员之间因此又多了人性化的一面。圕人堂创建之初（2015—3—25），曾试图推进客服团队建设（见：http://blog.sciencenet.cn/blog-213646-877210.html），实践中发现，困难重重，向"众服"转型，让成员服务成员，少数成员的服务，多数成员受益。

图谋"不厌其繁""不厌其烦"罗列上述信息，主要目的是希望圕人堂的自我服务与众服做得更好，用较低的成本获得较高的"用户满意度"。未来发展，圕人堂需要脚踏实地，赢得多一份理解，多一份支持。圕人堂的灵魂是"圕"这个字，意在圕结一切可以圕聚的力量，凝心聚力谋发展。期待的是圕人切实受益！

（2019-1-25）

圕人堂服务体系：一体两翼

圕人堂服务体系为一体两翼。以圕人堂QQ群为体，以“科学网图谋博客圕人堂专题”及“圕人堂微信公众号”为两翼。“一体两翼”的载体是《圕人堂周讯》。《圕人堂周讯》当前已发布254期，表示圕人堂已度过254个星期。圕人堂QQ群自2014年5月10日建群以来，来来往往的成员，估计接近5000人。圕人堂微信公众号自2018年6月12日至2019年3月22日留下足迹的32864人！

2018年12月28日统计结果：①群成员达2109人（活跃成员524人，占24.85%），群容量为3000人；②2018年科学网圕人堂专题共发布博文204篇（其中52篇为《圕人堂周讯》），累计阅读次数为260911次（其中《圕人堂周讯》为63952次，占24.51%）；③圕人堂微信公众号总用户数1807人，共发布92篇原创文章，2018年11月28日至2018年12月27日阅读总数为“3716人，20594次”。

“圕人”指图书馆及图书馆学相关人员。它包括图书馆员、图书情报专业教师和学生、图书馆利益相关者（包括政府主管部门、相关资源商、硬件商、平面媒体等等）。圕人堂目标规模为3000人群，欢迎所有圕人加群（也可以作为“游客”参观），加群便捷，建议每位成员只使用一个QQ号加群。

每期周讯第一时间通过群邮件推送给所有成员。每期周讯提供了pdf版，网页版、微信版三种利用方式。每期周讯可以说是群成员的共同劳动成果，较好地体现了：共知、共建、共享。最近一期（254期）是40页内容。“面上”功夫及“背后”功夫，都是需要下功夫的。期待更好地得到关注与利用！

关于圕人堂微信公众号“万人计划”的汇报。缘起：科学网圕人堂专题2018年6月26日发布博文《关于圕人堂微信公众号的思考》“2018年6月底，希望圕人堂微信公众号的关注者超过1000人。远景是至2018年年底，关注者超过10000人。”进展：①2018年7月3日7：06，圕人堂微信公众号（LibChat）总用户数达1000人。②截至2019年1月20日，总用户数1894人，阅读总数：125082次，24756人。③2019年2月17日22：41，圕人堂微信公众号（LibChat）

总用户数达2002人。据观察，圕人堂微信公众号开通之后，对提升《圕人堂周讯》的关注度大有帮助。自2018年8月24日（第224期）周讯开始，阅读量较以往大幅提升，大多超过1000次阅读，甚至有的超过5000次阅读（比如第245期）。

近期了解到，某信息服务公司微信公众号总关注人数情况：2014年1184；2015年2870；2016年5165；2017年8074；2018年10091。圕人堂从中感受到“万人计划”非常不易。近期，圕人堂有个“千人计划”——争取在建群5周年（2019年5月10日）之际，圕人堂微信公众号总关注数突破3000人。截至3月23日，总用户数为2237人。若更多成员助力宣传与推广，圕人堂的“千人计划”是可以实现的。比如群成员木木贝老师的宣传之后，短期内新增数十人关注！圕人堂微信公众号目前已授权多个微信公众号可以转载，但需要提醒的是：转载时应保留原始署名及出处，一是明确责任归属，二是尊重作者权益。2019年3月20日16：46，圕人堂微信公众号总关注者为2219，圕人堂QQ群成员数为2218。

圕人堂这样的网络社群谋求经济利益不大现实，社会效益方面还是可以做一些工作的。进一步的宣传推广，一方面期待可以让更多圕人得实惠，另一方面或许有助于得到更多圕人的关注与支持。圕人堂在努力扩张，其实还有一个原因，那就是希望有一定范围知晓度，让圕人堂发展经费“化缘”工作稍微轻松一些。其实人越多，管理与服务可能越轻松，因为会有更多志愿者出力。

上述情况汇报与说明，希望有助于进一步了解圕人堂、关注圕人堂、支持圕人堂。“力的作用是相互的”，正能量是可以传导的。微小举动，有助于良好氛围的形成，彼此得实惠。

（2019-3-23）

圕人堂发展经费概况

图谋按： 近期，圕人堂管理员团队群中，图谋就圕人堂发展经费概况做了一些解释与说明。稍事梳理，算是一种信息公开兼作备忘。2019年5月10日为圕人堂建群5周年纪念日，图谋理想中的圕人堂氛围：爱圕爱堂，向上向善，共建共享。

昨天（注：2019年4月18日）提及："邀请赞助谈何容易？圕人堂运行快5年了。图谋背后其实做过系列努力的。"

今天（注：2019年4月19日）稍微展开。圕人堂的运营，一定程度上得益于企业赞助。这些年做了一些探索，但属于"亦步亦趋"。圕人堂属于"草根"网络社群，提供不了企业发票，也无法签定服务合同。安全问题始终是圕人堂的大事，安全问题主要包括言论安全、财务安全。这些年，常宏（推知信息、世界艺术鉴赏库）对圕人堂的资助力度最大，累计2.9万元。

2015年3月圕人堂发展基金第二次筹资，常某个人捐助2000元。

2015年12月圕人堂发展基金第三次筹资，常某个人捐助2000元。

从第87期开始，《圕人堂周讯》开始赞助单位冠名。

2016年，推知信息（常某）感恩性质冠名；超星公司（王某捐赠）5000元

2017年，推知信息、世界艺术鉴赏库（常某）10000元，另圕人堂建群三周年活动（圕人堂"世界艺术鉴赏"知识竞赛活动，5000元）。

2018年，推知信息、世界艺术鉴赏库（常某）10000元；图创软件（技术总监）5000元。

2019年，推知信息、世界艺术鉴赏库（常某）有意向，暂未到位；图创软件（鄢某）5000元。

圕人堂发展基金有关情况简介（2014—2016年10月31日），第一次筹资：2014年10月31日21：24开始接受个人捐赠，至2014年11月7日20：21接受20位成员捐赠，共计10065元；第二次筹资：2015年3月31日24：00本次筹集结束，接受了33名成员捐助（其中有一名捐两次，实际为32名），累计12050元；第三次筹资：截至2015年12月7日19：30接受43名成员捐助，累计12100元；2016年6月17日，超星公司成员以个人名义捐赠圕人堂发展基金5000元。

圕人堂周讯（总第252期20190308）http://blog.sciencenet.cn/blog-213646-1166434.html

关于公司如何赞助圕人堂的答复

图谋："有成员咨询如何成为圕人堂的赞助单位，特此予以公开答复。首先，感谢关注圕人堂！涉及钱的事情，圕人堂需要格外慎重。赞助单位通常会有自己的诉求，圕人堂只是个草根网络社群，我自身的精力非常有限，需要格外谨慎，

避免不必要的麻烦。对于赞助单位，圕人堂在周讯中冠名以示支持，欢迎相关单位以适当形式宣传与圕主题相关的产品与服务。赞助费全部纳入‘圕人堂发展经费’，收支情况在《圕人堂周讯》大事记中予以公开，欢迎监督。‘圕人’指图书馆及图书馆学相关人员。它包括图书馆员、图书情报专业教师和学生、图书馆利益相关者（包括政府主管部门、相关资源商、硬件商、平面媒体等等）。圕人堂的成员确实是包含上述方面人员。欢迎关注与支持圕人堂！”“图谋经营圕人堂，自身所有劳动均为零报酬，不仅如此，亦是‘圕人堂发展经费’捐助者之一。”木木贝：“真是吃的是草。”图谋：“算是群务公开。一方面，避免不必要的麻烦；一方面，期待更多圕人共同推动。囿于图谋的精力和能力，许多方面做得不够好。比如圕人堂微信公众号，有成员建议转发圕主题信息（少一些图谋自己写的内容），更好地吸引圕人关注。当前，仍旧是图谋原创信息为主。因为转发信息需要获得许可，甚至也应支付稿酬，圕人堂当前做不来。图谋的所做所为，主要是暖场作用，期待明天会更好。”

另，圕人堂还有一笔大额个人捐助，“欣然读书”面向圕人堂群成员，累计捐赠《书香英伦——英国图书馆之旅》178 册（该书的定价为 88 元，其中一定比例是捐赠者承担快递费）。

圕人堂发展经费的每一笔支出，《圕人堂周讯》大事记中予以记录，算是财务公开。

有的赞助，我是不敢要，也不能要的。对于常宏的捐助，我个人觉得是受之有愧的。

《书香英伦——英国图书馆之旅》这本书，我曾较为完整地讲述了背后的故事（见：《书香英伦》背后的故事 http://blog.sciencenet.cn/blog-213646-997636.html）。

囿于个人精力和能力的限制，许多事情做得不够好或者做不好，甚至根本没去做。圕人堂建群初心包括推行“议题式交流机制”，目前看来，无甚进展。

（1）关于圕人堂群的议题式交流机制. http://blog.sciencenet.cn/blog-213646-808873.html（2014—7—4 08:01）

（2）圕人堂“议题式交流机制”再回首. http://blog.sciencenet.cn/blog-213646-1074674.html（2017—9—7 09:17）

圕人堂马上是建群 5 周年。一方面，图谋特别感谢本群成员的帮助与支持；另一方面，图谋感觉颇为愧疚，在回馈方面做得还很不够。

（2019-4-21）

奋发图强圕人堂，凝心聚力惠人忙——纪念圕人堂QQ群建群5周年

圕人堂QQ群（群号：311173426）是图书馆及图书馆学相关人员的交流群，其愿景（VISION）：圕结就是力量！其定位（MISSION）：专业讨论、行业交流、信息共享、资源、人脉。圕人堂圕结一切可以圕聚的力量。圕人堂堂风：贴近现实，关照现实，联系理论，旨在实践。

2014年5月10日，圕人堂QQ群创立。建群目的为：创建者试图推动做点有益图书馆界的事，比如三个促进：促进“两大阵营”（来自图书馆一线实际工作单位的、来自教学科研单位的）的科研合作，形成更具生命力的科研成果，互利互惠；促进与专业期刊的合作，专业期刊“积极参与与配合”，乃至“引领”，意义重大；促进与《图书馆报》等媒体的合作，让更多图书馆人看《图书馆报》。“圕人”指图书馆及图书馆学相关人员。它包括图书馆员、图书情报专业教师和学生、图书馆利益相关者（包括政府主管部门、相关资源商、硬件商、平面媒体等等）。这样的“拓展”并非毫无边界，是基于图书馆事业的现状所做的“调适”。

圕人堂服务体系为一体两翼。以圕人堂QQ群为体，以“科学网图谋博客圕人堂专题”及“圕人堂微信公众号”为两翼。“一体两翼”的载体是《圕人堂周讯》。

可以将圕人堂QQ群视为“圕”（图书馆）主题交流群，百花齐放。有明线（公开的交流，你方唱罢我登场），也有暗线（小团体的交流或纯粹个人间的交流），聚是一团火，散作满天星。希望圕人堂有助于圕人共知、共建、共享；希望圕人堂有更多知音；希望圕人堂惠及更多人。圕人堂QQ群现有成员2301名，活跃成员数391人，总占比16.99%，群容量为3000人。自建群以来，来来往往的成员，5000人左右。

《圕人堂周讯》综述“圕人堂”QQ群一周交流信息，对“圕人堂”全体成员公开（通过QQ群邮件推送），同时亦对社会公开（当前主要通过科学网图谋博客“圕人堂”专题公开）。因此，可以视作图谋博客是圕人堂提供服务的辅助平台

或补充平台。同时，图谋博客本身可以视作圕人堂的“内容服务”之一，若干博文及其延伸资料可视作参考资料。《圕人堂周讯》是圕人堂QQ群的一项“基础工作”，《圕人堂周讯》2014年5月16日创刊，截至2019年5月9日共发布260期。《圕人堂周讯》编辑组的工作有一定的章法，彼此协作。圕人堂QQ群2014年6月12日发布《关于〈圕人堂周讯〉中成员称呼的通知》，2014年6月13日发布《〈圕人堂周讯〉编写规范（草案）》。2014年6月16日由宋晓莉创建圕人堂编辑团队群（当前兼作圕人堂管理员团队群）。“圕人堂本周讨论概要”的整理是每期《圕人堂周讯》中最为繁重的工作，由宋晓莉、赵生让、董行、范良瑛、曾家琳、张婵、卢娅、陈艳、张芸、史蓓等成员轮流做。整理好之后发给图谋，由图谋完成《圕人堂周讯》的其余工作。理想的《圕人堂周讯》有特色、有内容、有梦想、有行动……同时，期待《圕人堂周讯》能够有助于“圕人堂发展基金”赢得资助。

圕人堂微信公众号是应成员多次提出需求之后，积极开展实践与探索的。圕人堂微信公众号帐号名称：圕人堂 LibChat。功能：微信公众号发布科学网圕人堂专题博文、《圕人堂周讯》（微信节录版），作为一种向社会公开的补充途径，弥补群交流“碎片化”缺陷，拓展渠道，提升质量。圕人堂微信公众号与QQ群交流是互补的。圕人堂微信公众号面向圕人群体，相对较为小众。圕人堂公众号的运营模式与其他公众号有所不同，我们当前主要是志愿者（张芸、官婷婷、黄澄澄、董迩春、图谋）在无偿推动。圕人堂微信公众号运营团队，目前是5名成员。圕人堂微信公众号自2018年6月12日至2019年5月8日总用户数2377人，留下足迹的38772人，总阅读次数18.56万次。

圕人堂大窗的“活跃”，有助于小窗交流的“红火”。对于成员来说，更为切实受益的属于成员间小窗交流等“衍生”交流。圕人堂的交流，有明线与暗线。明线是大窗交流，暗线是成员间小窗交流及其它形式的交流。两条线均很重要。表面上是明线为主，实际上是以暗线为主。重视的是成员切切实实的获得感、成就感。圕人堂还有两个“面”：一“面”是圕人堂群中的成员，另一“面”是群成员之外的圕人。圕人堂微信公众号开通之后，开辟了一条“辅线”，借助新媒体营销手段有助于进一步增强圕人堂的活力。圕人堂这样的网络社群，主要就是发挥“微价值”或者说“长尾价值”。“圕人堂”的灵魂是“圕”这个字，意在圕结一切可以圕聚的力量，凝心聚力谋发展。期待的是圕人切实受益！

奋发图强圕人堂，凝心聚力惠人忙。谨向圕人堂全体成员，向关心、支持、参与圕人堂的建设与发展的各界人士表示衷心感谢！祝愿大家诸事如意，幸福安康！

（2019-5-9）

圕人堂5周年纪念活动“节目单”

（1）撰写《奋发图强圕人堂，凝心聚力惠人忙——纪念圕人堂QQ群建群5周年》，科学网圕人堂专题发布、圕人堂微信公众号发布，并向具备一定规模的图书情报领域QQ群、微信群推送，个人微信朋友圈、QQ动态分享。

（2）圕人群发布“圕人堂5周年（2014.5.10—2019.5.10）”群公告：“谨向圕人堂全体成员，向关心、支持、参与圕人堂的建设与发展的各界人士表示衷心感谢！祝愿大家诸事如意，幸福安康！奋发图强圕人堂，凝心聚力惠人忙——纪念圕人堂QQ群建群5周年 http://blog.sciencenet.cn/blog-213646-1178114.html”。

（3）圕人堂群发起“圕人堂5周年（2014.5.10—2019.5.10），您使用过何种服务？”群投票。这样的小活动，期待更多成员关注与支持。小调查的主要用意：圕人堂资源与服务宣传推广；提升圕人堂群参与度与活跃度。

（4）发拼手气红包两次“助兴”，主题“圕人堂5周年”。早上8点一次，下午6点一次，累计200元（200个）。

（5）征得编者、作者许可，将加州河滨大学图书馆邱葵先生《圕人访谈：美国大学图书馆员是如何招聘的？》利用圕人堂（科学网图谋博客圕人堂专题及微信公众号）做进一步宣传推广，组织成专题，将该文分成8篇，期待传播效果更好，获得更多关注。已完成科学网平台发布，微信公众号发布近期推出。

（6）发布《圕人堂周迅（总第261期20190510）》。

初步成效：

（1）2019年5月10日，圕人堂QQ群新增成员8名，圕人堂微信公众号新增用户10名。

（2）《奋发图强圕人堂，凝心聚力惠人忙——纪念圕人堂QQ群建群5周年》一文，科学网402人次阅读，微信公众号183人次阅读（用户“打赏”50元）。

（3）公告717人次阅读；群投票23人参与。

（4）其他。圕人堂群成员“七色花”面向圕人堂成员赠书100册。5月10日9点七色花发布“圕人堂师友若需要拙作《你好，图书馆——我在图书馆上班的十年》(团结出版社，2018.3)，烦请通过圕人堂QQ群小窗，于5月10—30日内告知详细接收快递的通信信息（中通快递到付方式，由收件人支付)。拟寄赠100册，先到先得。若逾期、逾数均致歉意，恳请谅解。”当天赠出15册并寄出。群成员Emily利用圕人堂完成100余份教师问卷。

“小插曲”：

5月11日6：55，图林老姜发微信消息“圕人堂周迅”(总第261期20190510）周迅加入圕人堂?”，原来是该期周讯出现别字。回复：“谢谢指正！马上更正。”先改科学网，改完后发现未到7：00，还要等科学网审核通过才行。再改微信公众号平台，发现标题无法改，删除该篇，另选5月12日0点推送该期周讯。

（2019-5-11）